행복한 노년의 삶은 무엇인가

행복한 노년의 삶은 무엇인가

| 황진수 지음 |

서문

가던 길 잠시 멈추고 되돌아보니, 아득한 길
어디로 흘러갈 것인가,
그러나 걱정하지 말자

필자가 대학교수가 된 후, 은퇴까지 꾸준히 실천했던 것이 있었다. 신입생 때 필자의 과목을 수강하는 학생들에게 내는 편지 숙제였다. 편지는 「감동을 줄 수 있는 일화逸話」를 중심으로 써오라 했다. 초등학생도 아닌 대학생에게 「부모님께 드리는 편지」 숙제는 유치한 일일 수도 있지만 학점에 반영할 수 있다(?)는 무언의 압력 때문에 거의 모든 학생이 편지를 써왔다. 고등학교 3년 과정을 온갖 고생으로 뒷바라지해 온 부모님께 감사 표현을 하는 것도 효도라고 생각했기 때문이었는지도 모른다. 나는 항생의 편지를 「학생을 성실히 잘 가르쳐서 사회의 큰 인물로 키워보겠다」는 내 편지와 함께 동봉하여 학부모에게 우송했다.

학생들이 써온 편지 중엔, 「아파서 병원에 입원해 있을 때 엄마가 간호했던 일」, 「가정이 경제적으로 어려웠을 때

극복했던 일」, 「교통사고를 당해서 힘들었던 일」 등이 많았다. 그런가 하면 대학 합격 통보를 받고 식구들이 얼싸안고 깡충깡충 뛰었던 일, 또 부모님의 흰머리가 늘어나는 것을 가슴아파 하고, 직장에서 퇴직한 아버지의 마음을 읽는 효성스러운 내용도 있었다. 편지의 끝머리에는 「건강하게 오래오래 사십시오. 제가 학교 졸업 후 직장 잡아서 효도하겠습니다.」라는 말로 끝맺는 경우가 많았다.

그 중 기억나는 것이 있어 여기 소개한다. 이 내용은 본인의 저서 내용과 연결되는 것이어서 여기에 싣는다.

신입생 권모 군은 고교 때 불량학생이었던 모양이다. 학생들을 대상으로 폭력을 휘두르거나, 돈을 뺏거나, 순진한 학생을 왕따시키는 행동을 했다고 한다. 따라서 교무실에 끌려가 혼나거나 징계를 받는 일이 허다했다. 어느 날 학부모를 모셔오라고 해서 떡장사를 하며 생계를 책임지는 어머니가 교무실에 불려왔다. 학생과 학부모를 놓고 선생님이 징계사유를 설명한 후 다시는 그런 일을 하지 않을 것이라는 각서를 받았다. 꾸중을 듣고 난 권 군은 울쩍해 옥상으로 올라갔다. 그때 어머니가 어깨를 축 늘어뜨린 채

운동장을 지나 교문으로 나가는 모습을 발견했다. 그 순간 자기도 모르게 「어머니! 다시는 어머니의 마음을 아프게 하지 않겠습니다. 어머니 용서하십시오」라고 외치며 엉엉 울었다고 했다.

그 후 권 군은 폭력배에서 변신하여 그야말로 죽기살기로 공부했다. 그리고 서울에 있는 대학에 입학했다. 그의 편지는, 어머니에게 죄송하다는 말, 열심히 공부해서 장학금도 타고, 좋은 직장에 취직해서 효도하겠다며 편지는 마무리되었다. 이 편지를 읽으면서 나도 눈시울이 뜨거웠던 기억이 난다.

그 후 권 군은 열심히 공부했고, 교내 체육대회 때는 발군의 실력을 발휘하였으며 학생들 간에도 인기가 좋았다. 졸업 후 공기업에 취직했다. 지금 그는 어머님께 효도하면서 잘살고 있을 것이다.

이 책에 수록된 칼럼들은 대부분 교수직을 하면서 느끼고 생각했던 것이다. 국가와 민족의 미래를 걱정하며, 맥주집에서 동료, 친구들과 소리 높여 외치던 열정의 소리도 있고, 강물을 바라보면서 조용히 내면을 다스렸던 마음도 있다.

청년 시절부터 노인복지를 연구하고 실천에 힘쓰다 보니 이제, 내가 노인이 되어 버렸다. 여기에 비교적 재미 있고 유익한(?) 것을 골라 하나의 책을 묶었다. 세상을 살다 보니 두보의 시에 나오는 "轉益多師是汝師(전익다사시여사), 세상에 좋은 것은 스승으로 삼고, 나쁜 것도 스승으로 삼아라"라는 말이 많은 느낌으로 온다. 결국 죽는 순간까지 배우면서 살아야겠다.

끝으로 이 책의 원고를 정리하고 꼼꼼하게 교정 작업을 해준 우리 연구소 김범수 연구원에게 감사를 표한다. 그리고 교정을 잘 봐준 이지은 선생에게도 고마움을 갖는다.

2022.2.

한국노인복지정책연구소 연구실에서

저자 황 진 수

목차

2부 인사, 감사, 봉사, 희사

1부

활기찬
노년기를
위하여

오래 살고 싶은 욕망에 대하여

얼마 전 서울대학교 학생들을 대상으로 "부모가 몇 살까지 살았으면 좋겠는가"라는 설문조사를 했는데 가장 많은 비율이 "63세"였다고 한다. 이건 무엇을 말하는가. 직장에서 은퇴하고 퇴직금을 받아 다 쓰기 전에 돌아가셔야 자신의 차지가 될 것이라는 민망스러운 추측을 해 본다.

어느 나라에서 왕이 모든 사람의 죽음을 중지시켰다. 건강한 사람이 갑자기 죽는 경우도 없어졌고, 교통사고로 사망 직전에 있는 사람도 죽지 않았다. 그러니까 모든 사람에게 죽음 자체가 중지된 것이다. 국민들은 환호했다. "사람이 죽지 않는다니!" 국민은 축하하는 뜻으로 집집마다 국기를 게양했다. 그런데 얼마 후에 몇 가지 일이 벌어졌다. 장례업자들이 망하게 생겼다. 사람이 죽지 않았기 때문이다. 또 생명보험에 들지 않아 이 회사도 마찬가지 어려움에 처했다. 정부에서는 궁여지책으로 동물장례, 곤충장례를 치르면 돈을 받는 것으로 바꾸었고, 생명보험도 80세를 기준으로 다시 보험가입을 하는 법을 만들었다. 종교계에서는 죽음의 중지로 인한 '신비성'이 줄어들고 신자가 대폭 감소했다. 정부도 노령연금의 계속 급여로 재정이 파탄이 나게 되었다. 또 개인의 경우 고조, 증조, 조부모, 부모가 살아계심으로 이들을 돌봐드려야 했고 자신이 늙으면 자신을 돌봐야 할 아이들을 걱정했다. 어떤 노인은 피곤하고 힘든 노인생활을 벗어나기 위해 다른 나라로 건너가 죽었다. 어떤 가족은 늙은 조부모를 내다버리기도 했다. 이때 마피아가 등장하여 노부모를 버려주는 사업으로 돈을 벌기도 했다. 노인인구만 계속 늘어나고 죽는 사람이 없자 나라는 큰 혼란에 빠졌다. 그래서 새로운 제도를 만들었다. 그것은 일정한 연령에 도달하면 정부에서 특별 등기우편으로 사망예정통보서를 당사자에게 배달하고 편지를 받은 후 10일이 되는 날은 그 사람이 죽는 것으로 하였다. 사망예정통고를 받으면 그 사람은 어떤 생각을 할까. 조용히 자기 인생을 반성하면서 죽음을 맞이할까. 누구 말마따나 사과나무를 심을까. 그런데 상황은 어지러웠다. 마지막 10일을 남겨놓은 상태에서 그동안 하지 않았던 망나니짓을 하기도 하고 우울증에 빠져 정신병원을 찾기도 했다. 그러다가 사망통보서를 배달하러 간 여성배달원이 사망대상자를 찾지 못하는 일이 벌어졌다. 한참 시간이 지나서야 당사자를 만났다. 우편물 수취인은 첼로를 연주하는 음악가였는데 참으로 맑고 천진난만한 표정이었다. 이 여성은 사랑의 감정을 느꼈고 그에게 사망통지서를 전달해주지 않고 두 사람은 사랑에 빠졌다는 것이다. (주제 사라마구, <죽음의 중지>)

일본에서는 고령화로 인해 생기는 사회문제를 해결하기 위해 70세가 되는 생일로부터 30일 이내에 반드시 죽어야 하는 법안을 만들었다(≪70세 사망법안가결≫, 가키야 미우, 김난주 역, 왼쪽주머니). 뇌경색으로 쓰러져 자신은 멀쩡한데 몸을 움직일 수 없고 13년째 침대에서 생활하는 시어머니. 그 시어머니를 13년째 집에서 돌보고 있는 55세의 주부 며느리 다카라다 도요꼬는 어느 순간 가출을 한다. 70세 사망법안 시행을 앞두고 남은 인생을 즐기려 조기퇴직하고 세계여행을 떠나는 58세 남편 다카라다 시즈오, 엄마의 할머니 병수발을 도와달라는 부탁을 거절하고 노인요양원에서 일하는 30세의 딸 다카라다 모모카, 능력이 좋아 일류대학을 졸업해 대기업에 취직했지만 3년 만에 퇴직하고 일자리를 구하지 못한 채 집안에만 있는 29세 아들 마사키. 이런 가족적 상황을 배경으로 하여 여러 캐릭터가 역할을 한다. 가족들은 자신의 입장을 내세우며 타협할 수 없다고 생각했으나 조금씩 양보해 타협해 나간다. 이 소설에 등장하는 구성원은 모두들 적절한 타협을 이루게 되고 결국 70세 사망법안은 없어지게 된다. 한국 사회에도 유사한 면이 있다. 경제발전을 급속도로 이루어냈지만 사회에서 별 볼일 없이 지내는 노인 세대 가족을 위해 돈을 벌려고 하면서 자신의 시간을 가지지 못한 채 일해 온 오늘날의 가장 세대, 누구의 엄마, 가정부로 불리우며 정체성을 잃어버린 부인 세대, 열심히 공부하고 일하지만 미래가 보이지 않는 아들, 딸 세대가 어쩌면 유사한 배역들이라고 볼 수 있다. 이 소설은 식구들이 정신적으로 감정이입 되면서 잘 헤쳐 나가 해피엔딩이다.

우리나라는 세계에서 손에 꼽을 정도의 장수 국가에 속한다. 또 오래 살고 싶어 하는 욕구가 강한 나라이기도 하다. 그러나 아이러니컬하게도 노인자살이 세계 1등인 나라다. 노인을 둘러싼 환경 즉 소득의 단절, 건강악화, 고독감, 자녀 등 친족과의 갈등 등이 노인에게 심리적으로 극단적인 선택을 하게 만들고 있다. 미국의 노년학자 푼Poon 교수는 장수문제 전문가인데 그는 세계 장수촌을 찾아 장수하는 사람들의 특징을 조사했다. 장수하려면 첫째, 기억력이 좋아야 한다. 둘째, 심리적으로 긍정적이어야 한다. 셋째, 운동을 해야 한다. 넷째, 영양을 잘 섭취해야 한다. 다섯째, 일이 있어야 한다고 했다. 우리나라에서 장수지역은 구・곡・순・담(구례, 곡성, 순천, 담양지역)이라고 장수문제 세계적 학자인 박상철 교수(전남대 석좌교수)는 주장한다. 이 지역 사람들은 콩으로 만든 음식을 자주 먹고, 마음을 편하게 하며, 평소 고혈압, 당뇨 등 기저질환이 없고, 동네 사람들과 자주 왕래하면서 살아오고 있는데 그 밖에 특별한 특징은 없었다고 한다.

이왕 세상에 태어났으니 오래 살면서 좋은 사람 만나고, 맛있는 음식 먹고, 건강하게 살고, 아름다운 곳을 여행하면서 마음 편하게 살고 싶은 것이 인간이다. 그러기 위해서는 정부 차원에서 장수문제를 연구하는 국가기관을 만들고 우리나라가 세계에서 가장 행복한 장수국가가 될 수 있도록 계도하는 것도 좋을 듯하다.

○

여자가 제일 좋아하는 것은

옛날 영국에 아서Arthur라는 왕이 있었다. 다른 나라와 전쟁을 했는데 패했다. 전쟁에 이긴 왕이 아서 왕의 목을 쳐서 죽이려는 순간 장난 끼가 발동했다. "내가 질문하는 것을 맞히면 목숨을 살려주고, 만약 못 맞히면 죽인다"고 했다. '질문: 여자가 제일 좋아하는 것은?'

이 질문을 받고 아서 왕은 답을 생각했다. 보석, 돈, 남자, 모성애, 섹스, 사랑 등이 머릿속에 맴돌았다. 그러나 어느 것도 백퍼센트 정답이라고 하기엔 부족했다. 그리고 목숨이 달려있는 상황에서 함부로 말할 수도 없었다. 그래서 "폐하, 저에게 시간을 주십시오"라고 간청했다.

"얼마나 줄까?" "1년을 주십시오." 1년이라는 시간을 번

아서 왕은 자기 나라로 돌아갔고 전쟁에 이긴 왕은 아서 왕이 딴짓을 못하도록 호위병을 파견했다.

본국에 온 아서 왕은 어전회의를 열었다. 그러나 어느 누구도 정답을 말하지 못했다. 그때 충직한 부하 에르하르트Erhart가 "폐하, 우리나라 변방에 마녀가 살고 있는데 그녀는 정답을 알 것 같습니다." "그럼 마녀를 불러 오너라." 마녀가 왔는데 그녀는 늙고 주름살이 많고, 옷은 남루하게 입고 있었다. 심지어 몸에서는 고약한 냄새까지 났다.

아서 왕이 "정답은?" 하니까 "폐하! 제가 정답을 말씀드려서 살아오신다면 저에게 뭘 해주시겠습니까?"라고 흥정을 하는 것이 아닌가. "뭘 해주면 좋겠소?" "폐하가 제일 신임하는 저 미남 신하 에르하르트와 혼인하게 해주세요" 하는 것이었다. 왕도 신하들도 아무 말을 할 수가 없었다.

그때 충직한 신하 에르하르트가 "폐하가 살아오신다면 저 여자와 제가 결혼하겠습니다"라고 말하는 것이 아닌가. 왕이 "여자가 제일 좋아하는 것은?" 하고 질문하니까 "자기 마음대로 하는 것입니다"라고 답하였다. 아서 왕이 전쟁에 승리한 왕을 찾아가 똑같이 말하니 "그래, 맞다"고 하여 아서 왕은 살아 돌아왔다. 그리고 약속한 대로 미남 신하와 마녀는 결혼했다.

피로연을 마치고 신랑이 신방에 들어오니 웬 젊은 여성

이 속옷만 입고 있는 것이 아닌가. “당신 누구요?” 하니까 그 여성이 “남편이시여, 나는 하루 중 12시간은 마녀가 되고 나머지 시간은 젊은 여성이 됩니다. 당신은 내가 밤에 젊은 여성이 되길 원하십니까 아니면 낮에 그렇게 되길 원하십니까”라고 질문을 하는 것이었다. 정답은 무엇일까.

대개 많은 사람들은 밤에 젊은 여성이 되는 것이라고 할지도 모른다. 그러나 여기에서 암시하는 것은 아마도 ‘당신 마음대로 하십시오’일 것이다. 그렇다. 여자가 제일 좋아하는 것은 제 마음대로 하는 것일지도 모른다. 그러면 노인이 제일 좋아하는 것은? 그것도 역시 제 마음대로 하는 것일 것이다.

그러면 노인이 제 마음대로 하고 싶은 것은 무엇일까. 사람마다 다르긴 해도 크게 보면 그것은 노인 재취업문제의 해결이요, 병고에 시달리는 노인에게 건강을 주는 것이며, 노인을 소외와 고독으로부터 해방시켜 주는 것일지도 모른다. 다시 말하면 적극적이고 포괄적이며 진취적으로 노인의 욕구를 해결하는 것이라고 볼 수 있다. 그것이 노인이 생각하는 ‘제일 좋아하는 것’일 수도 있다.

노인복지 정책 당국자들이여, 노인이 제일 좋아하는 것

을 해결해 줄 수 없는가. 노인들이시여, 당신들이 제일 좋아하는 것을 긍정적으로 해결할 수 있도록 마음을 열 수는 없는가. 노인들이 '자기 마음대로 하는 것'과 '노인복지'의 두 축이 함께 만나는 사회가 이루어지면 좋겠다.

부모가 63세까지만 살았으면

오늘날 효孝는
자녀가 잘 살아 주는 것
내 자식을 잘 키우는 것

요즘 세상에 효를 논한다는 것은 뚱딴지같은 얘기처럼 들릴지 모르겠다. 그러나 효는 우리나라를 지켜온 정신적 지주다. 우리나라를 '동방예의지국', 타골의 '동방의 등불'이란 표현도 따지고 보면 이 땅에 효도가 있었기 때문에 유추해 볼 수 있다. 펄벅Pearl Buck 여사가 ≪살아있는 갈대≫에서 '고상한 사람들이 사는 보석 같은 나라'로 우리나라를 표현했는데 이 역시 자녀가 부모를 잘 봉양하는 것을 보고 했다는 말이 있다.

국왕이나 황제가 되면 가장 큰 고민은 뭘까? 정적퇴치? 주지육림 속에서 여성편력? 아니다. 어떻게 하면 국민을 편안하게 하고 국가를 부강 시킬 것인가, 즉 국태민안國泰民安일 것이다.

로마황제 마르쿠스 아우렐리우스Marcus Aurelius Antoninus는 대철학자였다. 그도 역시 국태민안 방법론을 고심하다가 기독교를 국교로 받아들이는 결단을 내린다. 이때가 AD 319년이다. 이후 기독교가 세계화 되는 계기가 되었다.

중국의 한漢 무제武帝 때 대학자였던 동중서董仲舒는 수많은 제자백가 중에서 공자사상의 인仁을 높이면서 유교를 국정의 이념으로 세울 것을 제안한다. 이때가 공자가 죽은지 400년쯤 되는 시기다. 이렇게 유교의 충효사상이 국가적으로 확립되고, 송대의 주자를 거쳐 우리나라에서도 조선 시대에 충효정신이 고양된다. 과거의 효는 수직적, 종속적, 복종 중심적이었다.

특히 조선 시대의 효행은 만 가지 행동의 근본이었고, 군왕에 대한 충성도 효도로부터 발원한 것으로 해석하여 가장 이상적인 대동사회大同社會를 구축하려고 했다.

불가의 〈부모은중경父母恩重經〉은 인도의 불교가 본인 수행만 잘하면 성불되고 무군무부無君無父 즉 임금도 없고 부모도 없는 것으로 인식된 종교로 비판받아 중국사회에 접목시키기 위해 중국에서 만들어진 경전이다. 우리나라는 아직도 세계에서 효도를 하는 유일한 나라다. 그런데 최근 서울대학교 학생을 대상으로 부모가 몇 살까지 살았으면 좋겠는가라는 설문을 했더니 제일 많이 나온 것이 63세란다. 더 이상 살면 자신들에게 부담이 되니까 적당한 시기(?)인 63세에 돌아가셨으면 한다는 얘기다.

중국에는 효자봉양법孝子奉養法이 있다. 자녀가 부모를 모시지 않거나 봉양하지 않으면 정부가 모시고 그 비용을 청구한다. 만약 그 비용을 자녀가 내지 않을 때는 강제노동이나 징역을 보낸다.

싱가포르에는 효자송금법이 있다. 자녀가 부모에게 일정금액을 송금하면 연말정산 소득신고 할 때 세금을 낸 것으로 간주하여 주는 제도다.

우리나라에도 2008년부터 효행장려법이 시행되고 있는데 이는 강제규정도 없고 권장사항만 있어 유명무실한 법이다.

그러면 현대적 입장에서 효를 어떻게 실천해야 할까? 필자가 생각하기에 효는 첫째, 자녀들이 잘 살아주는 것,

둘째, 자녀들을 가르치고 돌본 것만큼 그의 자녀들을 잘 가르치고 돌보는 것, 셋째, 자녀들이 시간 내어 부모 안부를 묻고, 문안인사를 드리는 것으로 정리하면 어떨까. 5월 가정의 달에 효를 생각해보았다. 우리나라 국민 평균수명이 80세 내외인데 63세까지만 살라는 것은 너무한 것 아닌가.

○

등산 이야기

나이가 들면 많은 시간적 여유를 무엇으로 보낼까? '젊을 때는 일은 많은데 시간은 없고, 나이 들어서는 일은 적은데 시간은 많다'는 내용의 서양 만화가 있다.

운동은 사실 장수의 불가결한 요소다. 미국의 장수학자인 레너드 푼Leonard Poon 교수는 장수의 비결로서 첫째, 기억력, 둘째, 긍정적인 사고, 셋째, 운동, 넷째, 영양, 다섯째, 일을 열거하고 있다. 이 중에서 운동은 모든 사람에게 필요한 것이다. 미국 하버드 의대에서 매일 1만 보를 걷는 사람이 7년 더 오래 살았다는 보고도 있다.

노년층이 건강을 유지하는 방법 중엔 등산이 좋다. 산에 가면 호연지기浩然之氣를 느낄 수 있고, 다리에 힘을 실어 주며, 호흡기관을 건강하게 해 준다. 등산은 인생의 과정과 유사하다. 올라가는 길이 있으면 내려오는 하강로도 있다. 또 위험한 등산로에서 사고를 당하기도 하지만, 사고가 나지 않을 정도로 평평한 길에서도 사달이 난다. 등산을 하다 보면 맑은 공기, 아름다운 꽃, 바위, 숲, 단풍, 새소리가 있다. 어느 것 하나 아름답지 않은 것이 없다. 등산은 인생의 고달픔을 잊게 해 주는 휴식이요, 재충전 과정이다. 또 아침 10시부터 오후 2~3시까지 산속에 피톤치드라는 것이 있어 혈액 순환을 돕고, 머리를 맑게 해주는 물질이 나온다.

그런데 등산을 하다 보면 꼴불견도 있다. 어떤 사람은 큰 상자 모양의 오디오를 가지고 다니면서 유행곡을 크게 틀어댄다. 등산을 오는 이유가 기계 소리를 멀리하기 위해 왔는데 산속에서마저 기계 소리를 들어야 하는가. 어떤 이는 산 정상에 올라가 "야호!" 소리를 지른다. 한 사람만 지르는 것이 아니라 정상에 올라온 사람마다 소리를 질러댄다. 그 소리에 산짐승이 얼마나 놀라겠는가. 고함 소리를 들으면서 산짐승이 짝짓기를 할 수 있겠는가. 짝짓기하다가도 놀라서 넘어질 일이다.

또 어떤 사람은 산에 와서 뭘 그렇게 주워간다. 도토리,

상수리, 풀씨, 과일 등을 등산 주머니에 넣어간다. 심지어 자루에 넣어가는 사람도 있다. 그러나 그것은 산짐승의 식량이다. 요즘 사람은 굶어 죽지는 않는다. 산짐승은 식량이 없으면 굶어 죽고, 자식을 재생산할 수가 없다.

산에서 먹고 난 과일 껍데기를 산에 버리는 것도 문제다. 과일 껍데기는 사실 농약덩어리다. 그걸 산짐승이 먹으면 죽는다. 등산할 때 술을 먹는 사람이 있는데 위험천만한 일이다. 술을 먹고 사고 나는 경우가 많다.

산에 개를 데리고 오는 것도 역시 문제다. 다른 등산객에게 혐오감을 줄 수도 있다. 배설물 처리를 제대로 하지 않는 경우도 있다. 또 어떤 등산객은 엉덩이를 나무에 찧는다. 나무가 흔들린다. 보기에도 그렇게 좋아 보이지 않는다.

그러면 등산을 하는 기본적인 자세는 무엇일까. 우선 산을 사랑하는 경건한 마음으로 임해야 한다. 소리 내지 말고, 조용히 산의 품속으로 들어가야 한다. 그리고 겨울철에는 산짐승이 먹을 곡식을 바위 위나 눈에 띄는 곳에 놓아두면 좋을 것 같다. 산에 사는 짐승에게 보시布施와 헌금을 하는 것이 얼마나 아름다운가.

미국의 국립공원 요세미티Yosemite에는 버펄로란 큰 짐승이 살고 있다. 미국의 국립공원 경찰은 버펄로가 등산로를 막고 있을 경우 자동차가 경적을 울리면 그 사람을 체포한다. 그들은 '산은 산짐승이 주인이다. 객이 주인에게 비켜달라고 경적을 울리는 것을 용서할 수 없는 행위'라고 판단한 것이다.

세계 최초로 히말라야를 등반한 영국의 등산가 힐러리 경Sir Edmund P. Hillary에게 왜 등산을 하느냐고 질문하니까 "산이 거기 있어서 산에 오른다"는 말을 했다. 산은 우리가 태어나기 전에도 있었고, 우리가 세상을 떠난 뒤에도 거기 있을 것이다.

노인들은 산에 오르는 운동을 해야 한다. 그리고 자녀 세대에게 아름다운 산을 물려주어야 한다. 그러기 위해서는 산을 오르는 기본 정신과 방법을 스스로 행하고, 가르쳐 줄 필요가 있다.

○

문제는 노인복지야, 이 바보야

(우리나라 연간 노인 자살은 4천500명 선이다. 왜 자살 노인이 그리 많은가. 견딜 수 없는 환경 때문일 것이다. 정부는 노인복지에 눈 돌려야 한다.)

어느 나라의 왕이 대신들을 모아놓고 백성들이 세상을 살아가는 지혜를 책으로 만들어 오라고 했다. 학자들이 모여서 100권의 책을 만들어 왕에게 바쳤다. 왕이 100권을 어찌 다 읽겠는가. 1권으로 줄여보라고 했다. 나중에 두툼한 책 한 권을 가져왔는데 왕이 이것도 많으니 단 한 줄로 축약해서 가져오라고 했다. 백성이 세상을 살아가는 단 한 줄의 지혜는 무엇이었을까. 그것은 '공짜 점심은 없다'였다. 세상만사가 거저 되는 것이 어디 있는가.

미국의 빌 클린턴Bill Clinton이 대통령에 출마했을 때였다. 아버지 부시인 조지 H. W. 부시 대통령이 이라크를 공격했다. 그 와중에서 미국 경제는 스테그플레이션Stagflation으로 침체돼 있었다. 그때 민주당 대통령 후보인 빌 클린턴이 '문제는 경제야, 이 바보야'라고 유권자를 향해 소리쳤다. 이 짤막한 구호가 미국인의 마음을 움직여 그는 대통령에 당선됐다. 우리는 이제 '문제는 노인복지야, 이 바보야'로 패러디해야 한다.

우리나라 노인들은 역사적으로 가장 힘든 시기를 보낸 분들이다. 일제 식민지, 전쟁, 배고픔을 겪으면서 허리띠를 졸라매면서 자녀들 교육을 시켰다. 자신의 노후를 자녀들에게 보험 들었지만 자녀로부터 부양받는 노인은 많지 않다. 정부의 노인복지 정책은 '선 가정보호 후 사회보장'이라는 정책 틀에 있는데, 경로 효친의 미풍양속은 탈색돼 가고 있다. 우리나라 노년층은 그동안 축척된 '생존의 마술'을 응용해 정치, 경제가 최악의 사태에 직면했을 때에도 '체념의 지혜'를 발휘해 평화롭게 살아가는 놀라운 흡수력을 갖고 있다.

우리나라 노인들은 가난하다. 객관적 지표를 보자. 지난 2014년 2월 영국 사우샘프턴Southampton 대학의 자이디Zaidi 교수가 발표한 세계노인복지지표가 있었는데 조사 대상 91

개국 중 우리나라가 67위를 했다. 건강지수는 8위, 고용 및 교육지수는 19위, 환경지수는 35위였다. 그런데 노인소득지수income status는 90위였다. 91위는 어느 나라인가. 아프리카의 탄자니아였다. 우리나라 노인 빈곤지수는 가히 아프리카 수준이다.

우리나라 노인들은 아프다. 853만 노인의 90%가 만성질병에 걸려 있다. 치매 걸린 노인도 전 노인의 10%인 86여만 명이다. 중풍노인까지 합치면 100만 명 선이다. 노인의 의료비 지출에도 특이한 통계가 있다. 2020년 건강보험 주요통계에 따르면 건강보험공단이 노인에게 지출한 의료비는 전체 의료비의 43%였다. 노인 때문에 의료재정이 어려워지지만 노인은 만성질환자가 많아서 앞으로 더 큰 의료비 지출이 있을 것이다.

우리나라는 매년 35만 명의 노인이 늘어난다. 그러니까 하루 약 1000명의 노인이 탄생한다. 세계에서 가장 빠른 노인증가속도로, 그것도 금메달이다. 우리나라 자살인구는 연간 1만4천여 명이고 그 중 노인자살은 4천500명이다. 왜 자살 노인이 그리 많은가, 견딜 수 없는 환경 때문일 것이다.

이제는 정부정책이 노인복지에 더 많은 집중과 선택을 해야 한다. 정치인들은 '문제는 노인복지야, 이 바보야'라고 외쳐야 한다. 그래야 공짜 점심을 먹지 않게 된다.

늙음의 의미와 가치 - 사회복지적 측면

1. 노인복지의 영역

첫째, 빈곤이다. 우리나라 노인들은 빈곤하다. 선진국처럼 노령연금이 제대로 되어 있지 않고 공적 부조 범위도 광범위하지 않다. 2021년 개인기준 노후적정 생활비는 164만 원이고, 최소 생활비가 116만 원인데 응답자의 73%가 최소 생활비를 마련하지 못했다고 응답한다.

우리나라 노인빈곤율은 OECD 국가 중 빈곤지수 1위를 차지하고 있다. 이러한 수치는 노인이 처한 불평등의 상황을 극명하게 나타내는 증거이며, 충분하지 않은 개인 자산과 사회서비스 자원, 빠른 경제 성장과 서구이념의 도입 등으로 야기된 문화 충돌은 노인을 더욱 불안하게 하고 있다.

결론적으로 우리나라 노인들은 가난해서 일자리를 가질 수밖에 없는데 일자리를 가져도 가난을 벗어나지 못한다.

둘째는 노인의 건강이다. 노인 중 만성 질환이 1개 있다고 응답한 노인이 18.2%, 2개 22.8%, 3개 49.6%로 전체 노인의 90.4%가 만성질환을 가지고 있으며, 만성질환을 2개 이상 지니고 있고 복합이환자가 72.2%로 나타났다. 질병치료를 위한 의료비 부담은 노년기의 생활을 더욱 어렵게 만드는 원인이 되고 있으며, 질병의 고통으로 길어진 노년기를 더욱 불행하게 보내는 노인들도 많아지고 있다.

또한 장기간 케어를 필요로 하는 치매, 중풍 등을 앓는 노인이 증가함에 따라 이들을 돌봐야 하는 수발문제가 사회문제로 제기되고 있다. 핵가족화, 여성의 사회진출, 효개념의 퇴화 등으로 인해 케어인력의 부족, 부양의식의 결여로 노부모 부양기능은 크게 상실되어가고 있으며, 이러한 문제는 노인학대, 가족해체의 문제를 증가시키는 새로운 현상으로 등장하고 있다.

셋째, 역할의 상실이다. 노인들은 직장에서 물러나는 것 이외에 자녀들의 독립, 친구들의 사망 등으로 인한 관계의 상실 그리고 경제적 여건과 건강 악화 등으로 사회적 역할이 줄어들게 된다. 역할 상실은 노인 개개인의 자아개념과 사회적 정체감의 혼란을 가져오고, 사회 적응상의 곤란을 유발시킨다.

사회학의 현대화이론에 의하면, 노인이 갖고 있는 농경사회 지식과 기술은 시대에 뒤떨어지게 되고 새로운 기술 분야에 익숙한 젊은이에게 역할을 빼앗길 수밖에 없다. 이러한 무력감無力感 속에서 노년기의 적절한 역할과 규범을 찾지 못하고 무료하게 노후를 보내는 경우가 많다.

넷째, 고독이다. 노인들은 정년퇴직을 한 후 역할에서 해방되어 자유로운 시간을 가질 수 있는 것으로 간주되기 보다는 젊은 세대에 밀려 자신의 인생목표를 상실한 것 같은 허탈감과 소외감을 갖게 된다.

노인들은 고독감과 소외감이 점점 심화되고 스스로 사회적 의미를 상실하면서 삶의 의욕을 잃고 죽음을 재촉하는 경우도 있다.

2. 노인복지의 과제

1) 노인의 의식개혁과 봉사

노인 세대는 새로운 의식으로 무장해야한다. 오로지 후배 세대인 자식 세대를 위한다는 희생정신을 바탕으로 하여 사회를 위한 봉사를 해야 한다. 현재 우리나라 국민의 사회봉사율은 15% 남짓하고 노인 사회봉사율은 5% 정도이다. 미국국민 사회봉사율 49%에는 한참 못 미친다.

논어에 적선지가 필유여경積善之家 必有餘慶이라 하여 '착한 일을 많이 한 사람(가정)은 반드시 경사스러운 일이 생긴다'는 말이 있듯이 사회봉사와 착한 일은 후손에게도 영향이 있다고 본다.

사회를 더 맑고 아름답게 하는 일은 사회가 필요로 하는 봉사활동을 함이고, 이것은 자신의 행복을 위해서도 필요하다. 사회봉사를 한 노인과 봉사를 하지 않는 노인의 삶의 만족도 조사 등에서 그 차이점이 사례로 발표되고 있다.

2) 소득보장

우리나라 노인 재취업 정책은 다음과 같은 점을 고려하여 정책 전환을 해야 한다.

첫째, 고령자 인재은행을 만들어야 한다. 통계청 통계를 활용하여 학력, 기능, 취업 장소별 인적카드를 만들어 적재적소에 필요한 인력을 추천할 수 있는 시스템을 만들어야 한다. 어느 분야는 사람이 남아돌고, 어느 분야는 인력이 부족한 미스매치mismatch를 시정해야 할 것이다.

둘째, 고령자 중 단기적응 직업훈련 프로그램을 운영해야 한다. 예를 들면, 건강하면서 빈곤한 노인을 위해 재취업 정책을 정교하게 설계하고 실행해야 한다.

정년 연장은 노인에게 일을 할 수 있게 하는 최선의 복지정책이다. 정년 연장은 획일적으로 하는 것이 아니라 업종·직업 영역에 따라 신축성 있게 해야 한다.

3) 노인건강을 위한 의료제도 개선

노인을 위한 의료보장프로그램은 의료보험, 의료급여, 노인건강진단으로 나뉜다. 노인의료는 장기보호와 연계되어 있어 장기요양프로그램도 의료보장에 포함될 수 있다.

의료급여는 저소득층의 의료보장을 위한 공적부조제도이다. 노인건강진단프로그램은 질병의 조기발견 및 치료로 건강의 유지와 증진을 하고 노인복지를 도모하는 것으로 되어 있다. 노인은 의료욕구가 다른 계층보다 강하다.

4) 노인권익운동

노인의 빈곤문제, 의료보장 등 복지문제를 해결하기 위한 활동과 국가와 사회, 자녀 세대에게 봉사한다는 기본철학을 가지고 노인권익운동이 전개되어야 한다.

노인권익운동의 목적은 정부나 의회의 정책결정과정에 많은 정보를 제공할 수 있고, 각종 사회갈등을 중재한다는 점에서 긍정적이다.

노인들은 적절한 영양, 위생 · 안전 · 오염되지 않은 생활환경, 운동 · 휴식 등의 생활양식, 예방적 · 치료적 · 재활적 의료서비스, 비의료적인 개인적 · 사회적 지지 서비스 등을 요구한다.

우리나라의 노인권익운동이 발전하기 위해서는 몇 가지 결정변수가 있는데 정치문화, 정책유형, 리더십, 재정력, 구성원의 자의식 수준, 이념 지배적인 가치 등이 선결되어야 할 것이다.

5) 장수노인전략

우리나라의 건강기대 수명은 남자 78세, 여자 84세로 장수국가군群에는 들지 못하지만 장수노인이 많은 국가로 인정받고 있다. 하지만 사회의 모든 제도 및 시스템과 국민의식은 여전히 80년대에 머물고 있다.

선진국 선 경험 지원시스템과 정책벤치마킹과 함께 우리 국민 욕구에 걸맞는 맞춤형 고령 사회로의 대응을 준비해야 할 것이다. 새로운 정책과 기술개발 · 지원을 위한 가칭 장수사회복지연구소를 설립하고 이를 거점으로 한 R&D실천 예산과 인력시스템이 투입되어야 한다.

장수사회가 가지고 있는 그늘의 문제인 고독사, 사회적 방치, 빈곤에 허덕이는 하류노인下流老人 등의 문제가 일어나지 않도록 예방과 정책 수행이 있어야 한다.

○

노인의 5복福

옛날부터 중국인들은 5복을 갖춘 사람을 가장 행복한 사람의 표본으로 삼았다. 이 복은 첫째, 수壽-오래 사는 것, 둘째, 부富-재산이 많은 것, 셋째, 강녕康寧-몸과 마음이 건강한 것, 넷째, 유호덕攸好德-사람이 덕이 있어 많은 사람을 너그러이 대하는 것, 그리고 고종명考終命-가족들이 지켜보는 가운데 고통 없이 세상을 하직하는 것을 말한다.

여기에서 오래 사는 것을 첫 번째로 꼽은 것은 여하튼 오래 살고 봐야 다른 복도 누릴 수 있다고 보았기 때문일 것이다. 치아가 좋은 것도 5복 중의 하나라는 말이 있는데 이는 정통 5복의 하나가 아니라 속설로 규정한 것이다. 이가 나쁘면 잘 씹을 수가 없고, 잘 씹지 못하면 위장이 고장

나고 위장이 나빠지면 내장기관에 영향이 있기 때문이 아닌가 생각한다. 그러면 5복의 반대는 무엇일까? 수壽의 반대는 요절夭折로 젊었을 때 사망하는 것이고, 부富의 상대적 개념은 빈貧이요, 강녕康寧과 멀리 있는 말은 허약일 것이다. 유호덕攸好德과 가장 떨어진 단어는 이런 말이 적합할지 모르지만 악독惡毒이 아닌가 생각한다. 마지막으로 고종명考終命의 역逆은 횡사, 객사, 사고사일 것이다.

또 맹자孟子는 ≪인생 3락樂≫에서 하늘을 우러러 부끄러움이 없는 것, 부모, 친지, 형제들이 강녕한 것, 훌륭한 영재를 얻어서 교육하는 것을 즐거움樂으로 규정하고 있다.

임어당林語堂은 행복의 필요충분조건으로 다섯 가지를 말하고 있는데 사는 집이 있을 것, 음식이 충분히 있을 것, 치장할 수 있는 옷이 있을 것, 배우자가 있을 것 그리고 건강을 말하고 있다. 이 다섯 가지를 충족시킨 후에야 행복을 논의할 수 있다는 얘기다.

그럼 현재 우리나라의 노인들이 누려야 할 다섯 가지 복은 무엇일까. 첫째는 건강建康이다. 건강이 무너지면 명예도 재산도 의미가 없다. 둘째는 재산財産이다. 노인도 돈이 있어야 한다. 셋째는 배우자配偶者가 있어야 한다. 자식이 아무리 효자라 해도 악처가 낫다는 말이 있지 않는가. 넷째는 친구親舊이다. 친구도 존댓말 주고받는 고매한 친구가 아니라 막말도 하고 심지어는 욕도 할 수 있는 막역한 친구가 있어야 한다. 다섯째는 일事이다. 일이 있는 노인은 장수하고 시간을 보내는 것이 즐겁다.

그러나 여기에서 짚고 넘어가야 할 일이 있다. 노인이 위의 다섯 가지 복(5복)을 누리고 있다 할지라도 또 중국인의 5복을 다 지니고 있다 해도 본인 스스로 '나는 행복하다'고 생각할 때 진정한 행복이 있다. 그러니까 행복은 객관적 요소도 충족되어야 하겠지만 주관적으로 행복을 향유할 수 있는 긍정적 마음가짐이 있어야 한다.

"산 넘어 남쪽에 행복이 있다기에 남으로, 남으로 갔다가 행복이 없어 울면서 되돌아 왔다"는 칼 붓세Karl Busse의 시 구절도 행복은 특정 지역에서만 있는 것이 아니라는 것을 의미하며, '알렉산더' 대왕과 거지 철학자 '디오게네스'의 대화 중 "당신 소원이 뭐요"라는 대왕의 질문에 "당신 때문에 내 몸에 그림자가 졌소. 비켜 주시오. 그게 내 소원이오"라고 담담히 말하는 노 철학자. 아마도 디오게네스의 시각에서 본 알렉산더는 불쌍하기 짝이 없는 사람이었는지도 모른다. 그는 무소유의 소유를 외치면서 창공을 마음껏 날아다니는 새와 같이 종횡무진으로 살며, 우주와 인간의 관계를 허무의 관점으로 파악했을 것이고 권력과 군사와 부를 지키기 위해 고심하던 알렉산더를 일장춘몽의 한순간으로 간주했는지도 모른다.

노인의 5복은 노인에게 국한된 것이 아니라 어쩌면 국민 모두에게 해당되는 조건일지도 모른다. 우리나라 노인들은 행복하게 살아야 하고 또 모든 국민도 행복하게 살아야 한다. 노인과 온 국민이 행복하기 위한 정부의 정책이 가시적이고 시위적인 것에서 벗어나 정신적으로 향유할 수 있는 바탕을 마련해야 한다. 또 휴전선 155마일이 남북한 군인이 총부리를 맞대고 있는 긴장의 선이 아니라 남북한 행복의 경쟁선이 되어야 할 것이다. 대한민국 국민의 행복값이 세계에서 제일 높다고 가정할 때 노인의 5복도 그 가치가 의미 있을 것이다.

○

노인과 자원봉사

이제 우리는 좀 더 적극적으로 자원봉사를 논의해야 한다. 자원봉사는 계층, 연령, 남녀를 초월하여 국민운동으로 승화시켜야 할 것이다. 그래야 국가가 희망이 있고 국력이 신장되는 기본 바탕이 된다고 본다.

우리가 살고 있는 자본주의가 좋은 면도 많지만 부정적인 측면에서는 빈부 간의 격차를 만들어 놓았다. 이를 시정할 수 있는 방안이 여러 가지가 있지만 그 중에서 가장 손쉽고 국민적 화합을 일궈내는 것이 자원봉사라고 믿기 때문이다.

영국 여왕 엘리자베스 2세는 1년에 영국 국내의 도시 4, 5곳을 순방한다. 여왕의 지방 방문 일정이 잡히면 왕실에서 사전에 그 도시에 가서 여왕과 파티를 함께할 사람을 모집한다. 예를 들면, 500명 정도의 인사를 선발하여 여왕과 맥주와 포도주를 마시면서 담소하며 사진을 찍는 행사다. 행사 참가비용으로 한 사람당 200만 원 정도를 받는다. 그러니까 500명에 200만 원이면 약 10억 원이 된다. 그 중에서 행사 비용을 뺀 나머지 돈을 여왕은 불우이웃인 빈곤노인, 소년소녀 가장, 장애인 등에게 골고루 나누어 주고 간다.

그러니까 영국 여왕이 다녀가면 잘사는 사람은 영국 여왕을 알현하는 기회를 가지므로 가문의 영광일 수 있고, 못 사는 사람은 돈이 생겨서 좋을 것이다. 그러니까 영국 여왕은 상류층과 하류층 모두에게 존경과 사랑을 받는다. 영국 여왕의 지방순시 행사는 왕실에서 행하는 사회봉사일 수 있다.

유럽의 중소도시에 가면 구획별로 마을이 있다. 이 마을은 대개 5,000명에서 1만 명 정도를 기준으로 하고 있다. 이 마을에는 소셜클럽Social Club이라는 친교모임이 있다. 예를 들면, 축구클럽, 청소하는 클럽, 승마클럽, 환경지킴이 클럽, 노래 부르는 클럽 등 수십 가지가 된다. 지역 주민들은 대개 2, 3개 클럽에 가입되어 있다. 그러다 보니까 거의 매일 만나 담소하고 취미생활을 마을 사람들과 함께한다. 그 과정에서 어떤 회원이 몸이 아프다거나, 어려운 일을 당했을 때 클럽 소속원들이 찾아가 자원봉사 활동을 한다. 이 자원봉사는 자연스럽고 순수한 이웃사랑이라고 할 수 있는데 이것을 그들은 연대책임solidarity이라고 부른다.

우리나라에도 예부터 남을 돕는 미풍양속이 있었다. '두레', '계' 등을 통해 어려운 이웃을 도와주는 좋은 관습이 있었다. 그러나 6·25전쟁 이후 '천박한 자본주의'의 찌꺼기가 이 땅에 들어오면서 수단과 방법을 가리지 않고 경쟁을 해서 승리하는 자만이 최선인 것처럼 비치게 되었다. 그러다 보니 우리의 아름다운 풍속도 퇴색하고 있다.

자원봉사 활동은 국민에 의한 복지공동체 실현의 핵심적 활동이다. 따라서 자원봉사 활동은 자유 의지에 입각하여 자발성과 공익성과 무보수성이라는 속성을 가지고 있다. 미국의 경우 자원봉사를 하는 국민이 54%라고 하는데 우리나라는 전 국민의 5% 정도인 250여만 명이라고 한다. 이 중 65세 이상 노인의 자원봉사 참여율은 전체 봉사자의 1.4% 수준인 3만 5,000여 명으로 파악된다.

노인이 할 수 있는 자원봉사는 교통질서, 환경보호지킴이, 지하철 안전요원, 식사배달 서비스 등이 있다. 그러나 노인이 정말로 가능한 자원봉사 활동은 호스피스(임종지킴이 서비스)라고 생각한다. 인생의 종말을 고하는 말기 암 환자를 비롯한 임종 환자의 죽음에 대한 불안감을 제어하고 편안하게 눈을 감도록 도와주는 일은 젊은 사람보다는 나이 지긋한 사람의 역할이 더 효과적이라고 본다.

자원봉사 활동 영역은 넓다. 영국 여왕처럼 고도의 정치 행위로부터 저급한 막일에 이르기까지 다양하다. 우리나라의 어려운 소외계층은 인생 경험이 많고, 시간이 있으면서 건강한 노인들의 따뜻한 손길을 기다리고 있다.

노인 전용 광장을 만들자

외국을 여행하다 보면 광장에 사람들이 모여 어떤 주제를 가지고 연설을 하거나 토론하는 모습을 볼 수 있다. 옛날 그리스의 아크로폴리스 광장에 철학자, 소피스트 등이 모여 당대의 사회적 이슈를 가지고 논쟁을 벌였다는데 그와 유사한 형태일 것이다.

오늘날 우리나라의 노인은 누구인가. 아마도 대한민국 5천 년 역사에서 가장 어려운 시절을 보낸 분들이다. 식민지 통치 시절 청소년기를 보냈고, 전쟁을 경험했으며, 우리나라 국가 건설의 주역으로 산업화를 이룩한 주인공이다. 그야말로 대한민국의 초석을 놓은 분들이요, 우리가 이렇게 살 수 있도록 만든 공로자가 아닌가.

그런데 우리나라 노인들은 말이 없다. 노인들도 말이 없을뿐더러 가정에서, 사회에서 대한민국에서 노인의 말을 들어 주지도 않고 들으려고 하지도 않는다. 노인들은 외롭다. 주연主演에서 밀려나 이제는 엑스트라가 된 세대요, 어쩌면 관객으로 전락한 그룹이다. 이제 제1선에서 제2선으로 밀려난 세대, 뒷방 신세를 지고 있는 세대는 할 말이 있어도 말을 하지 못하는 세대로 전락되고 말았다.

초등학생에게 질문했다. "할머니 할아버지는 뭐하시는 분입니까?" 하니까 "집 지키는 사람"이라는 대답이 가장 많았다. 종묘공원에 나오는 노인들은 "나는 우리 집에서 5등 인생이야, 1등은 우리 며느리, 2등은 아들, 3등은 손자 손녀, 4등은 개, 나는 5등이야, 식구들이 나갈 때 개밥은 주고 나가지만 나한테는 관심도 없어"라고 말한다. 물론 이 말은 극단적인 사례이고, 어쩌면 노인 스스로 자학에 가까운 표현일 수도 있으며, 노인들이 느끼는 고독감, 외로움, 푸대접을 표현한 것일 수도 있다.

필자는 종묘공원이나 효창공원 내에 조그마한 공터를 활용하여 노인 전문 광장을 만들어야 한다고 주장한다. 노인들은 할 말이 많다. 그런데 광장이 없다. 밀실은 폐쇄된 곳이고 광장은 터진 곳이다. 광장에 나와서 노인들이 가슴에 쌓인 한恨을 토로하고, 그동안의 경험을 바탕으로 한 아이디어도 쏟아내고, 국가 발전의 비전도 제시할 수 있어야 한다.

우리나라는 젊은이 위주의 목소리가 너무 크다. 그 목소리는 일방적이었다. 상대방 의사나 상황을 고려하지 않은 채 자기 주장을 관철시키는 데만 주력해 왔다. 노동조합원이나 시민단체가 일방적으로 길을 막고 전철을 서게 하고, 촛불 시위를 하면서 자기주장을 펴왔지만 노인들은 자기 목소리를 한 번도 내지 못했다.

그렇다고 노인들보고 거리에 나가 젊은이들처럼 행동하라는 얘기는 아니다.

결론은 노인들에게도 자신의 처지를 하소연할 수 있는 광장, 자신의 주장을 남에게 전달할 수 있는 광장, 노인들의 권익을 외칠 수 있는 노인 전용 광장을 만들어 주어야 한다는 말이다.

노년의 아름다운 성을 위하여

노인의 성性생활 유지나 이성 교제는 노후의 삶의 질quality of life을 높인다. 노인의 성적 표현은 인간 본능의 표현이며, 노인에게 있어 성행동은 생애 마지막으로 즐거움을 줄 수 있는 동시에 노후의 심리, 정서적인 건강을 향상하는 요소가 된다.

우리는 전통적인 성문화에 젖어 있어 노인이 성에 관한 관심만 가져도 비난을 하고 있는데 노인에 있어 성생활은 활력소가 되고 자아 존중감을 높여주는 계기가 된다. 그러니까 노인의 성적 표현은 '문제행동'이 아니라 인간 본능의 표현이며 사랑의 꽃을 심어주는 것으로 이해해야 한다.

사단법인 대한노인회의 전화 상담 통계에 의하면 배우자

가 없는 60세 이상의 남녀 중 63.4%가 고독과 외로움의 고통을 호소하였으며, 그중 93.3%가 외로움을 달래줄 이성 친구 소개를, 이 중에서 31.7%는 여생을 함께할 재혼 상대자를 원하는 것으로 나타났다.

생활수준이 향상됨에 따라 성은 생식적 기능보다 쾌락적인 수단으로 변했고, 종족보존의 수단에서 자신의 정체성을 확인하는 기능으로 바뀌고 있다. 노인에게 있어서도 성이란 살아있음을 드러내는 신체적, 정신적 자기표출 욕구다. 많은 연구보고서에서 노인의 대부분이 아직도 성 욕구를 가지고 있으며 성에 대한 관심이 많음을 확인할 수 있다.

노인은 더는 무성적無性的 존재가 아니며, 젊은이의 성생활이 인생에서 중요하듯 노인의 성생활 역시 삶의 질에 큰 역할을 차지하며 삶의 만족도를 높이는 데 영향을 미친다.

앞으로 노인 자신도 성에 대해 올바른 인식을 하고 활기찬 기쁨을 추구할 수 있는 환경을 만들어야 한다. 그러기 위해서는 첫째, 우리 사회는 노인들이 성에 대한 무지와 편견에서 벗어나도록 지식과 정보를 제공해야 한다. 예컨대 노인들은 성에 대한 시각이 육체적 성 기능에 큰 비용을 두고 있지만 앞으로는 정서적, 이성 교제 및 재혼의 가치를 증대시킬 수 있는 사회적 환경을 제공해야 한다. 정부나 지방자치 단체가 후원하는 공신력 있는 노인 모임이 활성화되어야 한다. 성 관련 상담소를 만들어 제공하는 방법도 있을 것이다.

둘째는 대중 매체에서 노인에 대한 왜곡된 이미지를 불식시키고 노인의 성에 대한 올바른 생각과 사고를 전환하는 계기를 제공해야 한다. 노년의 성은 아름답다는 것이고 노년의 생에 대한 보람을 증가시키는 것이 될 것이다.

○

노인 기준연령을 올려야 한다

우리나라 노인연령은 만 65세부터이다. 근거는 무엇일까?

노인복지법에 '노인은 65세부터'라는 말은 한 군데도 없다. 다만 노인복지법에 지하철, 고궁, 박물관 등 편의시설을 무료로 이용하고, 국민건강보험법상의 진료혜택을 65세 이상으로 정했기 때문에 상식적 차원에서 노인연령을 65세 이상으로 보고 있다.

예부터 환갑回甲이 지나면 노인으로 간주했다. 그러나 이제 막 65세가 넘었다 해서 노인행세를 했다가는 별 재미 못 본다. 경로당에 가면 '애들 취급'을 당하는 나이다.

국민들에게 노인은 몇 세로 생각하느냐 질문했더니 70

세가 가장 많았다. 요즘은 칠순 잔치도 흔하지 않다. 대개 가족여행을 가거나 가족끼리 조촐하게 식사하는 것으로 바뀌었다. 노인연령이 65세 이상이라 했는데 그 배경은 무엇일까?

독일의 비스마르크Bismarck 수상 당시인 1889년 세계최초로 노령연금법을 제정하였는데 그 때 독일인들의 평균수명은 42세 정도였다. 그 후 의학, 보건학, 영양학이 발달하고 운동을 하면서 평균수명은 조금씩 올라가게 되었다.

1999년 유엔이 정한 세계노인의 해에 노인연령을 비스마르크의 65세를 차용한 것이다. 그러나 모든 국가가 65세를 노인으로 하지 않는다. 동남아시아는 60세 정도, 아프리카는 55세로 본다.

2021년 현재 우리나라 노인은 853만 명으로 고령 사회라고 하는 14%를 넘어섰다. 다가오는 2025년이면 초고령 사회인 20%를 넘는다. 고령화 속도로 본다면 금메달이다. 우리는 1년에 40만 명의 65세 노인이 탄생한다.

하루에 1천여 명의 노인 증가와 38만 명에 불과한 신생아 출생의 역비례는 우리 사회에 위기감과 불안감을 드리운다.

노인연령은 상향되어야 한다고 주장하면 벌떼처럼 달려드는 계층이 있을지도 모른다. 국민연금기금이 2057년에 고갈 예상되므로 연금수급연령을 65세에 68세로 올리자는 연구원의 보고를 접해 들은 국민들은 분노했다. 드디어 대통령까지 나서서 진화했지만 대통령이 나서서 발언할 얘기가 아니라고 생각한다. 왜냐하면 국가현실은 현실이고 어떻게든 대응책을 내놔야 하기 때문이다. 국민입맛에 맞는 정책, 설탕 바른 정책으로는 국가장래를 헤쳐 나갈 수 없다.

노인연령을 하루아침에 70세로 올리는 것이 아니라 예를 든다면 2022년에 66세, 2024년 67세, 2026년 68세, 2028년 69세, 2030년 70세로 연차적으로 올리는 안案이다. 그리고 그 사이에 노인의 소득문제, 의료보건문제에 관한 보완적 대안을 마련하는 것이다.

2016년 5월에 대한노인회에서 노인연령을 올리자는 주장을 했다가 한바탕 소용돌이를 겪었는데 이제는 실현에 옮길 때도 되었다.

물론 반대론자들은 '사다리이론'을 주장하면서 65세 이상 된 사람들은 혜택을 보고 이제 노인의 혜택을 보고자 기다리는 사람들은 무자비하게 사다리를 치우는가 하면서 항의한다. 그러나 국가식 백년대계를 위해서 우리는 후배 세대인 자식 세대에게 짐을 덜어 줄 계기를 주어야 한다.

일본도 정년퇴직을 65세에서 70세로 올리고, 노인경제활동을 상향조정하고 있으며, 스칸디나비아 국가들도 65세에서 67세나 68세로 올리는 것으로 보고되고 있다.

다가올 인구감소, 초고령 사회에 적응하기 위해서는 정부뿐 아니라 기업, 개인도 발상의 전환과 시스템 전반에 걸친 대표적 변혁이 필요하다. 그 가운데 노인 연령의 상향은 반드시 실현되어야 할 정책이다.

노인연령을 올리자는 주장은 고양이 목에 방울 다는 것처럼 어려운 일이다. 그러나 이제 노인연령을 상향 조정할 결단의 시기가 왔다.

종교의 이념과 사회복지

사람은 태어나서 죽을 때까지 기쁨, 즐거움, 행복감보다 슬픔, 괴로움, 불행감이 더 많다고 생각한다. 인간의 전 생애를 통해 아무런 걱정 없이 오복을 누리고 사는 사람이 얼마나 될까. 아마 없을지도 모른다. 누구나 크고 작은 걱정거리가 있고, 숨겨져 있는 슬픔과 고통이 있다.

이러한 인간의 불행, 빈곤, 질병, 정신적 고뇌를 해결하고자 등장한 방편方便이 종교다. 전 국민을 '복음화' 시키고, '극락정토'로 만드는 것은 종교가 가지고 있는 궁극적 목표일 수 있다. 그러나 일반 국민들은 '권선징악' 즉, 사회의 나쁜 것을 억제하고 착한 일을 권한다는 측면에서 종교를 이해하고 있다.

종교가 가지고 있는 이념은 약간씩 다르긴 해도 공통분모는 '사랑과 자비'다. 사랑과 자비의 기본적 바탕은 전 국민의 행복을 추구하는 사회복지 이념과 맥을 같이 한다. 그러니까 종교의 목적과 사회복지의 목적을 같은 뿌리同根로 해석해도 큰 무리는 아니다.

우리나라 종교별 인구를 보면 불교가 전 인구의 22.8%, 개신교가 18.9%, 천주교가 10.6%로 전 인구의 52.3%가 비교적 큰 교세의 종교를 믿고 있다. 좀 더 상세히 살펴보면, 불교는 105개 종파(단체)에 2만 2000여 개의 교당(사찰), 4만 2000여 명의 승려(스님)가 있고, 기독교는 170개 교파에 6만 2000여 개의 교당(교회)이 있으며, 13만 명의 교역자가 있다. 천주교는 1개 단체에 2천 300여 개의 교회, 1만 4000여 명의 교직자가 있는 것으로 파악됐다(문화관광부 홈페이지, http://www.mcr.go.kr).

이 통계를 보면 우리나라 전 국민의 약 30%가 범기독교 신자라는 점이고, 불교, 범기독교에 종사하는 교직자는 18만 6000여 명이며, 종교 교당 수만도 8만 6000여 개나 된다. 종교를 국교로 하는 나라 이외에 이토록 많은 교당, 교역자 수를 가진 나라도 흔치 않다.

종교가 추구하는 목적이 사회복지 이념과 공통분모를 가진다고 했는데 불행하게도 종교기관은 사회복지에 큰 관심이 없다. 종교 법인이 사회복지시설을 위탁받거나 자체 복지시설을 갖고 있는 경우도 있지만 일반적으로 사회복지에는 큰 관심이 없다.

종교기관의 예산을 보자. 종교기관은 수입의 2%, 많게는 8% 수준을 복지예산으로 편성하고 있다. 다시 말하면 사회복지에는 큰 관심을 두지 않는다. 예산지출의 큰 부분은 교당 건축물의 신축이나 증축, 종교행사 및 새로운 신자영입(포교, 선교활동)에 쓰이고 있다. 거리에는 쓰러진 사람, 죽어가는 사람이 많은데 종교건물만 웅장하게 짓는 것에 정성을 쏟고 있다.

현재 우리나라에는 20여만 명의 최극빈층이 있다. 그들은 전기도 단전된 집에 살고, 심한 경우 수돗물도 제대로 못 먹는 사람들이다. 이들을 위한 정부 복지정책이 국민기초생활보장정책이라지만, 이들은 기초생활보장정책의 사각지대에 놓인 셈이다.

종교기관은 '국가원수를 위한 기도회'처럼 잘 먹고 잘 사는 사람을 위한 집회보다 질병과 빈곤의 갈등 속에서 하루하루를 연명하는 사람을 위한 '기도'를 해야 한다. 그리고 사회복지를 실천해야 한다.

여기서 한 가지 제안을 하고자 한다. 우리나라 8만 6000

여 개의 종교교당에서 불우한 이웃 한 사람씩만 보살핀다면 어떨까. 20여만 명의 최극빈층이 고통의 늪에서 빠져나와 행복한 생활로 접어들지 모른다. 이제 사찰, 교회운영의 핵심이 교세확장이 아니라 사회복지라는 인식이 확산될 시기가 됐다.

○

이름 없는 사람을 위한 기억

캐나다 오타와시市의 시청사 앞에는 한 사람의 동상이 서 있다. 이 동상의 주인공은 그 도시의 시장도 아니고, 돈 많은 재벌도 아니다. 대통령이나 수상은 더더구나 아닌 이름 없는 시민 테리 폭스Terry Fox라는 사람이다. 테리 폭스는 말기 암 환자였다. 암세포가 전이되어 다리 하나를 잘라냈다. 그는 의족을 하고 다녔다.

어느 날 그는 말기 암 환자와 환자의 가족을 돕기 위한 마라톤을 계획했다. 큰 회사를 찾아가 후원을 요청했다. 그러나 그 요청은 거절되고 말았다. 회사 입장에서 볼 때 얼마 후에 죽을 사람을 위해 돈을 내놓을 필요가 없다고 생각했기 때문이다.

테리 폭스는 혼자서 뛰기 시작했다. 말기 암 환자와 그 가족을 후원하기 위한 자선 마라톤이었다. 말이 마라톤이지 한쪽 다리가 의족인 사람이 뛰면 얼마나 뛰겠는가. 뛰다가 쓰러지고, 쓰러지면 다시 일어나서 뛰고 또 뛰었다.

그 과정을 캐나다 국영방송인 C-TV의 어느 프로듀서가 중계방송을 하게 되었다. 처음에는 혼자서 뛰었지만 시간이 흘러 갈수록 함께 뛰는 사람이 늘어나기 시작했다. 초기에는 3~4명에 불과하던 동조자가 50명이 넘어섰고, 시간이 지나 갈수록 몇백 명, 몇천 명이 뛰었다. 나중에는 도시의 교통이 마비될 정도였다.

테리 폭스는 군중을 향해 말기 암 환자와 가족의 고통을 호소하면서 모금활동을 했다. 그리고 그 돈을 말기 암 환자와 가족을 위해 기부했다.

테리 폭스는 이렇게 매일 마라톤을 하다가 시작한 지 132일 만에 거리에서 쓰러져 사망했다. 오타와시에서는 이름 없는 말기 암 환자의 갸륵한 정신을 기리고자 동상을 세워준 것이다.

우리나라는 존경받는 인물도 적고 그 인물의 동상이나 기념관도 드물다. 학생들에게 존경하는 인물을 쓰라고 하면 세종대왕, 이순신, 김구 등 몇몇 인물에 국한된다.

역대 대통령의 경우에도 잘못된 부분만 부각하여 손가락질을 한다. 그러다 보니 동상이나 기념관이 거의 없다. 정치지도자 수준에 해당하는 사람도 그러할진대, 테리 폭스처럼 이름 없는 사람의 동상 같은 것은 없다.

그러면 외국의 경우는 어떠한가.

미국의 초대 대통령 조지 워싱턴은 말년에 흑인 하녀와 성관계를 맺기도 했다. 그러나 그는 영원한 미국의 국부國父로 국민의 추앙을 받는다.

일본의 오다 노부나가는 군신軍神으로 국민의 추앙을 받는다. 그는 무장하지 않은 승려 300명을 도륙하는 비열한 짓을 했다. 그러나 일본인들은 오다 노부나가의 어두운 면보다 밝은 면을 본다.

현재는 과거에 기초하여 존재한다. 과거가 없는 현재는 존재할 수 없다. 또 미래는 현재에 기초해 이루어질 것이다. 과거를 부정하고, 조상을 비난하고, 역대 인물의 아픈 부분만 강조하다 보면 우리는 정신적 지주를 잃게 된다. 정신적 지주가 없어지면 국민들은 어찌 될까. 허탈하고 불안해한다.

역대 정치지도자의 기념관 및 동상을 세우도록 하자. 잘

난 사람은 후세 사람들이 본받기 위해서 짓고, 잘못한 사람은 이런 인물이 다시 나타나서는 안 된다는 차원에서 교훈이 되지 않겠는가.

캐나다 오타와시의 테리 폭스와 같은 어려운 환경에 있는 사람이 불굴의 의지로 자선 마라톤을 했다는 것도 아름다운 일이고, 또 이름 없는 사람을 기억해주는 그들의 정신적 품격이 존경스럽다.

○

한국에서의 노인의 위상

우리나라 노인들의 현실은 녹록하지 않다. 2021년 기준 853만 7000명이 노인이고 노인의 숫자는 매년 40만 명씩 증가한다. 부부합계 출산율이 0.84명이라고 한다. 원래 평균 수급률이 2.1명이니까 이제 대한민국은 늙어가고 있다.

지금 노인 연령이 65세니까 막 노인이 된 세대는 선배 노인의 이러한 국가적, 사회적, 경제적, 개인적 환경을 전혀 모른다. 그러니까 같은 노인이라 할지라도 '동시대인의 비동시적 존재'로 평가할 수 있다. 대한민국은 노인 문제와 관련하여 몇 개의 금메달(?)을 가지고 있다. 노인의 빈곤지수 43.8%가 세계 1등이다. 또 여기에 보충되는 통계가 있는데 국민기초수급생활자의 32%가 노인이라는 것이다.

현재 노인들은 대한민국 500년 역사 중에서 가장 힘들고 고통스러운 시기를 지낸 분이 많다. 노인 중 80대 중후반에 계신 분들은 왜정시대, 6.25전쟁, 산업화 이전의 배고픈 시절을 다 경험한 세대이다.

우리나라 노인들은 많이 배우지고 못했고, 돈을 벌 수 있는 기회도 없었고, 번 돈으로 가족을 부양하면서 자녀들을 양육하다 보니 지금은 한마디로 빈 털털이 세대가 되었다.

노인은 외롭다. 다시 말하면 고독하다. 사회에서도 노인은 고독하지만 집에서도 마찬가지다. 옛날 농경사회시대의 가부장적 권위는 온데간데없고 본인이 노력하지 않으면 정말 첩첩산중에 혼자 있는 듯한 노인들이 많다.

노인의 역할이 없다. 사람마다 자기의 역할이 있는데 노인은 역할이 없다는 것이 노인을 더 괴롭힌다. 집안에서 TV 시청이나 집 근처를 산책하는 것 그리고 경로당이나 노인복지관에 나가는 노인들은 그래도 행복한 노인이다.

위에 적시한 노인의 빈곤·병·고독·역할의 상실을 노인의 4고苦라고 말한다.

불가佛家에서 인생의 4고를 생로병사로 지칭하고 있듯이 노인도 헤어날 수 없는 고통을 설명하는 것이다. 우리나라 모든 노인이 이렇게 4고에 허덕이고 있는가 하면, 사실 개인적인

생활에 만족하는 어느 정도 행복한 노인들도 많이 있다.

우리나라 노인의 자살률은 세계 1등이다. 자살을 왜 하는가? 그것은 사람마다 다 사정이 다르겠지만 공통적인 것은 우울증이 기반되어 있다. 가족관계의 부조화 · 고독감 등이 있다고 학자들은 보고 있다.

그리고 노인인구 증가 속도가 제일 빠르다. 다른 선진 국가가 100여 년에 걸쳐서 고령화 사회(7%), 고령 사회(14%), 초고령 사회(20%)의 수순을 밟았다. 가장 빠르다는 일본보다도 우리의 노인인구 증가 속도는 세계 1등이다. 2000년에 7%였다가 2016년에 14%, 2025년에 초고령 사회인 20%가 된다는 것이다. 20년 후인 2041년에는 인구 셋 중 한 명이 노인이 되며, 2048년에는 노인인구가 전체 인구의 37.4%나 차지함과 동시 세계적으로 가장 늙은 나라가 될 것으로 전망되고 있다.

노인인구가 많아지면 복잡한 분석도 필요 없다. 우선 노동력이 늙어진다. 그리고 사회의 활력이 떨어진다. 소비가 줄면서 내수 시장에 문제가 생긴다.

청년들은 노동생산인구이기에 사회적 관심의 대상이 되지만, 노인들은 생산에 참여하지 못하고 쓸모없는 잉여인간으로 취급당한다.

아프리카에서는 노인이 죽으면 '동네 박물관'이 없어졌다고 슬퍼하지만, 한국 같은 최첨단의 정보화·디지털화 사회에서는 쓸모 있는 정보가 없는 노인은 무용지물로 전락한다.

지금까지 한국 사회에서의 노인의 서글픈 현실을 정리했는데 고령 사회 또는 초고령 사회의 문제를 특히 복지 문제로 정리하는 것은 근본적인 한계가 있다. 세계에서 가장 빠른 경제성장을 자랑하고 있는 나라, 3050클럽(5000만 인구에 3만불 국민소득) 군의 7개 국가(미국, 프랑스, 독일, 영국, 일본, 이탈리아, 한국)에 속한다는 자부심이 있는 나라라고 하는 계량적·통계적 차원의 국가형태를 자랑하는 것이 아니다.

인류가 발전하면서 '회색쇼크'라는 초유의 사태를 맞이하고 있는데, 무조건적으로 오래 사는 것, 장수문화를 구가하는 것 대신에 인간답게 사는 것이 무엇인지에 대한 근본적인 성찰을 할 시점에 도달했다. 노인의 4고를 사회정책 또는 국가정책으로 푸는 과정 즉, 노인의 인력활용, 소득보장, 여가선용, 자원봉사 등도 중요하지만, 여기에서는 이러한 노년의 위기상황을 철학적 성찰을 통해 자신을 되돌아보고 인류사의 새로운 사고의 틀을 만들어 보고자 함이 목적일 것이다.

○

노인복지 관련 용어에 대하여

노인복지 관련 용어의 재정비가 필요하다. 우선 '노인'이라는 단어가 과연 알맞은 용어일까?

유년, 소년, 청년, 장년 같은 세대가 있다면 그 다음에는 '노년'이 돼야 한다. 영어의 '엘더리the eldery'나 '시니어senior', '에이지드the aged'는 '노인'이라는 단어가 아니라 '노년 세대'를 지칭한다.

노인문제를 연구하는 학자들의 모임은 노인학회가 아니라 '노년학회Gerontological Society'이다. 이 조직은 세계노년학회, 아시아/오세아니아 등 지역노년학회, 한국노년학회 등으로 나누어져 운영되고 있다.

프랑스어의 노인을 지칭하는 '라비돌La vie D'or'이라는 말은 '황금 같은 연령'을 말하는 '골든 에이지Golden Age'라는 의미이다.

일본에서는 최근 노인을 '숙년熟年'이라고 부르고 있는데 이는 '완숙한 세대'라는 의미일 것이다.

노인을 '어르신'이라고 점잖게 표현한다. 그런데 이 말을 듣는 어르신의 기분이 그리 유쾌하지 않은 것은 왜일까.

또한 '고령자'라는 말이 있다.

"몇 살을 고령자라고 하는가"라고 시민들에게 질문하면 대개 80세 정도일 것이라고 대답한다.

'고용상연령차별금지 및 고령자고용촉진법'이라는 것이 있는데 여기에서 고령자는 55세이며, 준고령자는 50세로 규정하고 있다. 이것은 '장년'으로 바꾸어야 한다.

또, '치매癡呆'라는 말이 있다. 한마디로 노망든 사람을 지칭하는 것인데 '어리석을 치癡'와 '어리석을 매'로 '어리석은 사람'으로 규정한다. 일부 학자들은 '인지증認知症'으로 표현하기도 하는데 이 용어가 무슨 뜻인지 선뜻 이해가 가지 않는다.

'고령친화산업'이라는 것이 있다. 우리나라에는 '고령친화산업진흥법'을 만들어 이쪽 분야 산업을 육성하려고 한다.

일본에서 '실버Silver산업'이라고 표현하니까 그대로 따라

할 수는 없고, 우리 식으로 작명을 한다고 한 것이 '고령친화산업'이 되어 버렸다.

또 '케어Care'라는 영어가 있다. 이 말을 우리말로 뭐라고 해야 할까?

우리는 '수발', '간호', '요양' 등으로 표현하기도 하지만 다 적절한 말이 아니다. 일본인은 케어를 '개호介護'로 명명하여 영어의 뜻과 발음을 유사하게 쓰고 있다.

'베이비 부머Baby Boomer'는 미국에서 1946~1964년 출생한 사람이다. 일본의 단카이 세대로 지칭되는 1947~1949년에 태어난 사람과 우리나라의 1955~1963년 사이에 출생한 사람을 말한다. 영어로 '베이비 부머'로 표현하기보다 가장 한국적 정서에 알맞은 용어를 만들었으면 좋겠다.

노인복지는 복지정책의 내실을 기하는 것도 중요하지만 우선 국민이 쉽게 이해하고 다가갈 수 있는 용어부터 재정립해야 한다.

용어에 대한 현상 공모를 했으면 좋겠다.

노인에 관한 정책이 바뀌어야 한다

첫째, 중산층노인을 위한 여가정책이 있어야 한다. 해방 이후 오늘 날까지 대한민국의 복지정책의 핵심은 빈곤계층을 비롯한 소외계층이 주고객主顧客이었다. 그러니까 복지수혜자는 국민기초생활대상자를 비롯하여 장애인, 소년소녀가장, 노인, 다문화가정 등이었다. 그러나 이제 우리는 국민소득 3만 달러에 와있다. 따라서 노인복지정책도 중산층노인을 위한 정책개발이 필요하다고 본다. 다시 말하면 고급공무원, 장교, 교육자, 기업체 CEO, 전문가 집단 등 많이 배우고, 건강하며, 재산이 있는 노인을 위한 복지정책개발이 있어야 할 것이다. 예를 든다면, 고급문화의 향유, 충분한 휴식을 동반한 역사나 예술이 어우러진 노인들의 장場

이 만들어져야 한다. 노인의 고급문화 속에는 연극, 영화, 음악, 미술 등 예술영역과 역사해설, 시사강의, 정보화 사회 특강 등이 포함될 수 있다. 여기에 강사로 활용되는 사람은 자원봉사자 또는 학식을 갖춘 노인으로 활용할 수도 있다. 공간 걱정도 할 필요가 없다. 관공서 건물은 토요일이 휴무이니 건물 한 곳을 임대하여 쓸 수도 있고, 노인종합복지관, 지역사회 대학교 강의실도 활용할 수 있다.

둘째, '효자송금법'을 제안한다. 자녀가 부모에게 매달 생활비 또는 용돈을 보내드리면 자녀들은 연말세금 정산 시, 세금을 낸 것으로 간주하여 공제해 주는 것을 말한다. 이 법이 시행된다면 자녀는 부모에게 효孝를 실천하는 결과가 되고, 자녀도 이익이 되는 일거양득이 된다. 이 법안은 몇 가지 고려해야 할 사항이 있는데 우선 세수稅收 문제가 되어 국가재정에 영향을 줄 수 있지 않겠는가 하는 것이다. 우리나라에서 소득세는 세수에 큰 영향이 안 된다. 그리고 효자송금법의 공제한도를 정해 놓으면 된다. 또, 부모가 생존하여 공제받는 사람과 그렇지 못한 사람 간의 불평등이 있을 수 있으나 사회복지관련 후원금, 기부금으로 대체할 수 있다. 부모에게 송금한 후 그 통장을 자녀가 가지고 있으면서 인출할 가능성이 있다. 그러나 우리나라에는 그러한 파렴치한 자녀보다 견실하고 효성스러운 자녀가 더 많을 것이라고 본다. 효자송금법은 현재 싱가포르에서 시행되고 있다.

셋째, 자녀와 국이 식지 않는 거리에 사는 방안이 강구되어야 한다. 최근 여론조사기관 발표에 의하면 자녀가 노부모를 모시고 살고 싶다고 말한 경우는 6%에 불과하였다. 다시 말하면 94%가 따로 살고 싶다는 것이다. 부모도 86%가 자녀와 따로 살고 싶어 한다고 응답했다. 이 조사결과를 해석하면 즉, 자녀, 부모 모두 따로 살고 싶다는 것이다. 부모, 자녀가 함께 사는 것도 문제고, 너무 멀리 떨어져 사는 것도 문제다. 따라서 아파트 분양 시에 같은 단지 내에 자녀 세대와 노부모 세대를 동시에 입주할 수 있도록 하는 규정을 만들어야 한다. 다시 말하면 국이 식지 않는 거리에 부모, 자녀가 함께 살도록 해야 한다. 임대주택, 소형평수를 일정량 확보하도록 되어 있는 현재의 규정에 노부모를 위한 정책적 배려를 하도록 해야 한다.

넷째, 20년 이상 주택을 보유하고 재산세를 꼬박꼬박 낸 사람이 노인이 되어 수입이 단절될 경우 세금을 감면해 주어야 한다. 평생직장에 다니면서 또 주택을 가지고 있다는 것으로 인해 재산세를 납부했는데 세금을 종전과 같이 낸다면 결국 노인을 중산층에서 하류층으로 밀어내는 결과가 된다. 집은 담보로 생활비를 빼서 쓰는 역모기지 정책도 활성화 되어있지 못한 상황에서 세금까지 부과하는 것은 무리다. 미국은 20년 이상 주택을 보유하고 있다가 은퇴한 경우 세금을 감면해 주고 있다.

다섯째, 노인복지시설과 아동복지시설, 도서관을 한 시설에 설치하는 복합복지시설이 필요하다. 우리나라의 복지시설은 서양의 복지시설을 모방해 건립했다. 예를 들면, 노인복지시설, 아동복지시설, 장애인복지시설 등 전문화되고 분리된 복지시설이 그것이다. 이러한 복지시설은 좋은 면도 있지만 자칫 잘못되면 격리된 시설 안에서 같은 유형의 사람들끼리 단절된 생활을 유도하는 결과가 된다. 서양 사람들의 사고방식은 다분히 분석적이다. 점點이 있으면 점과 점을 잇는 것은 선線이고, 선과 선을 연결하면 면面이 되고, 면과 면을 합치면 입체立體가 된다. 이처럼 분석적 기하학적 사고를 복지시설에도 적용시켰다.

그러나 동양적 사고는 화합적이고 유기적이다. 너와 내가 따로따로 존재하는 것이 아니라 항상 '우리'라고 하는 통합적 체계 속에서 해석을 한다. 따라서 한 복지시설 안에 노인이용시설, 영유아시설을 함께 설치하고 노인들이 영유아들을 돌볼 수 있는 프로그램을 운영한다면 좀 더 인간적이고 사람 냄새 나는 시설이 될 것으로 믿는다. 여기에 어린이와 노인이 함께 이용할 수 있는 도서관을 병설하고 또 그 시설 안에 긴급한 경우를 대비하여 보건소 직원 1명을 배치시킨다든가, 119 소방요원을 배치시키는 것도 생각해 볼 일이다. 물론 치매나 중풍을 앓고 있는 노인의 경우는 전문화된 시설에서 케어를 받는 것이 합리적이다. 여기에서 말하는 것은 이용시설에 국한한 것으로 봐야 한다.

여섯째, 경로당이 너무 많다. 이는 건축법에 따라 공동주택을 건립할 경우 경로당을 의무적으로 지어야 하기 때문이다. 그러다 보니 경로당이 기하급수적으로 늘고 있다. 경로당이 많다는 것은 한국적 여가문화의 장場이 늘어나는 긍정적인 면도 있지만 운영의 면에서 볼 때는 문제가 있다. 따라서 경로당 건립을 의무적으로 건립하고 있는 건축법을 개정해서 경로당 숫자를 조정하고 기존의 경로당을 통폐합하여 내실화·특성화해야 한다. 예를 들면, 경로당 중 컴퓨터교육, 정보화교육만 하는 경로당, 사회교육 전용 경로당, 놀이문화 전용 경로당, 체육·운동을 전담하는 경로당, 사회봉사를 전문적으로 하는 경로당 등으로 구분하여 전문화시킬 필요가 있다.

이제 우리나라도 늙어가고 있다. 노인들을 위한 복지시설을 많이 만드는 것도 중요하지만 타성에 젖어 있는 복지제도보다 한국적 정서에 알맞은 노인복지 시스템이 구축되어야 할 것으로 판단된다.

노인을 위한 네트워크의 과제

현대 사회는 네트워크 사회다. 사회 전반에 걸쳐 네트워크에 대한 관심이 고조되고 있다. 앞으로의 사회 발전 또는 사회복지 발전은 네트워크를 어떻게 효과적으로 활용할 수 있는가에 달려 있다 해도 과언이 아니다.

그러면 네트워크network란 무엇인가. 통일된 개념 해석은 없지만 사회복지 분야에서는 네트워크를 '사회적 관계망', '조직간 관계', '서비스 관계망', '지역사회 연계망' 등으로 사용되고 있다. 다시 이를 정리해보면 사회복지 네트워크란 "사회복지 자원, 사회관계 지식, 기술 등을 공유할 수 있는 개인 또는 단체의 공식적 · 비공식적 망net"이라고 정의할 수 있다.

이러한 사회복지 네트워크를 노인복지, 노인문제에 대입시켰을 때 노인들의 욕구 충족을 도와 줄 수 있다. 노인들의 욕구란 다양하지만 그중에서도 취업문제, 질병문제, 여가문제, 사회봉사문제 등을 해결하는데 큰 역할을 할 수 있다. 또 지역사회의 유휴자원을 발굴하거나 동원할 수 있다. 그리고 효율성을 증진시킬 수 있으며, 노인들의 소속감, 공동체 의식을 증진시킬 수 있는 계기도 마련한다고 할 수 있다.

노인복지를 활성화시키기 위해서는 네트워크가 활성화되어야 한다. 그러기 위해서는 첫째, 노인복지 행정 체계의 조정 기능부터 활성화시켜야 한다. 우리나라의 노인복지시설은 중, 장기적 계획에 의해 세워진 것이 아니라 상황 논리에 따라 지어졌다. 예를 들면, 경로당의 경우도 '사랑방'이 현대화된 형태로 자연스럽게 정착된 것이다.

노인종합복지관도 지역사회의 정서에 맞는 복지시설이 아니라 전국적으로 획일화된 형태로 지어졌다. 농어촌지역의 노인복지관과 대도시지역의 노인복지관이 왜 똑같은 규모, 똑같은 프로그램, 똑같은 이용시설을 만들어야 하는가. 농촌이면 농촌, 대도시면 대도시다운 정서와 인간관계가 있다고 본다.

또 경로당, 노인복지시설과 정부(지방정부)의 관계는 수평적 관계가 아니라 수직적 또는 불평등한 관계다. 이는 정부 또는 지방정부로부터 보조금이나 운영 예산을 지원받기 때문이다. 다른 면에서 보면 경로당, 노인복지관은 같은 지방자치단체로부터 자원을 받기 때문에 경쟁 관계에 있다. 그러다 보니 조직 간에 정보 교환이나 협조 체제가 잘 안 되어 있다.

또 노인복지 행정 체계의 조정이 필요한 이유는 시민단체의 비협조를 들 수 있다. 대한노인회조직과 시민단체도 상화 협력 구축에 비협조적이기 때문에 시너지 효과가 부족한 실정이다. 이러한 기관과 기관 간의 연계 체계는 공조직 간에도 적용된다. 또 공조직과 사조직 간의 자원과 정보를 공유하기 위한 노력도 있어야 한다.

둘째는 노인복지시설, 즉 경로당시설이나 노인복지관에 대한 일반인의 신뢰 의식이 구축되어야 한다. 신뢰 의식은 노인복지시설을 못 믿는다는 것이 아니라 비공식 원조망에 대한 신뢰 부족, 전문지식과 기술의 부족에 대한 인식, 가족에 대한 불신, 가족 간의 갈등으로 인한 불신이 노인복지시설에 대한 신뢰 부족으로 나타날 수 있으며 이 신뢰 부족은 네트워크 형성에 커다란 방해 요소가 된다.

셋째는 불균형의 문제다. 불균형의 문제는 노인복지시설

이 일방적으로 다른 기관의 자원과 원조를 의존하고 그 의존성이 심해질 때 일어날 수 있다. 경로당이나 노인복지관은 일방적 수요자가 되고, 다른 한쪽은 일방적 공급자가 될 때 이에 관한 불균형을 해소시킬 수 있는 방책이 모색되어야 한다. 예를 들면, 노인들도 지역사회를 위한 봉사를 하면서 사회복지 네트워크에 의한 자원을 받는 상호 교환적 상태가 바람직하다.

결론적으로 사회복지 또는 노인복지 네트워크가 발전되기 위해서는 대표적인 민간복지네트워크인 지역사회복지협의회를 통한 통합적 네트워크를 만들어야 하며, 지역사회 유력인사와 노인 간의 빈번한 접촉을 통해 협조 체제를 만들어야 한다. 그리고 정보통신망의 확충과 정보 공유 또한 필요하다고 본다.

21세기 노인복지 실현의 중요한 요소는 노인복지 네트워크를 얼마나 어떻게 활용하는가에 달려 있다고 해도 과언이 아니다. 따라서 노인복지 네트워크는 우리 노인복지계의 새로운 패러다임으로 다가오고 있다.

노인을 위한 고급문화는 있는가

논리학에서 "○○는 있는가"라고 긍정적으로 질문하면 부정적인 결과를 유도한다. "너 철수냐?"라고 물으면 '너는 철수가 아닌데 왜 철수라고 하느냐'는 의미를 포함하고, 거꾸로 "너 철수 아니냐?" 하면 '넌 철수인데 왜 아니라고 하느냐' 하는 긍정적 대답을 요구하는 것과 같다. 따라서 위의 제목 "노인을 위한 고급문화는 있는가"라는 질문은 당연히 고급문화가 없다는 것을 지칭한다.

사실 해방 이후 오늘날까지 대한민국 복지정책의 핵심은 빈곤계층을 비롯한 소외계층을 주요 고객顧客으로 했다. 그러니까 복지 수혜자를 국민기초생활 대상자를 비롯하여 장애인, 소년소녀 가장, 오갈 데 없는 여성들이 복지정책이라는 이름으로 행해진 요보호 대상자였다.

그러나 이제 우리는 국민소득 3만 달러 시대에 걸맞은 복지정책을 수립해야 한다. 따라서 배운 노인, 가진 노인, 건강한 노인을 위한 복지정책에 필요한 시점에 와 있다. 예를 들면, 고급공무원, 장교, 교육자, 기업체 CEO, 전문가 집단 등이 은퇴를 한 후 갖는 여가문화가 특별한 것이 없다. 대개 가족들을 중심으로 한 여가나 몇몇 친지들과의 모임을 갖고 있을 뿐이다.

이제 우리는 중산층이나 그 이상의 노인을 위한 노인여가정책을 개발해야 한다. 예를 든다면, 고급문화, 충분한 휴식을 동반한 역사와 예술이 함께 만나는 노인들의 장場이 필요하다. 이 고급문화 속에는 연극, 영화, 역사 해설, 시사 강의, 정보화 사회 특강 등이 포함될 수 있고, 어느 경우에는 특수한 영역에 해당하는 것도 있을 것이다. 여기에 강사로 활용되는 사람은 자원봉사자로 하거나 아니면 노인 중 일정한 학식을 갖춘 사람에게 적은 비용을 지불해도 될 것이다.

또 공간도 충분하다. 관공서가 토요일은 휴무이므로 토요일에 관공서의 방 하나를 임대해서 쓸 수도 있고, 노인복지관, 지역사회에 있는 대학교 건물을 쓸 수도 있을 것이다. 더 나아가 노인을 위한 자격증반, 학점은행반, 교양교육반 등을 개설하는 것도 생각해 볼 수 있다.

독일에 가면 스탐티슈Stammtisch라는 것이 있다. 지정된 식당이나 맥줏집에 지정된 시간, 좌석을 정해주는 제도다. 예를 들면, 어느 요일 밤 6시부터 12시까지 몇 개 테이블은 지정된 조직이나 단체가 쓰는 것이다. 단체 구성원 중 나올 수 있는 사람만 나와서 세상 돌아가는 얘기, 정치 얘기, 개인의 신상 얘기에 이르기까지 대화하며 떠들고, 심지어 노래까지 할 수 있다. 이렇게 해서 여가문화를 즐기면서 연대 체계를 구축하는 것이다.

여기에서 말하고자 하는 것은 노인들에게 계층화시키는 여가문화를 만들자는 것이 아니다. 그 동안 우리 노인들은 농경사회문화를 배경으로 한 여가문화에 익숙해 있었다. 그러다 보니 농경사회에 알맞은 국한된 놀이문화의 범주를 벗어나지 못했다.

또 관광도 값싼 싸구려 관광에 가게에 가서 물건 팔아 충당하는 관광에 치우치는 경향이 있었다. 이제는 중산층 이상 노인을 위한 고급문화를 향유하는 관광도 개발되어야 한다.

이제 우리나라의 복지정책의 초점도 빈곤계층의 차원을 넘어가야 한다. 의료정책도 의료급여 수준을 벗어나 중산층을 위한 의료복지정책이 나와야 한다.

허구한 날 가난한 계층만 돌보아 주는 것이 아닌 새로운 시대의 '실용복지정책'이 제시되어야 한다. 이제 노인을 위한 고급문화를 새로운 정책의제로 포함시킬 때가 되었다.

노인복지정책의 소용돌이

노인문제가 사회적 이슈로 등장하고 있는데 노인문제의 정책적 해결방안은 무엇일까?

우리는 노인을 건강한 노인, 건강치 못한 노인으로 구분하고 또 빈곤한 노인과 중산층 이상의 노인으로 나누어 본다. 건강하면서 중산층 이상의 복 받은 노인에게는 자원봉사 프로그램이나 여가 활용정책 등이 개발되어야 한다. 이 구분을 조합시켜 볼 때 건강하면서 빈곤한 노인에게는 노인 재취업이나 인력 활용정책, 노인 복지공장 등의 대안이 수립되어야 한다.

건강치 못하면서 중산층 이상의 노인에게는 실비요양원이나 유료요양원에 입소시켜 의사, 간호사의 보호를 받게 해야 한다. 또 건강치 못하면서 빈곤한 노인은 국가나 사회가 생활을 보장해야 한다.

이렇듯 노인문제라는 것이 단순하지가 않다. 그러면 노인문제 가운데 어떤 영역이 가장 시급히 해결해야 할 분야인가. 필자가 생각하기에는 우선 건강하면서 빈곤한 계층에 해당하는 노인으로 판단된다.

현재 우리나라의 국민기초생활보장 대상자 188만 명 중 35% 정도가 노인 계층이다. 오늘날 우리나라에 살고 있는 노인들은 대부분 가난하다. 그리고 아직도 몸은 건강하다. 그런데 일자리가 없다. 요즘 청년 실업이 사회문제로 등장하고 있는 마당에 노인 재취업을 강조하는 것이 안 된 일이긴 하지만 노인 재취업은 젊은이들의 취업만큼이나 심각하다.

노인의 재취업은 사회적 일자리를 노인들이 차지했기 때문에 젊은이들의 눈총을 받기도 한다지만 그렇게 생각할 일이 아니다. 사회에서의 중요하고 힘든 일은 젊은이가 하고 노인들을 자신의 경륜과 노하우를 가지고 젊은이를 도와준다는 차원에서 노동력을 투하할 수 있을 것이다. 노인의 재취업은 노인들에게도 매우 중요하다. 일을 하면 더 건강해질 수 있고, 사회에 봉사한다는 자부심도 있으며, 용돈을 벌어 쓸 수도 있기 때문이다.

그런데 우리나라의 노인 인력 활용 수준은 아직도 걸음마 단계에 있다. 노인의 인력 활용이라는 정책 아젠다를 만들어 이를 위한 실천전략을 짜야 한다.

정책의 실천은 행정과 법률에 근거를 두고 있는데 노인 인력 활용을 위한 대응은 '고령자 적합 직종'과 '고령자고용촉진법'이라는 틀에 넣어 두고 있다. 그런데 고령자 적합 직종이나 고령자고용촉진법은 권장 사항의 수준에 불과하고 강제적인 집행의지가 없는 내용으로 되어 있다. 다시 말하면 있으나 마나 한 행정과 법을 만들어 놓고 뒷짐지고 있다는 인식을 할 수밖에 없다.

최근에 대한노인회를 중심으로 민간형 노인일자리(취업알선형)사업을 운영하고 있는데 이는 반가운 소식이라고 볼 수 있다. 그러나 이 사업도 기존의 보건복지부 운영 체계, 노동부 운영 체계와 충돌되거나 중복되는 경향이 있는데, 언젠가는 전달 집행 체계의 통합이 필요하다고 본다.

노인의 재취업문제는 앞으로 젊은 노인이 대거 등장하고, 전문직 종사자 노인이 증가하면서 더 중요한 정책 아젠다로 등장할 것이다. 또 노인의 권익신장운동 차원에서 노인의 인력 활용문제가 노인 인력 활용에 대한 외국의 사례연구, 한국적 현실 진단과 새로운 차원의 정책 대안을 마련해야 한다.

우리나라는 외국에서 그 유례를 찾아보기 어려울 정도의 노인 인구증가와 고령화 속도가 진행되고 있다. 외국의 노인복지는 복지 클라이언트들이 정치 권력자와의 투쟁의 결과로 쟁취한 것이라 할 수 있는데 우리나라 노인복지의 경우 정부나 지자체에서 일방적으로 나누어 주는 방식에 그저 순응하는 태도로 일관되어 있다.

지나간 19세기는 집단 발견의 시기이고, 20세기는 계급 발견의 시기라고 한다면 21세기는 복지 발견의 시기다. 특히 늙어가는 인구를 좀 더 효율적으로 활용하고 이들의 삶의 질을 추구할 수 있는 정책적 대안이 제시되어야 할 것이다.

노인의 재취업문제와 장기요양보호 노인에 대한 문제를 게을리 할 경우 이 나라에 노인문제에 대한 쓰나미(지진해일)의 소용돌이가 전개될 가능성도 있다.

실버산업은 없다

미국에 갔을 때 대학 도서관에 들러 '실버산업silver industry'을 쳤더니 은광銀鑛, 은제품산업이 튀어나왔다. 그러니까 미국인들은 우리가 흔히 말하고 있는 실버산업이라는 용어를 사용하지 않는 것으로 판단된다. 우리가 쓰는 실버산업이란 일본인들의 용어를 차용借用해서 쓰는 것 같다.

우리나라에서는 '실버산업'을 '고령화친화산업'으로 명칭을 바꾸고 '고령화친화산업진흥법'을 제정 공포한 바 있다(법률 제 10339호). 고령화 친화산업? 어쩐지 용어가 그리 친숙하지 않다. '고령'은 최소 70, 80세 정도 나이이고, '친화'라는 말도 평소에 잘 쓰지 않는 말이기 때문이다. 그러나 정부에서 실버산업을 고령친화산업이라 했으니 그냥 넘어가자. 고령화친화산업이란 "노인계층을 대상으로 하여 그들이 필요로 하는 서비스를 주로 민간 차원에서 자유 시장 원리에 따라 제공하는 경제활동"이라고 개념을 정의할 수 있다.

고령친화산업은 몇 가지의 특성이 있다. 첫째, 고령친화산업은 복지를 염두에 둔 산업이라는 점이다. 둘째, 고령친화산업은 노인을 대상으로 했거나 그 가족을 대상으로 한 영리 추구 산업이다. 셋째, 고령친화산업은 시간소비형 산업이다. 여가, 시간의 충실한 소비가 중심에 있다. 넷째, 고령친화산업은 대개 여성 주도형의 특성을 갖는다. 60세 이상의 60%가 여성이고, 여성이 남성보다 장수하고, 구매결정권을 여성이 장악하고 있기 때문이다. 다섯째, 고령친화산업은 소비자의 신용과 평판에 의존하는 산업이고 대개 중소기업에 적합한 산업이다. 우리나라 고령친화산업진흥법에서는 고령친화산업 발전계획(제4조), 연구개발 장려(제7조), 표준화(제8조), 지원센터설립 지정(제10조), 금융 지원(제11조)과 함께 고령친화제품 등의 품질 향상 등을 위한 조항을 명시하고 있는데 노인복지법처럼 "…할 수 있다"는 임의 조항이 대부분이다.

고령친화산업은 몇 가지 기회 요인을 가지고 있다. 그것은 세계에서 가장 빠른 고령 인구의 증가로 고령친화산업은 다른 나라에 비해 급속하게 성장 가능성이 있다. 또 노인의 경제력 향상으로 인해 소비의 주체 세력으로 급부상할 수 있다. 노인은 건강하고 안락한 노후 생활을 하기 위해 편리한 주거환경을 비롯해 교양 오락 등 고품질의 생활 서비스를 요구할 것으로 전망된다. 그리고 요양 서비스의 외부위탁이 늘어나면서 가족이 노인을 간호 요양할 수 있는 기능이 약화되어 갈 것이다.

그러나 몇 가지 취약점도 있는데 그것은 고령화친화산업에 대한 홍보가 부족하다는 점, 고정소비자의 확보가 어렵다는 점, 서비스 제공자의 인력 확보도 만만치 않다는 점이다. 마지막으로 우수한 지도자와 프로그램의 취약 현상을 들 수 있다.

이러한 고령친화산업에 대한 여러 가지 여건을 감안한다면 정부 차원에서는 우선 관련 법규나 제도를 대폭 정비해야 한다. 이 산업이 성공하기 위해서는 정부 차원의 큰 그림을 그려야 한다. 그러나 아직 우리나라에서 정부 차원의 적극적・선도적인 정책은 없는 듯하다. 또 민간 부문에서도 다양한 고령친화상품을 개발해야 한다. 그리고 민간의 사회자본을 활용하여 다양한 프로그램을 만들어야 할 것이다. 그것은 우리나라 국민 정서에 알맞은 산업 선정은 물론 노인들의 문화를 감안한 고령친화 프로그램을 창안해야 한다는 것이다. 자칫 고령친화산업이 돈 있고 건강한 노인만을 위한 것이 아니라 경제 능력이 없는 저소득층 노인들도 포용할 수 있어야 한다.

또 채산성이 높은 상품은 민간시장에서, 채산성은 없으나 공익성이 높은 복지산업은 공공 부분이 담당하고, 중간 영역에 속하는 부분은 정부와 민간이 공동으로 참여하는 방안도 모색되어야 할 것이다. 또 단순히 고령자들만을 대상으로 하는 상품이 아니라 젊은 세대도 함께할 수 있는 전략이 있어야 한다.

우리나라의 베이비 붐 세대(1955~1963년)가 노인이 되었을 경우를 염두에 둔 마케팅도 염두에 두어야 한다. 그리고 이미 고령화 사회, 고령 사회, 초고령 사회를 경험한 외국의 사례를 벤치마킹하여 한국적 모형을 만드는 것도 고려해야 한다.

현재 우리나라의 실버산업은 없다. 실버산업이라는 용어도 공식적인 용어로 사용되지도 않고, 실버산업이라는 고령친화산업도 아직 어린아이 수준에 머물러 있기 때문이다. 이제 고령친화산업의 진흥을 위해 정부와 민간이 노력하고 소비자인 노인도 새로운 시각으로 접근해야 할 것이다.

사회를 위한 세상, 노인을 위한 세상

오늘날 한국 사회에서 노인 문제 해결대책을 위한 시각은 크게 두 가지다.

첫째, 의식주 문제를 해결할 수 있도록 정부나 사회가 복지 시혜를 베푸는 일이다. 이름하여 '노인복지정책'이라 한다. 노인복지정책은 광범위해서 소득 보장, 의료 보장, 여가, 장기요양보험, 노인주거문제 등 다양하다. 이러한 노인복지정책은 사회적 사실social facts에 근거한다. 예를 들면 빈곤한 노인이 얼마나 되는지 어느 정도의 생활 수준인지 그들의 욕구가 무엇인지를 파악하여 복지의 가치를 결정하고 복지정책을 수립하는 것이다.

둘째, 노인들에게 삶의 가치와 의미를 부여하여 인간다운 생활과 만족을 향유할 수 있도록 어떠한 대책이 필요한가이다. 우리나라 노인들은 일반적으로 의식주 문제는 해결되었다고 본다. 그러나 두 번째 영역인 삶의 만족도 부분에선 아직도 어려운 수준에 있다. 그 단적인 예가 노인 자살률이 세계 최고수준이라는 것이다. 노인의 복지향상을 위해서는 3층 보장체계three tired system가 형성되어야 한다. 국가와 사회와 개인의 역량을 동원하여 삼위일체적 차원에서 접근해야 한다.

미래의 노인은 누구인가.

노인 연령을 만 65세 이상으로 규정하고 있으나 노인 연령 선에 해당하지 않는 베이비 붐Baby Boom 세대의 생활은 미래 노인의 모습일 수 있다. 1955~1963년 사이에 태어난 약 712만 명에 해당하는 이 세대의 삶의 질과 의식구조는 어떠한가. 그들은 민주화와 가치를 높이 들어 이 나라의 사회적 변화를 일으킨 장본인이고, 정보화의 초기 단계를 이룩한 그야말로 더 위대한 세대인지도 모른다. 그러나 그들은 불안하다. 이 세대의 '불안감'은 대한민국 노인의 불안감과 교차하면서 우울한 모습을 투영 시킨다.

노인복지는 '마음의 복지'를 추구해야 한다. 농경사회를 살아온 현재 노인들의 정서를 풍요롭게 할 수 있는 정책개발이 필요하다. 아무리 좋은 집에서 맛있는 음식을 먹으며 살더라도 심리적 안정감이 없으면 사상누각에 불과한 것이다.

우리나라는 복지선진국보다 그 수준이 아직도 열악하기는 하다. 그러나 사회복지 관련 제도와 예산증가는 급속도로 진전되고 있다. 혹자는 우리나라의 국민성이 세금은 더 내지 않으면서 자꾸 복지 요구를 하는 것이 결국 그리스식 국가형태가 되지 않을까 우려한다.

사실 사회복지, 노인복지는 공짜가 없다. 그만 한 대가를 치러야 대가에 대한 혜택을 보는 것이다. 사회복지를 비롯한 노인복지의 기본적 틀은 필요에 따른 요구를 충족시키는 것이다. 이 요구와 충족의 적정한 균형을 유지하고 50년, 100년 후를 조망할 수 있는 정책적 대안이 마련되어야 한다.

○

한국의 노인단체 - 어디에 와 있는가

대한민국의 정책결정자들은 현재의 노인문제를 심각한 사회문제로 인식하고 있는가? 우리나라의 정책결정자들은 노인이 당면한 문제 중 빈곤 문제와 질병 문제를 해결하기 위해서 어떠한 합리적 대안을 가지고 있는가? 또 농경사회에 익숙한 대도시 노인의 소외와 역할 상실 문제를 해소시키기 위한 대응전략을 가지고 있는가? 일을 하고 싶어도 일자리가 없는 젊은 노인을 위하여 정부와 민간기업은 강제규정도 없는 '고령자고용촉진법'만 만들어 놓고 스스로 만족하는 것은 아닌가? 노인단체는 스스로의 권익을 쟁취하기 위해서 어느 정도의 노력을 하고 있는가? 위의 질문들은 우리나라 노인단체의 위상과 관련시켜 본 하나의 화두話頭이다.

우리나라의 노인 복지정책의 기초는 '선 가정보호 후 사회보장'의 논리이다. 논리의 근거는 노인복지를 '경로효친'이라는 미풍양속 틀 속에 함유시켰고, 사회가 아직도 유교적 가치관의 하위문화라고 믿는 것이다. 노인복지에 대한 국가정책의 미온적인 태도는 또 '선 성장 후 분배' 주장이 정책결정자의 구미에 맞게 각색되었다. 그러다 보니 OECD 국가 중 사회복지부분 지출이 최하위에 머물게 되었다.

이러한 바닥 수준의 노인 복지를 노인단체들은 어떻게 보고 있으며, 노인단체는 어떠한 정책대응을 하고 있는가? 결론부터 말하면 우리나라 노인들은 정치문화적으로 향리형鄕里型과 신민형臣民型이 혼합형태로 유교적인 순응을 생활방식으로 살아온 분들이다. 따라서 자신의 이익을 강하게 주장하는 습관을 익히지 못했다.

노년층의 구성도 복합적이고 의식 또한 스테레오 타입이라고 볼 수 있다. 중산층을 구성하고 있는 노인들은 자본주의적 발전과 생활양식에 대하여 현실지향적 특히 가족지향적, 물질지향적, 소비지향적인 데 반하여 중산층 이하를 구성하는 노인들은 자본가 계급에 대한 비판적 의식을 가지고 있으면서도 사실상 정치성향에서는 보수정당을 편드는 행태를 나타내고 있다.

우리나라의 노년층은 그 동안 축적된 '생존의 마술'을 응용하여 정치와 경제의 최악의 사태에 대하여서도 '체념의 지혜'를 발휘하고 마치 아무 일도 없었다는 듯이 평화스럽게 살아가는 놀라운 '흡수력'을 가지고 있다. 노인단체가 가지고 있는 단체적 성격도 노인의 일반적 성향을 함축시킨 것이라고 판단된다. 따라서 우리나라의 노인단체는 노인복지정책의 향상에 적극적으로 대처하는 '행동'도 없고, 그렇다고 노인이 바라는 '정책대안'을 마련하여 그것을 관철시키려는 의지도 빈약하다. 시민단체처럼 노동자처럼 피켓 들고 시위하기에는 노인이라는 위치가 남사스럽고 가만히 앉아 있자니 아무 일도 안 한다는 소리를 들을 것 같고, 하여튼 어정쩡하게 하루하루를 지낸다.

서구의 복지역사가 투쟁의 역사이고, 시혜자인 권력층으로부터 일방적으로 받은 것이 아니라 도전과 끝없는 문제제기 속에서 양방의 합의에 의해 형성된 것이라 한다면 우리나라 노인들에 의한 노인복지 정책은 공허하게 표류하고 있는 실정이다.

미국에서는 노인들이 노인정책을 잘 제시하는 후보에게 표를 몰아주고, 정치인의 노인 관련 공약을 모니터링 한다. 네덜란드에서는 노인들이 '노인당'을 만들어 그 후보를 국회의원에 당선시켜 가면서 노인문제를 스스로 해결하려는 노력을 하고 있는 데 비하면 우리는 과연 어디만큼 와있는지 자문해 보아야 할 것이다.

노인 단체가 노인들의 독립된 문화를 창출하고, 빈곤과 의료혜택을 강하게 관철시키면서 스스로의 자존을 유지하는 대한민국의 어르신 단체로 다시 태어나야 한다. 일부에서 강하게 비판하는 '노인 귀족단체'가 되지 않기 위해서는 헐벗고 굶주린 소외계층의 노인들을 어루만지고 그분들과 웃음과 눈물을 함께해야 하는 단체가 되어야 한다.

○

남편 파는 백화점과 현찰 이야기

남편을 파는 백화점이 있었다. 이 백화점에 가면 마음대로 남편감을 골라 살 수 있었다. 이 백화점은 5층으로 되어 있는데 윗층으로 올라 갈수록 점점 더 고급스러운 상품을 진열해 놓고 있었다. 여기에는 특별한 규정이 하나 있는데 어떤 층의 문을 열고 들어가면 그곳에서 남편을 선택해야 한다. 선택을 하지 못할 경우에는 무조건 1층으로 내려가야 한다는 것이다.

세 사람의 여성이 남편감을 사려고 백화점에 갔다. 1층에 당도하니 안내문이 있었다. "이곳에는 직업이 있고, 아이들을 좋아하는 남성이 있습니다."

어느 여성이 중얼거렸다. “이 정도면 괜찮네. 직업도 없고 아이들을 좋아하지 않는 남자도 많은데, 2층에는 어떤 남자를 팔까?”

2층 안내문에는 “이곳에는 직업도 있고, 아이들도 좋아하고 잘생긴 남자들이 진열되어 있습니다.”

“그래 아주 좋아, 그래도 3층에는 어떤 남자들이 있는지 궁금하네.”

세 여자는 선택을 하지 못하고 한층 더 올라갔다. 3층의 안내문은 “이곳에는 직업도 있고, 돈도 잘 벌고, 아이들을 좋아하며, 아주 잘생겼고, 집안일을 도와주는 남자들이 진열되어 있습니다.”

“우와” 하고 여자들이 환호성을 질렀다.

“정말 여기서 내리고 싶어지네, 하지만 윗층에는 더 멋있는 남자들이 있을 것 같아.”

세 여자는 계속해서 4층으로 올라갔다. 그곳에는 “이곳에는 돈을 잘 벌며, 아이들을 좋아하고, 아주 잘생겼고, 집안일을 잘 도와주고, 당신만을 사랑해주는 멋진 남자들이 진열되어 있습니다.”

세 여자는 경악했다. “4층이 이 정도라면 윗층에서 우리들을 기다리고 있는 남자들은 어떨지 상상조차 안 되네.”

세 여자는 서둘러 5층으로 올라갔다. 거기에는 “여기는 비어 있습니다. 이곳은 여자들이란 결코 만족할 수 없는 존재임을 알려주는 증거로만 사용됩니다. 어서 1층으로 내려가시기 바랍니다."(위트 상식사전, 보누스출판사)

그렇다. 사람이란 욕심이 끝이 없다. 한 가지 소원(욕구)을 충족시켜 달라고 간절히 기도한다. 그 소원이 이루어지면 다른 욕구가 또 기다리고 있는 것이다.

어느 나라에서는 물건을 사면 그 물건과 함께 잔돈으로 현찰을 준다. 예를 들면, 냉장고를 사면 냉장고와 함께 잔돈지폐를 주는 것이다. 그런데 그 나라 법에는 현찰을 일정금액 이상 소유하면 처형을 하도록 되어 있다. 또 하나 특징은 그 나라 돈은 특이한 냄새가 난다. 경찰은 돈 냄새가 나는 집을 찾아낸다. 그러니까 돈 많은 사람은 몰래 돈을 없애려고 노력한다. 땅에 파묻기도 하고 강물에 버리기도 한다. 돈을 버리는 것이 발각되면 그 사람도 처형당한다(C, 모리스 연극작품).

얼마나 돈이 없으면 이런 상상을 연극으로 만들었을까.

세상일이란 너무 욕심내지 말고, 있는 그대로 수용하면서 살아가는 방법을 배워야 할 것 같다.

방하착放下着- '그냥 모든 것을 내려놓는 마음과 행동'에서 잃어버렸던 행복이 올 수도 있지 않겠는가. 또 스스로를 안분지족安分知足의 상태에서 자기 분수를 지키며 만족할 줄 아는 마음도 한 번쯤 생각해 볼 일이다.

우리나라 정치, 경제, 사회 등의 문제가 하도 시끄럽고 어렵다 보니 이런 생각을 해 보았을 뿐이다.

당신은 행복하십니까

"아일리쉬 브레싱Irish blessing"이라는 것이 있다. 아일랜드 사람들이 기도를 드리는 내용을 정리한 것이다.

> 내 손에는 항상 일거리가 있게 해 주소서
> 아침에 일어나면 동쪽 창에 햇볕이 비추게 해 주소서
> 비 온 뒤에는 하늘에 무지개가 뜨게 해 주소서
> 그리고 마지막으로 신을 찬미할 수 있을 정도로 건강하게 해 주소서

이다.

우리나라 사람들의 기도는 좀 거창하다. 예를 들면, "남북통일이 되게 해 주소서", "취직 또는 승진하게 해 주소

서", "아들 낳게 해 주소서", "건강하게 해 주소서", "돈을 많이 벌게 해 주소서" 등이다.

그러니까 행복의 기준을 잡을 때 우리는 다른 나라보다 평균점이 높다. 평균점이 높다 보니 도달하기가 어려울 수도 있다. 목표 수준을 도달하려고 노력하고 기도해도 도달하지 못한다면 어떻게 될까. 스트레스가 쌓인다. 그리고 스스로 불행하다고 생각한다.

행복이란 무엇일까. 사람들은 자신이 바라는 것(욕구)이 이루어졌을 때 행복하다고 한다. 그러니까 욕망을 이루고 나서의 상태를 행복한 상태로 보는 것이다. 그런데 문제는 욕망은 또 다른 욕망을 가져오고 만족한 상태는 잠깐이라는 것이다.

결국 행복이라는 것은 외부적 조건인 경제적인 수준, 사회생활의 성취도, 건강 등도 중요하지만 자신의 내면의 세계를 밝히는 마음 안에 있다고 볼 수 있다.

헬렌켈러는 다 아는 바와 같이 3중고의 장애인이다. 보지도 못하고, 듣지도 못하고, 말하지도 못하는 중증 장애인이다. 그녀는 이런 말을 한 적이 있다고 한다. 「신이 있어 나에게 3일간만 눈을 뜨게 해주신다면 첫째 날은 꽃피고 새가 지저귀는 대지를 마음껏 밟아보고 싶다. 둘째 날은 나를 가르쳐주신 설리반 선생을 만나 얼굴도 보고 만져보고 싶다. 셋째 날은 나를 도와준 나의 친구, 후원자들과 웃으면서 마음껏 대화하고 싶다. 그 다음에 나는 눈을 감아도 좋다.

우리는 어떠한가. 두 눈을 뜨고 건강하게 살면서도 재산이 있으면서도 끝없는 욕망의 노예가 되어 있는 것은 아닌가.

사람이 행복한가의 행복지수는 사실 경제력과는 전혀 상관이 없다.

이제 우리는 GNP국민총생산가 아니라 GNH국민총행복:Gross National Happiness를 따져 봐야 할 단계에 이르렀다.

우리는 자신을 향해 질문을 해야 한다.

"당신도 행복하십니까?"

어디 이상향 없소

재미없는 일상생활, 무료함 또 짜증나는 상황을 벗어나는 길은 없을까. 우리가 겪는 고통, 갈등을 넘어 풍요나 사랑과 훈훈함이 넘치는 세상은 없을까?

나는 대학교수를 하면서 방학을 이용해 해외여행을 많이 했다. 아마 70여 개 국가는 될 듯싶다. 여행을 하면서의 화두話頭는 사람이 멋지게 사는 이상향은 어디일까였다. 그건 내가 전공하는 사회복지정책의 귀착점과 중첩되기도 했다.

영국의 외교관이 비행기를 타고 가다가 히말라야 산속에 불시착한다. 상처투성이인 몸을 끌고 멀리 보이는 궁전 같은 곳으로 간다. 그곳은 아름다운 음악과 음식이 차려진 부족함 없이 모든 것을 갖춘 곳이었다. 그곳에서는 하고 싶은 것을 마음대로 할 수 있었다. 따라서 서둘 필요도 없고 욕심낼 것도 없었다. 늙는 것도 스스로 조절하여 몇백 년을 마음대로 살 수 있었다. 그곳은 '샹그릴라'였다(제임스 힐턴, 잃어버린 지평선 <Lost Horizons>).

소크라테스 이후 그리스 철학자들은 이상국가Politeria를 사회정의에 대입시켜 논쟁하였다. 그들은 사람의 머리(철학자), 가슴(군인), 횡격막 이하부분(서민)으로 구분하여 지배구조를 형성함이 이상국가라고 했다.

500년 전 영국의 토마스 모어Thomas More는 이상세계를 유토피아Utopia라 했으며 그것은 어디에도 없는 사회라고 말했다. 그는 재산의 평등분배 속에서 자유와 평등, 풍족함을 주장했는데 이를 실천한 사회는 어디에도 없었다.

중국 한나라 유방劉邦이 초나라 항우項羽를 물리치는 데 공을 세운 장량張良 장자방은 후에 관직과 후사를 내려놓고 장가계張家界에 몸을 숨겼다. 그가 살았던 장가계가 이상향일까.

GNP는 경제적 관점의 소득수준이다. GHP는 행복happiness 수준을 말한다. 세계에서 국민행복 수준이 제일 높은 나라는 태평양 남서부에 있는 바누아투 공화국이다. 인구는 30만 명 정도이고, 2020년 국민소득은 3000불 정도이다. 그들은 가난하지만 쾌적한 환경 속에서 만족스럽게 살면서 행복을 향유한다. 이곳이 어쩌면 기독교의 "꿈과 기름이 흐르는 현대판 가나안 언덕"일지도 모른다.

이상향은 경치 등 자연환경도 아름다워야 하겠지만 5복을 향유할 수 있어야 한다. 즉 오래살고(壽), 재산이 많고(富), 몸과 마음이 건강하고(康寧), 덕이 있어 다른 사람을 포용하고(攸好德), 가족들이 보는 가운데 고통 없이 죽는(考終命) 것을 갖춰야 할 것이다.

양반의 가렴주구 횡포를 벗어나 평등하게 잘살아보려는 ≪허생전≫의 '서해의 어느 섬'이 이상향일까.

도연명의 도화원기桃花源記에 "어느 어부가 강을 거슬러 복사꽃이 되어있는 수풀 속으로 길을 잘못 들었는데 거기서 동굴을 발견했고, 그 속에 아름다운 별천지가 있었다"는 그곳이 유토피아일까?

반야심경의 "아제 아제 바라아제 바라승아제 모지 사바하(가세 가세 우리 모두 저 피안의 언덕으로 가세)"는 우리가 사는 세상을 고해苦海요 화택火宅이라서 피안의 세계를 추구하고자 하는 것인지도 모른다.

현대사회의 이상향은 사회복지국가다. 국민의 의식주문

제 해결과 사회보장을 행하며 전 국민의 행복을 추구하는 국가모형으로 북유럽국가군이 여기에 해당한다. 그러나 그들도 어려움이 있는지 자살하는 인구가 적지 않다.

자, 이상향을 찾아가자. 그러나 이상향을 찾아가는 것보다 내가 살고 있는 이 나라를 세계에서 가장 살기 좋은 나라, 이상향으로 만드는 것은 어떨까.

아름답고 슬픈 볼트 이야기

캐나다의 어느 시골마을에 조지 C. 볼트George C. Boldt라는 청년이 있었다. 그는 독일에서 온 사람으로 조그마한 호텔의 지배인이었다. 비가 억수같이 쏟아지는 날이었다. 호텔 방은 벌써부터 꽉 차 있었다. 그날 밤늦은 시간에 호텔 문을 두드린 노신사 부부가 있었다. 그는 방을 하나 줄 것을 요구했다. 그러나 방이 다 나갔기 때문에 줄 수가 없었다. 노신사는 이렇게 비가 많이 오는데 어떻게 해야 되느냐면서 사정했다. 볼트는 한참 생각하더니 "그러면 내가 자는 조그마한 방이 있는데 거기에서라도 주무시겠습니까"라고 말했고 노신사는 그렇게라도 해주면 고맙겠다고 했다.

그 이튿날 아침잠을 자고 나온 노신사는 프론트 데스크

(안내대) 아래 의자에서 잠을 자고 있는 청년 볼트를 보고 놀랐다. 그 후 몇 개월이 흘러간 어느날 볼트는 한 장의 편지를 받았다. 뉴욕의 큰 호텔 그룹인 '월도프 아스토리아 호텔Waldorf Astoria Hotel'에서 총지배인으로 초빙할 테니 면접에 응하라는 내용이었다.

볼트가 면접장에 가서 보니 여름밤에 숙박한 그 노신사가 회장으로 있는 호텔이었다. 그 때 볼트는 경력으로 보나 능력으로 보나 총지배인은 너무 과분하다며, 식당 주방에서 접시 닦는 일을 하겠다고 제안했다. 그 호텔에 접시 닦기로 취업한 볼트는 자기 맡은 일을 200퍼센트로 해냈다. 이를 기특하게 본 그룹 회장은 고속 승진을 시키고 약간의 주식도 증여했다.

나중에 회장이 작고하면서 유언으로 볼트에게 호텔을 상속케 했고, 볼트는 명실상부한 호텔의 주인이 되었다.

1893년 어느 날, 캐나다 킹 아일랜드에 있는 천섬the thousand island에 휴가여행을 하게 되었다. 그리고 천여 개의 섬 중 아름다운 섬 하나를 샀다. 그 곳에 멋있는 성을 짓기로 마음먹었다. 그는 평생 동안 일만 해오면서 함께 있지 못했던 가족들에게 미안했고 또 사랑하는 아내 루이사Louisa를 위해 깜짝쇼로 성을 지어서 생일선물로 주고 싶었던 것이다.

천 개의 섬이 모여 있다는 싸우젠드 아일랜드(천섬)는 섬이 1046개 있다. 실제로 캐나다에서 대서양으로 나가는 강에 모여 있다. 이 섬에는 전설이 있는데 3명의 선녀가 섬을 보따리에 싸가지고 하늘로 올라가다가 어느 선녀가 가진 보따리가 풀어지면서 한꺼번에 섬이 우루루 쏟아져서 천여 개가 모여 있게 되었다는 것이다.

볼트는 아내를 위해 멋진 성을 지었다. 방도 38개 되는 웅장한 성이었다. 성의 공사가 거의 마무리되었고 1층 내장공사만 남겨 놓은 상태였는데 한 장의 전보가 왔다. 그 내용은 "아내 루이사 사망"이었다.

볼트는 멋진 성을 아내에게 생일선물로 주고 싶었는데 아내는 그 선물을 보지도 못하고 세상을 떠나 버린 것이다. 볼트는 너무 슬펐고 안타까웠다. 그래서 공사 중단을 명하였다. 그리고 5년 동안 그 섬에 가지 않았다.

어느 날 그 성에서 친지들이 몰래 연인들과 밀회를 즐기고 있다는 말을 듣고 볼트는 관리인에게 당장 그 성을 폭파시키라고 명령을 내렸다. 명령을 받은 관리인은 캐나다 킹스턴시를 찾아가 볼트가 현재 화가 나 있으나 이 성을 폭파시키는 것보다 시市에서 이 건물을 사는 것이 어떻겠는가 하고 의견타진을 했다. 시장과 간부가 볼트를 만나 당신의 분노는 알겠지만 폭파시키는 것이 무슨 이익이 있는가. 달라는 대로 다 줄 테니 그 성을 팔라고 했다. 볼트는 "그래,

좋다" 그럼 "1달러dollar만 내라"고 하여 그 섬을 호텔로 꾸며 일반인에게 공개하고 있다.

이 이야기는 볼트의 드라마 같은 생을 묘사한 것이다. 그 후 볼트는 야채샐러드 위에 넣는 소스를 개발하였고 그것을 "타우센트 아일랜드thousand island, 천섬"이라고 명명하였다.

이 이야기를 하는 이유는 사람의 인연이란 참 묘한 것이라는 것, 인연을 소중히 하고 최선을 다하면 그 결과가 멋진 것으로 열매를 맺을 수 있다는 것. 인생은 모두가 드라마이며, 자신은 그 드라마의 주인공이라는 것을 말하려고 한 것이다.

황혼이혼과 타지마할

○

우리가 통상 말하는 백년해로百年偕老는 거짓말이거나 사실상 불가능한 현상이다. 부부가 100년을 함께 산다는 것은 힘들 것으로 판단한 것이다.

평균수명이 늘어난 오늘날에도 백 년을 해로한다는 것은 어려운 일일 것이다.

그런데 부부가 같이 백 년을 산다는 것이 축복일까. 저주일까. 아마도 금술이 좋은 경우에는 축복일 수도 있고, 원수 같은 사이라면 저주일 수도 있다.

통계청 자료에 의하면 2020년 출생아 수는 27만여 명, 사망이 30만여 명, 혼인이 21만 4,000쌍, 이혼이 10만

7,000쌍이다.

단순하게 결혼 대비 이혼율은 50.0%다.

물론 결혼은 한참 전에 한 것이고, 이혼은 현재 상황으로 판단해서 대비가 안 될 수도 있는 통계이긴 하다.

그런데 문제는 이혼 건수 중 젊은이들의 이혼 건수는 해마다 줄고 있는데 황혼 이혼이 늘어나고 있다는 사실이다.

이혼의 원인으로는 부부간 성격 차이가 전체의 절반 수준인 45.2%로 가장 많고, 경제적인 문제 10.2%, 가족 간 불화 7.4%, 배우자 부정 7.0%, 정신, 육체적 학대 3.6% 순이었다(2016년 통계청 자료).

이혼 형식은 협의 이혼이 78.6%를 차지했고, 재판 이혼은 21.4%인 것으로 보아 노년층의 이혼도 대부분 협의 이혼일 것으로 판단된다.

부부가 평생을 살다가 이혼을 하면 더 불행해질까? 아니면 '불행한 현재 진행형'을 종식시키는 것일까?

여기서는 필자가 여행했던 인도의 타지마할 얘기를 하고자 한다.

타지마할은 최근 세계 7대 불가사의로 지정된 곳이며, 유네스코 세계문화유산으로도 유명하다.

타지마할은 인도 우타르프라데시 주州와 아그라 성城 동

쪽 2km에 위치한 곳으로, 자무나 강이 바라보이는 곳에 만들어진 궁전 형식의 묘당墓堂이다.

타지마할이란 인도 무굴제국의 황제 '샤자한Shah Jahan'이 왕비가 죽자 그녀를 잊지 못해 지은 무덤이다.

왕비는 19년의 결혼 생활 중 14명의 아이를 낳았는데, 남편이 전쟁을 수행하던 중 전장에서 아이를 낳다가 사망했다.

그녀는 죽으면서 남편에게 두 가지 유언을 남겼다.

> 첫째, 날 위해 세상에서 가장 아름다운 무덤을 지어 주시오.
> 둘째, 재혼하지 말아 주시오.

샤자한 황제는 재혼을 하지 않았고, 또 유언을 지키기 위해 22년간 국가의 재정이 흔들릴 정도로 거액을 들여 묘당을 완성했다.

그리고 전 세계에서 불러온 2만여 명의 석공들로 하여금 아름다운 왕궁 같은 묘지를 만들었고 그 안에 금은보화, 미술, 공예품을 소장토록 했다.

타지마할은 말로 형언할 수 없을 정도로 아름답다.

태양이 비추는 낮에는 대리석을 투조한 빛이 이중 장치를 통해 돔 내부에 이르도록 설계되어 있어 웅장함과 함께

조화가 잘되고, 달밤의 타지마할은 그 아름다움이 극치에 이른다.

타지마할에는 샤자한 왕과 생전에 애타게 사랑하고 그리워했던 부인 뭄따즈 마할이 함께 묻혀 있다.

샤자한 황제가 왕비를 사랑하는 마음을 담아 타지마할이라는 불후의 건축물을 지은 정성, 그러나 조그마한 문제로도 이혼해 버리는 현대인의 결혼관, 둘 사이의 차이를 가늠해 보면서 우리는 너무 쉽게 이별하는 것이 아닌가 생각해 본다.

노인복지청의 신설을 위하여

우리나라에 노인복지청이 필요할까. 결론부터 말하면 이제 노인복지청의 신설이 필요한 시기에 도달했다고 본다. 지난 10여 년간 보수정당과 최근 국민의힘 내에서는 노인복지청 신설의 필요성에 대해 끊임없이 주장하였다.

모든 정책의 기본은 '사회적 사실social facts'에 근거한다. 사회적 사실에 입각한 노인복지청 신설의 사유는 첫째, 노인인구가 가파르게 증가하고 있다는 사실이다. 2000년에 고령화 사회를 지나 2018년에 고령 사회, 2025년에 초고령 사회로 진행될 것이라는 것은 이미 상식이 되어버렸다. 또 하루에 600명의 노인이 탄생하고 있으며, 특히 베이비부머

baby boomer 세대가 노인이 되면서 노인 인구가 대폭 증가할 것이다. 노인 인구 증가로 인한 사회적 대가는 실로 엄청나다고 할 수 있다.

둘째, 노인문제에 대응하는 정부정책의 난맥상, 일회성의 문제 및 정치 논리에 입각한 정책결정을 제어할 수 있는 방법은 노인복지청 정도의 기관에 의해 체계적 입안 또는 통제되어야 한다.

셋째, 노인복지청에 의해 노인문제와 그 정책 대안에 대한 청사진이 제시될 수 있다. 각 부서가 담당하고 있는 노인복지 관련 업무에 대한 조정 기능은 물론 총체적 통괄 기능을 갖출 수 있기 때문이다.

넷째, 노인복지 재정 확보의 지름길이 노인복지청에 의해 수행될 수 있다고 본다. 노인복지 전문 행정기구에 의해 업무 수행을 위한 노인 관련 예산이 편성될 것이기 때문이다. 현재의 국局 수준으로서는 한계가 있다.

다섯째, 외국의 사례에서도 노인 인구가 우리나라의 현재 노인 인구보다 좀 더 적었을 때 이미 노인복지청을 신설했다. 노인 인국 증가 속도에 비교해 본다면 우리나라가 늦었다고 할 수 있다. 미국, 스웨덴, 프랑스 같은 나라의 경우를 반면교사로 삼을 수 있을 것이다.

그러나 노인복지청 신설은 넘어야 할 산이 많다.

첫째, '작은 정부가 좋은 정부small government is good government' 라는 세계적 추세에 어긋날 수도 있다.

둘째, 대통령의 선거 공약에 노인복지 예산이 전 예산의 1.5% 달성, 노인 일자리 80만 개 만들기 등은 있었어도 노인복지청 신설에 대한 언급은 없었고, 야당인 보수정당에서도 노인복지청을 만들겠다는 내용이 정책으로 제시된 적이 없었다.

셋째, 노인복지청을 만들 경우 장애인, 아동 및 청소년 단체들이 권익을 보장할 수 있는 장애인청, 청소년청 등을 만들어 달라고 요구할 때 어떤 명분으로 노인복지청만을 고집할 것인가.

넷째, 최근 중앙정부의 복지 업무를 지방으로 대폭 이양했는데 노인복지청을 만드는 것은 지방화 시대의 흐름에 역행하는 것은 아닌가.

다섯째, 노인복지 업무는 그 복지 수혜 대상자, 급여 체제, 재정과 함께 전달체계만 만들었다고 해서 그 수혜 대상자의 확대, 급여 시스템의 개선들이 이루어질 수 있다고 보는가. 자칫 잘못하면 공무원들 승진 자리나 몇 개 만들어 놓고 마는 것이 아닌가.

여섯째, 노인문제를 해결하려면 노인복지청이 있어야 한다는 국민적 합의가 있는가 등이다. 예를 들면, 1950년대

크리스마스 실을 만들 때 우리나라에 결핵 환자가 많아 이를 퇴치해야 한다는 국민적 합의가 있었기에 크리스마스 실 제도를 정착시켰던 것이다.

위에 제시한 노인복지청 신설의 문제점을 논리적으로 정리한다면 노인문제를 정책결정, 집행할 수 있는 노인복지청의 신설 가능성도 있다고 본다.

필자는 노인복지청이 신설되어야 한다고 주장한다. 노무현 정부 이후 지금까지 140개의 차관급이 신설되었다는 보도가 있었고, 필요치도 않은 공무원을 대폭 증원시켰다는 말도 있지 않은가.

노인문제는 이제 노인들만의 문제가 아니라 가족을 비롯한 모든 사람의 정책 아젠다(의제)가 되었다. 노인의, 노인에 의한, 노인을 위한 복지로서의 노인복지를 떠나 이제는 전 국민의 웰빙을 위한 행정 체계가 수립되어야 한다. 특히 노인복지를 위한 전문적 행정 요인은 이제 필요한 시점에 도달했다. 따라서 노인복지청은 반드시 신설되어야 한다.

지하철 적자가 노인 때문이라니

이 논의의 핵심은 서울 지하철 1년 적자가 1조 원 정도인데 그 중 전체 무임승차 승객의 80%가 노인이라는 것이다. 전국적으로 다른 대도시의 지하철까지 합치면 1조 8000억 원 정도 적자다(2020년 한국철도통계: 무임승차 및 무임비용).

따라서 지하철을 운영하는 서울시 입장에서 이들이 자기 차표를 사든지 아니면 중앙정부에서 부담해야 한다는 것이다.

이 문제로 자칫 6070세대와 2030세대의 대립각을 유발할까 염려되기는 했지만 필자는 우리나라 노인을 대신해 다음과 같이 의견을 제시하고자 한다.

첫째, 지하철을 만든 사람이 누구인가, 현재의 노인들이다. 지하철을 설계하고 땅을 파고 땀 흘려 철로를 묻은 주인공이 현재의 노인인 것이다. 말하자면 우물을 판 사람이라는 자부심을 갖고 있는 사람이 노인인 것이다.

둘째, 지하철공사 경영의 합리화가 우선이다. 지하철 공사의 수입구조, 지출구조, 운영구조, 조직구조, CEO의 열정과 의지, 경영기법의 개선 등을 통합적으로 검토해야지 지하철 적자가 노인, 장애인 때문이라는 시각은 접근방법이 합리적이지 못하다.

셋째, 장기적 관점에서 이 문제를 봐야 한다. 호주는 노인들이 1주에 4일 이상 운동을 하면 주급으로 호주달러 30불을 준다. 우리 돈으로 3만 원이 약간 넘는 액수다. 그리고 운동을 할 때마다 아침에 빵 하나와 커피 또는 음료수를 준다. 왜 그렇게 하는가. 운동을 하지 않으면 병에 걸리고 결국 그 비용을 국가가 부담해야 되기 때문이다.

우리나라 지하철에서 노인들에게 표를 사라고 하면 노인들이 1,250원이 아까워 출입을 안 하게 되고 그렇게 되면 결국 운동부족이 돼 심각한 질병에 걸린다. 국가가 질병치료 부담을 떠안게 되는 것이다.

넷째, 내부 경영 합리화가 필요하다. 한국전력 직원은 전기를 공짜로 쓰는가? 우체국 직원은 자기 마음대로 우표를 쓸 수 있는가? 그런데 지하철 직원은 지하철을 공짜로 탄다. 그 가족도 공짜다. 2009년부터 가족은 돈을 낸다. 그런데 가족교통수당 명분으로 별도의 돈을 주고 있다. 또 지하철공사 직원 가족은 중고등학교 수업료와 대학등록금을 보조해 주고 있다. 지하철공사 입사 후 7년이 지나면 연봉 5,000만 원이 된다. 그리고 정년 60세가 보장된다. 그야말로 신神도 부러워할 직장이다.

대한민국 역사상 가장 불행한 세대가 현재의 노인이다. 국가건설과 가족부양을 위해 자기 자신을 바쳐 돈을 모으지 못한 세대다. 우리나라는 OECD 국가 중 노인빈곤율이 가장 높다. 국민기초생활보장 대상자 188만 명 중 35%가 노인이며 노인 중 70%가 기초노령연금 대상자다.

돈이 있는 노인은 표를 사야 한다는 일부 주장은 동의할 수 없다. 노인들은 지하철 무임승차를 세계 10대 강국을 만든 공에 대해 젊은 세대가 베푸는 최소한의 예우로 생각한다. 그래서 고맙게 지하철을 이용한다.

지하철이 몇 분 간격으로 운행되고 있는데 노인 몇 사람이 탔다고 해서 무거워서 못 가는가.

지하철 적자의 원인을 무임운송제도로 지목해 노인들과 장애인을 궁지로 몰고 가는 것은 누구에게도 이익이 되지 않는다. 만약 어떤 정치인이 이 문제를 선거공약으로 내세운다면 노인과 장애인이 가만히 있겠는가. 지하철 적자를 노인 장애인 지하철 무임승차로 돌려 마녀사냥 하듯 궁색한 논리를 펼쳐서는 안 된다.

결론적으로 지하철 공사의 효율적이고 합리적인 운영과 중앙정부의 지방 지하철 운영에 관한 보조금 제도가 정착되어야 할 것이다.

한국 고령자 취업의 과제와 대책

한국은 이미 고령자 사회로 진입했다. 이에 고령화 시화기에 도래하여 생성되는 사회문제는 노인의 빈곤문제, 질병문제와 함께 노인의 소외와 역할의 상실문제일 것이다. 그 중에서도 가장 중요한 문제는 노인의 소득 보장을 전제로 한 취업문제다. 특히 일할 수 있는 수입의 보장과 함께 삶의 보람과 자부심을 갖게 하는 것이다. 중·고령층의 취업문제는 기업과 국가 입장에서는 이른바 '뚜껑을 닫지 않은 인력자원'이며 날로 증가하고 있는 연금과 복지급여의 재정 부담을 줄일 수 있는 계기도 마련할 수 있다.

그렇다면 우리나라 중·고령층의 재취업을 위한 대책을

몇 가지 알아보도록 하겠다.

첫째, 정년의 연장이다. 우리나라 기업에서는 60세를 정년으로 하고 있다. 이를 선진국과 비교해 보면 미국과 영국은 제한이 없고, 프랑스는 남녀 모두 62세이고, 독일과 일본은 각각 65세와 70세로 되어있다. 독일의 경우 2029년까지 67세로 점진적으로 연장할 계획을 가지고 있다. 외국은 지금까지 정년 개념을 대폭 수정하여 연장시키는 경향이 있는 반면에 우리나라는 반대로 젊은 퇴직자를 만들어 나가고 있는 게 현실이다.

우리나라 정년제와 관련된 가장 큰 문제점은 정년 연령의 절대 수준이 낮다는 것이다. 정년 연령이 60세로 되어 있는 우리의 현실은 평균수명의 연장과 모순되는 것이며 또한 인구 전체의 고령화 현상과도 대치된다. 또한 우리나라 정년 연령은 정년 후의 경제적 사정을 고려하지 않고 있다. 60세 전후로 교육비, 자녀 혼인 비용 등으로 가계의 지출이 많은 시기에 정년이 됨으로써 수입이 단절된다. 따라서 조기 정년 연령의 결정의 반反복지적이다.

성별 차등 정년제는 법률에 의해 금지되고 있지만 현재 남녀평등의 원칙은 여전히 저해되고 있고, 여성의 노동권은 여전히 침해받고 있는 상황이다. 정년퇴직 후 제도적으로 정년 연장 또는 재고용의 길이 과거에 비해 개선은 되었지만 퇴직 후 재취업률은 저조한 수준이다. 일본의 대기업이 정년퇴직 후 고문, 촉탁 등 별개의 지위로 재고용하는 사례 또는 그룹 내 계열회사에 고용 기회를 마련하는 것과 대조적이다. 무엇보다 우리나라는 연금 수급 연령에 따른 무소득 기간에 대한 대책이 없다는 것이다.

물론 정년제가 갖고 있는 장점이 전혀 없는 것은 아니지만 날로 격증하는 고령 퇴직자에 대한 연금 지급과 생활보호에 막대한 재원이 투입되므로 근로 시간을 연장하여 국가 예산을 절약하자는 사회 계획적인 차원과 고령이라도 건강과 노동력을 갖춘 노인들에게 일자리를 제공하는 것은 사회복지적 관점에서 검토되어야 한다.

둘째, 노령 인력에 대한 직업 훈련의 재설계다. 현재 우리나라에서는 고령자들의 재취업에 필요한 전직 훈련은 실시되고 있지만, 고령자의 특성에 적합한 고령자 직업 훈련과 배려는 부재한 상황이다. 이때 무엇보다도 중요한 것은 정부의 역할이다. 고령자 직업 훈련과 재취업의 필요성과 기능성에 대해 민간기업에 홍보, 설득하고 민간기업이 기준선 이상으로 직업 훈련을 시키거나 재고용하게 되면 정부는 보조금을 비롯한 경제적 지원과 행정적 지원을 적극적으로 해 주어야 한다.

셋째, 고령자 적합 직종의 개발이다. 고령자의 능력을 활용하기 위해서는 고령자의 신체적 능력 저하라는 마이너스 측면보다는 풍부한 기술과 경험과 기술의 보유자라는 측면을 강조하면서 이에 대처해야 한다. 그리고 고령자 고용을 위한 적합 직종의 개발은 직무 재설계에 의한 방법이 모색되어야 한다. 직무 재설계란 작업자의 인간적인 조건 즉 체력, 감각 능력, 직업적 경험 및 의욕에 맞게 작업 방법이나 직무 내용을 변경하여 작업자에게 부담이 되지 않고 즐겁게 일할 수 있도록 조정하는 것이다.

넷째, 노인 복지공장의 설치 운영이다. 노인에게 맡기는 것이 유리한 직종만을 골라 시장 수요를 고려하여 공장을 신설한다면 노인들의 수입 보장은 물론 여가 선용에도 도움이 될 것이다. 이 공장은 민간기업체가 스스로 운영하거나 국가의 보조를 받아 운영할 수도 있다. 또한 장애인과 마찬가지로 고령자를 위해서도 고령자를 위한 노인복지공장기금을 융자해 주고 각종 세제 감면과 운영 지원을 해야 할 것이다. 한 가지 더 첨가할 것은 노인의 자조적 작업장을 운영하는 주체 즉 원영자의 자세와 역할이 민주적이어야 하고 구성원 모두의 의견을 골고루 반영하도록 노력해야 하며 수입과 지출의 공개와 소득 분배의 공정성이 보장되어야 할 것이다.

그 외 노인 의무고용제 실시, 노인 공동작업장의 확대, 재고용 사업주에 대한 지원정책 강화 및 수혜 대상의 확대, 다양한 취업 기회의 개발 등이 있다.

하지만 고령자 취업에서 가장 주요한 것은 노인의 의식 개혁이다. 노인 스스로 일을 하겠다는 신념과 의지를 전제로 하여 국가와 사회(기업체)의 정책가지가 합일화될 때, 중·고령자가 취업의 문제도 중·고령자의 취업 욕구와 사업주의 욕구가 동시에 충족될 것이다.

○

장애인·노약자 보호석은 비워두어야 하는가

얼마 전 서울 지하철 장애인·노약자 보호석에 앉아 있는 중학생을 노인이 심하게 꾸중했다 하여 그 학생이 지하철에서 하차하여 계단을 내려가는 노인을 좇아가서 다리를 걸어 넘어뜨려 뇌진탕으로 사망케 한 적이 있었다. 말하자면 패륜적인 행동이었다.

우리나라는 전통적으로 경로효친이 강한 나라다. 다른 나라에서도 우리를 동방예의지국이라 했다. 그런데 이 미풍양속이 쇠퇴하고 있다.

이것은 초·중·고등학교의 교육이 입시 위주의 무한경쟁 체제 때문에 인성교육과 가정교육이 부재한 데서 나타나는 정서 결핍 현상일 수도 있고, 서구화, 미국화의 물결이 우리의 고전적인 '아시아적 가치'를 비능률, 전근대적인 것으로 간주해 버리는 사회 인식도 있을 것이다.

또 효도라는 것이 과거에는 일방적이고 불평등한 개념이었으나 현대사회에서는 다른 차원으로 재정립되어야 한다는 주장도 있다.

언론에서 '지하철 장애인·노약자 보호석은 비워 두어야 하는가'에 대한 논쟁이 있었다. 사실 경로석은 우리를 낳아 가르치고 기르신 부모님들을 위한 자리로 마련한 것이다. 노인들은 직장을 그만두고 사회와 가정에서 소외감과 고독감을 갖고 살아가고 있는 분들이다. 따라서 이분들에게 자리 하나 양보하는 것은 당연한 '국민적 정서'일지도 모른다.

그러나 이 경로석에 관한 논쟁은 단순한 결론을 도출하지 않는다는 것이다. 자리를 양보하는 젊은이에게 당연한 듯 인사 한 마디 없이 앉는 노인, 젊은이 앞에서 큰소리로 '인신 모욕'에 가깝게 자리 양보를 요구하는 노인들도 각성해야 한다. 또 노인이 앞에 서 있는 것을 알면서도 잠을 자는 척 앉아 있는 젊은이도 자성해야 할 것이다. 어느 인사는 지하철에서 아예 경로석을 없애버리는 것이 젊은이와 노인의 갈등을 줄이는 길이라는 말도 하고 있다.

오늘날 이 땅에 살고 있는 노인은 일제 식민지 때 젊은 시절을 보냈고, 좌우익의 갈등을 겪었으며 전쟁에 참전하여 이 나라를 지킨 분들이다. 또 경제 개발과 국가 재건에 온 정열을 바친 역사의 주역들이다. 그런데 정부의 노인복지정책은 구두선에 머무를 정도로 미흡하고, 사회와 가정에서 노인을 보는 시각도 따뜻하지만은 않다. 과거의 노인은 유교적 가치관 속에서 가부장적 권위와 위엄을 생각할 수 있었고, 미래에 이 땅에 살게 될 노인은 국가의 사회복지의 틀 속에서 풍요로운 생활과 여가를 향유할 것이다. 그러나 현재의 노인은 유교적 가치관도 무너지고 정부의 노인복지도 미흡한 시각에 놓여 있다. 따라서 우리는 노인에 대한 시각을 미래의 나의 문제이고 이 나라를 지켜온 인생 선배에 대한 배려의 차원에서 공경과 봉사를 해야 한다. 지하철의 경로석은 노인에게 진심으로 자리를 양보하는 성숙한 시민 의식이 있어야 한다.

가난한 노인의 문제

영국 사우샘프턴Southampton 대학교의 자이디Zaidi 교수가 분석한 세계 노년복지지수에 의하면 조사대상국 91개국 중 우리나라 평균등수는 67위다. 더 놀라운 것은 소득보장지수income security index는 90등이다. 맨 꼴찌인 아프가니스탄보다 한 계단 위인 것이다.

우리나라 노인의 상대적 빈곤율은 2018년 기준 43.4%로 OECD 평균 14.8%보다 약 3배 정도 높은 수준이며, OECD 국가 중 최하위다. 우리나라의 고령화 속도는 매우 빠르게 진행되고 있지만 많은 노인들이 경제적으로 매우 궁핍하다는 것을 보여준다.

우리나라 노인들은 통계를 들먹일 것도 없이 가난하다.

보건복지부 한국보건사회연구원에서 조사한 <2020년도 노인실태조사>에 의하면 우리나라 노인들은 36.9% 정도가 일하고 있다. 일을 하는 이유로 73.9%가 생계비 마련인 것으로 나타났다. 일을 하는 노인 중 농림어업숙련종사자는 13.5% 정도 되며, 그 외 단순노무 종사자는 48.7%로 가장 많이 나타났다. 가구소득별로 소득수준이 낮을수록 노인들은 대개 막노동, 경비, 청소 등의 소득이 낮은 일을 한다. 노인 중 고급직이라 할 수 있는 관리직에 종사하는 사람은 4.3%에 불과하다.

그럼 노인들의 월평균 가구소득은 어떠한가. 한 달 평균 가구소득을 50만 원 미만 100만 원 미만으로 나누어 조사했는데 100만 원 미만의 노인이 45.2%를 차지한다. 은퇴 후 노인 부부의 월평균 생활비는 약 210만 원, 노인 단독 가구의 경우 월평균 129만 원 정도가 필요한 것으로 나타났지만(국민연금연구원), 현실은 이 정도의 생활비를 충당할 수 없는 노인들이 다수라는 것이다.

결론적으로 말하면 우리나라 노인들은 일을 많이 하는데 소득이 되는 일에 종사하는 사람은 적다. 그래서 가난하다. 어느 학자가 일하고 있는 노인과 일하지 않는 노인의 삶의 만족도를 조사했는데 놀랍게도 일을 하지 않는 노인이 만족도가 훨씬 높았다. 일하는 노인의 경우 왜 일하는가에 대한 질문에 "생활비에 보태 쓰려고" 항목이 높았다. 한 달에 푼돈이라도 벌어야 하는 노인의 경우 다른 조건이 얼마나 열악하겠는가 짐작이 간다.

○

노인자살, 이대로 방치할 것인가

우리나라 노인에 관한 '사회적 사실social facts'이 있다. 예를 들면, 1년에 65세 이상 노인이 35만 명에서 40만 명 증가한다(2020년 기준). 최근 10년간 우리나라의 65세 이상 고령인구는 연평균 4.2% 증가하고 있다. 이는 일본보다 2배 더 빠른 수치이다. 2021년 현재 노인 인구가 전 인구의 16.5%로 853만 7000명을 넘어섰다. 그 중에서 치매 걸린 노인을 약 86만 명으로 추정한다(대한민국 치매현황 2020). 중풍 걸린 노인을 9~10만 명으로 추산하고 있으니까 치매, 중풍 걸린 노인은 도합 95~100만 명 정도가 될 것이다.

치매, 중풍 등 노인성 질환을 앓고 있는 어르신을 위한 복지정책이 '노인장기요양보험제도'다. 2008년부터 시행되어 현재는 86만여 명이 혜택을 보고 있다. 노인장기요양보험이 시작될 때 많은 우려와 쟁점 사항이 있었지만 그런대로 굴러가고 있다고 봐야 한다.

또 빈곤한 노인을 위한 무갹출 연금정책이 있다. 만 65세 이상, 소득인정액이 선정기준액 이하(소득 하위 70%) 노인들에게 주는 '기초연금제도'다. 2021년 기준연금액은 253,750원에서 300,000원으로 노인들 입장에서 보면 '코끼리 비스킷'에 불과한 푼돈이고, 정부 입장에서 보면 1년에 4조 2100억 원쯤 부담해야 하는 큰돈이다.

그런데 도저히 풀리지 않는 노인에 관한 사회적 사실이 있다. 그것은 '자살'이다. 우리나라 국민은 1년에 13,000명 정도 자살한다. 세계 최고 수준이다. 그야말로 자살 부문 금메달이다. 하루 36명이 자살한다. 최진실, 구하라, 장자연 등 유명 연예인만 죽는 것이 아니라 이름 없는 많은 사람이 죽어가고 있다. 거기에다 노인 자살은 1년에 4,600명이다. 하루에 12명의 노인이 세상을 떠난다. 노인의 자살 시도는 성공률이 높다. 세상을 등지는 방법(?)을 알고 있기 때문에 더 많은 노인이 자살을 한다.

사람이 죽는 것만큼 더 큰 문제가 어디 있는가. 노인 자살문제에 대해서는 아무런 대책이 없다. 정부의 예산도

OECD 국가들과 비교하면 거의 없는 수준이다. 2021년 우리나라 자살예방 예산은 360억 원으로 전체국가 예산 가운데 0.007% 수준 정도인 것으로 나타났다. 이는 OECD의 자살예방 예산 권고 수치의 절반에 불과한 수준의 예산이다. 정부 예산 중 쓸 데가 없는 데다 몇천 억씩 낭비하는 사례가 얼마나 많은가. 그런데 사람이 죽고 사는 문제에 그렇게 관심이 없어서야 되겠는가. 노인의 자살 방법 중 가장 많은 것이 농약 음독이다. 보건복지부가 노인 자살 예방에 관심이 없고 예산 배정도 쥐꼬리만큼 하고 있다면, 노인 자살 예방정책 담당 부서를 차라리 농림부로 넘겨라. 노인이 농약을 마시고 자살하는 사례가 가장 많다고 하니 말이다.

노인이 왜 자살을 하는가. 정부는 자살하기 전에 행태와 심리 동향을 관찰하거나 상담할 수 있는 인적·물적 장치를 해야 한다. 서구 사회는 공동체 안에서 상담제도를 활성화시키고 멘토, 멘티 제도를 유기적으로 운영하고 있는데 우리는 아직 상담 시스템이 부족하다. 노인복지법 제7조의 "노인의 복지를 담당하기 위하여 특별자치제도와 시, 군, 구에 노인복지 상담원을 둔다"고 했는데 이 제도를 활성화시키거나, 노인자살예방센터를 새로 만들거나 해서 노인이 불행하게 스스로 목숨을 끊는 사태를 그대로 두어서는 안 된다. 식구 중 자살한 사람이 있는 경우 남아 있는 사람이 얼마나 큰 고통을 받는지 아는가. 노부모가 자식 앞에서 자살을 했다면 자식의 마음은 얼마나 아프겠는가.

노인 자살 예방을 담당하는 정책 당국자들에게 묻는다. 노인 자살, 이대로 방치할 것인가?

○

김 할머니의 기도

부산에 살고 있는 김 모 할머니(78세)가 목사님을 찾아와 자살하고 싶다고 하소연했다. 목사님이 왜 그런 생각을 하는가 말씀을 하시라고 했다. 사연은 다음과 같다.

김 모 할머니 남편은 젊은 시절에 세상을 떠났고 슬하에 2남 1녀를 키웠다. 갖은 고생을 다 하면서 자녀들을 대학까지 졸업시켰다. 큰아들은 서울의 큰 회사에 취직하여 잘 지내고, 작은 아들 역시 부산에서 직장생활을 하고 있었다. 김 모 할머니는 큰 아들이 모시고 싶다 하여 서울로 이사를 하였다.

남부럽지 않은 노후를 보내고 있던 어느 날 큰 아들이 직장을 그만 두고 사업을 하게 되었다. 그 사업이 처음에는 잘 되는 듯하더니 어려움에 봉착하였고 얼마 후 회사 문을 닫고 큰 아들은 낙심 속에서 술로 세월을 보냈다. 외부세계와 단절된 채 몇 개월 동안 종일 술만 마시고 식구들에게 가끔 술주정도 했다. 보다 못한 노모가 큰 아들에게 "술 좀 그만 마시라"고 한마디 했다. 그 말을 들은 큰아들은 노모에게 행패를 부렸다. "어머니가 나에가 술 한 잔 사줬느냐? 무엇 때문에 나한테 술 먹으라 마라 하느냐"면서 소리를 질러댔다. 노모에게 당장 나가라고 하면서 어머니 짐을 마당에 내던져버리는 것이 아닌가. 더 서글픈 것은 큰 며느리, 귀여워해 주던 손주들 아무도 말리지 않고 그 광경을 보고만 있었다.

노모는 보따리를 들고 부산의 작은 아들 집으로 갔다. 그런데 노모가 그 집에 간 후 매일 부부싸움을 하는 것이었다. 작은 며느리는 "시어머니를 모시지 않기 위해 작은 아들에게 시집왔는데 이게 웬일인가", "종교가 달라 불편하다"는 것이 이유였다. 그렇게 시간이 흐른 후 작은 아들이 "어머니가 우리 집에 온 후 집안이 편치 않으니 나가시라"고 역시 보따리를 싸주는 것이 아닌가. 작은 아들 집에서도 쫓겨난 김 모 할머니는 하늘을 쳐다보고 땅을 쳐다봐도 갈 곳이 없었다. 그래서 농약을 사서 마시고 죽으려 했다. 마지막으로 죽기 전에 목사님을 찾아간 것이었다.

사정 얘기를 다 들은 목사님은 “지금 모처의 기도원에 가려고 하는 참인데 그곳에 가면 기도도 하고 마침 그곳에서 일을 도와줄 사람을 구하고 있는데 같이 가자”고 하였다. 김 할머니가 “나는 차비도 없다”고 하니까 목사님이 차비는 내가 내드리겠다고 하여 기도원에 도착했다. 김 할머니는 짐을 풀고 나서 종교의식을 갖게 되었다. 헌금할 시간이 되었다. 돈이 없다던 김 할머니는 치마 속에 숨겨둔 2만 원을 꺼내면서 1만 원은 큰아들을 위해, 1만 원은 작은 아들을 위해 특별 헌금을 하는 것이 아닌가.

애지중지 키운 자식으로부터 버림받은 김 할머니가 자식을 위해 기도를 하는 그 모습, 오늘날 대한민국 노인의 한 단면을 보는 것 같아 우울하다.

고령 사회 진입과 세대 갈등 해소

통계청이 발표한 〈2020 한국의 사회지표〉에서는 우리나라 국민의 기대수명은 83세였다. 기대수명은 막 출생한 아이(0세)가 향후 생존할 수 있는 평균 생존연수를 말한다. 이러한 추세로 보면 개별 한국인의 기대수명은 전 세계에서 최상위권 국가가 될 것으로 예측된다. 2030년경에는 한국이 일본보다 장수국가가 된다는 보고가 있다(박상철). 한국 사회의 고령현상은 이미 기차를 탔다. 기차는 계속 달릴 것이다. 이 고령 사회 진입과 함께 수반되는 사회현상은 수없이 많다. 그 중에서도 고령층의 투표 성향에 미칠 수 있는 영향도 우리에겐 큰 관심거리다. 일반적으로 젊은 층은 진보, 고령층은 보수성향이라고 단정하고 있으나, 이러한 현상은 이미 신중년층이라 불리우는 베이비부머 세대에서는 다양한 형태로 나타나고 있다.

우리나라는 민주공화국이기도 하지만 갈등공화국이다. 보수 대 진보, 빈곤층 대 중·상층 갈등, 남성 대 여성의 갈등도 심각하지만 최근에 등장한 세대 간의 갈등도 우려할 정도에 이르렀다. 세대 간의 갈등문제는 가치관의 격차, 시계열적 측면에서의 삶의 방식과 격차가 있었겠지만 젊은 층은 격차사회에 탄식하고 있다. 젊은 세대는 연애, 결혼, 출산을 포기하였고, 그 결과 저출산사회를 더욱 가속화하고 있다. 최근 부동산 가격의 폭등과 스펙사회의 등장으로 젊은 층은 3포에 더하여 경력 쌓기, 주택까지 포기하는 5포 사회로 발전했다. 젊은 층은 "이게 나라냐"면서 공정의 문제를 제기하고 있다.

기성정당들이 젊은 층이 새롭게 제기한 사회요구를 제대로 수용하지 못하거나 외면하면서 정당선호를 하지 않는 젊은 세대가 증가하고 있다. 이들을 "인지적 무당파"라고 부르는데 과거 정치 무관심층과는 달리 젊은 세대에서 정치적 지식과 관심이 높고 자발적 정치참여가 있는 인지적 무당파는 보수, 진보의 정당추종이 아니라 개인의 독립적 평가를 통해 투표하는 경향, 이들은 선거마다 이

슈의 특성에 따라 투표 선택을 달리할 수도 있다. 이제 실용주의Pragmatism를 중시하는 '똑똑하고 까칠한 인지적 무당파'가 젊은 층에 쏠려 있다.

젊은 세대는 할아버지, 아버지 세대와 달리 '배고픔' 없이 풍족한 환경에서 자랐지만 '단군 이래 최고'라는 취업난과 소득격차로 인해 어느 세대보다 불평등과 불공정에 민감한 세대다. 이러한 특징은 문재인 정부 탄생의 밑거름이 되기도 했지만 역으로 지난 4.7 재보궐 선거에서 여당의 참패를 안긴 요인이기도 했다.

1980년대 초에서 2000년대 초에 출생한 젊은이들을 MZ세대라고 한다. 그들은 할 말은 꼭 하고 조금이라도 불공정하다고 느껴진 것을 당당하게 요구한다. MZ세대는 국내 인구의 34%이다. 이제 MZ세대를 빼놓고 정치문화, 기업문화를 구축할 수 없다는 의미로 해석해야 한다.

기업에서도 이들 MZ세대의 다양한 욕구를 해결하기 위해 고심하고 있는데 정치권에서는 아직도 중・장년층의 의견과 요구를 수용한다. 이래서 정치・경제영역에서 세대 간의 갈등이 나타나는 것이다.

이제는 세대 간의 갈등문제를 환경적 요인, 사회적 요인, 정치・경제적 요인 그리고 개별 차원의 사례까지도 연구해야 하는 시점에 와있다. 이에 대한 적절한 정책과 대응전략이 필요하다.

노인복지관의 변신

노인 인구가 853만 명이 넘었다. 우리나라 전 인구가 2021년 기준, 현재 5,182만 명이니까 16.5%가 되었다고 한다. 노인 인구가 증가하고 있다는 것은 산술적 차원에서 숫자의 증가만을 뜻하는 것이 아니다. 노인들이 추구하는 욕구를 충족시켜 줘야 한다. 그 욕구는 무엇인가. 노인의 욕구 충족은 결국 정부의 노인복지정책 목표다. 노인복지정책은 건강한 노인과 건강하지 못한 노인으로 구분하고, 빈곤한 노인과 중산층 이상 노인으로 구분한다. 우선 건강하면서 빈곤한 노인들에게는 일자리 마련 정책, 즉 취업을 시켜야 하고, 건강한 중산층의 노인에게는 자원봉사 프로그램, 여가 선용정책을 수립해야 한다.

또 건강치 못하면서 빈곤한 노인에게는 국민기초생활 수급자로 편입시켜서 생활을 보장해야 하고, 건강치 못하면서 중산층 노인에 해당되는 경우는 요양시설이나 방문 요양에 의해 의료진이나 노인요양보호사에 의해 요양을 받아야 한다.

그러면 노인종합복지관은 이러한 노인복지정책의 흐름을 어떻게 읽고 대처해 나갈 것인가. 노인종합복지관은 지역사회에 기초하여 설립되었다. 따라서 첫째, 노인종합복지관이 처한 지역사회 노인의 욕구가 무엇인지 파악해야 한다. 도시지역, 농어촌지역인지, 부자 동네인지, 좀 생활이 어려운 사람들이 사는지에 따라 노인의 욕구가 다르다. 노인의 욕구를 파악하는 것이 노인종합복지관의 책무다. 따라서 노인종합복지관의 프로그램은 보편적인 노인복지 프로그램을 수행하되 특수한 지역에 알맞은 프로그램을 운용해야 한다. 우리나라 노인종합복지관은 최북단인 강원도 고성으로부터 최남단인 제주도에 이르기까지 똑같은 프로그램을 운영하고 있다. 마치 공장에서 시계로 제품을 찍어내듯 한다. 이제 지역사회 노인에게 알맞은 맞춤형 프로그램을 창출해야 한다.

둘째는 노인종합복지관이 지역사회의 자원을 활용해야

한다. 노인종합복지관이 속한 지역사회의 공공기관, 공기업, 사기업에 관한 데이터베이스를 확보하고 이 기관들과 상호 협약 체계를 만들고 협약서를 교환해야 한다. 그리고 이들을 중심으로 후원자 개발을 적극적으로 해야 한다. 또 노인종합복지관에 찾아오는 자원봉사자 이외에 자원봉사자를 적극 발굴해야 할 것이다.

셋째는 노인종합복지관이 변신해야 한다. 1955년부터 1963년에 태어난 베이비 붐baby boom 세대가 달려오고 있다. 이들은 약 714만 명쯤 된다. 그들은 많이 배우고, 전문지식도 있으며, 사회활동도 왕성히 한 세대다. 이들을 위한 사회교육 프로그램, 건강 프로그램, 취업 프로그램을 오늘날의 형태로 끌고 갈 수가 없을 것이다. 따라서 새로운 노인세대를 대비하는 자세가 필요하다.

오늘날의 젊은 세대는 위대한 세대다. 그들은 이 나라, 이 사회를 위해 '피와 땀과 눈물'을 흘렸다. 젊은 세대가 흘린 '피'는 민주화를 이루었고, '땀'은 이 나라를 전자산업, 조선공업, 제철공업을 세계 1등으로 올려놓았다. 또 그들이 흘린 '눈물'은 한류韓流를 만들어 동남아시아와 일본에 우리 문화를 심는 데 큰 역할을 했다. 그래서 그들은 위대한 세대다.

그러나 이보다 더 위대한 세대가 있다. 그들은 오늘날의 노인 세대다. 위대한 세대인 젊은이들을 낳고 가르친 세대인 것이다. 그들도 '피와 땀과 눈물'을 흘렸는데 그들이 흘린 '피'는 전쟁에 참여해서 총을 들고 적과 싸우면서 흘린 '피'요, '땀'은 배고픔으로부터 이 나라를 세우고, 조국의 근대화를 이룩하는 데 기여했다. 그리고 '눈물'은 허리띠를 졸라매면서 자녀 세대를 키웠으나 자녀 세대로부터 소외받고 버림받으면서 흘리는 눈물이라고 볼 수 있다.

이러한 노인 세대의 눈물을 닦아 주는 것이 크게는 정부요, 지방자치단체이며, 작게는 노인종합복지관이라고 본다. 이제 노인종합복지관이 스스로 변신해야 한다. 이 노인복지관의 변신은 과거, 현재, 미래의 노인복지정책을 실현하는 주춧돌이 될 것이다.

노인의 연령기준은 왜 65세인가

“노인의 연령 기준은 몇 살인가요?”

“65세부터이지요.”

“노인복지법에 그렇게 나와 있나요?”

“아닙니다. 노인을 65세 이상으로 규정하는 것은 노인복지법에 없습니다.”

“그럼 무슨 근거로 노인을 65세 이상으로 보고 있나요?”

“우리나라 기초연금법 제3조에 65세부터 노령연금을 지급받을 수 있고, 또 노인복지법 제26조에 경로우대를 받을 수 있다고 해서 65세부터 노인으로 간주하고 있습니다.”

그렇다. 우리나라의 노인 연령 기준은 65세 이상부터이다. 그런데 지적해야 할 점은 국민연금의 수급 연령은 60세부터인데, 왜 65세를 기초노령연금 수급연령으로 정했을까. 또 우리나라에서 60세 회갑回甲이 되면 노인으로 간주하던 사회통념이 있는데, 왜 65세를 노인의 기준연령으로 정했는지 의문점이 남는다. 그러나 최근 평균수명의 연장으로 인해 60세부터 노인으로 봐야 한다는 주장은 의미를 상실했다.

지난 2011년 노인관련학회(한국노년학회 · 한국노화학회) 세미나에서도 시대적, 사회 경제적 요인 등 포괄적 신개념을 기준으로 노인의 연령을 70세 또는 75세로 늘려야 한다는 주장이 제기됐다. 또 최근, 노인을 몇 살로 했으면 좋겠는가는 여론조사에서도 가장 많은 응답이 70세라고 답하고 있다.

외국의 경우에도 65세부터 노인으로 규정할까. 아니다. 나라마다 다르다. OECD 국가 같은 선진국은 대개 65세가 노인기준이지만 동남아시아 국가는 60세, 아프리카 국가는 대개 55세로 정하고 있는 것 같다. 인도의 경우, 평균수명이 63세다. 따라서 노인은 60세부터다. 그러면 65세를 노인이라고 지칭하게 된 역사적 배경을 보자.

비스마르크Bismarck가 독일수상(1871~1890년)을 할 때였다. 그는 철혈鐵血 재상으로 국정을 밀어붙였고 프랑스, 오스트리아와 전쟁을 해 승리하기도 했다. 그는 35개 영주들을 복속시켜 통일국가를 만들었고 노동자, 농민들에게 국가의 부富 창출을 독려했다.

그러던 중 1848년 3월 혁명이 일어났다. 그동안 억눌렸던 출판자유, 세제개혁, 의회개혁 등을 주장한 자유주의 혁명이었다. 혁명과정에서 비스마르크는 군대로 이를 막았고, 사상자가 발생했다. 그 후 비스마르크는 1889년 국민을 위한 회유책으로 '노령연금법'을 제정 공포했다. 그 법의 주요 내용은 '모든 노동자, 농민들은 65세까지 일을 한 후 은퇴를 하면 사망할 때까지 자기 수입의 70%를 노령연금으로 지급한다'는 것이었다. 그런데 그 당시 독일 국민의 평균 수명은 40세였다. 그러니까 그 당시의 노령연금법은 국민을 위한 것이라기보다 정치적 쇼에 불과했던 것이다.

그러나 그 후 보건학, 영양학, 스포츠 등이 일반화되면서 평균 수명이 연장됐다. 선진 국가에서는 노인의 연령기준을 비스마르크 노령연금 수급연령을 준용해 65세로 정했던 것이다.

그러면 우리나라에서 고령자는 몇 살일까. 55세다. '고용상 연령차별금지 및 고령자 고용 촉진에 관한 법률'에 의한 정의다.

일반적으로 '고령자'라고 하면 80세 이상을 지칭할 만도 한데 55세라니 말도 안 된다. 준고령자는 50세다. 정부에서는 그동안 이법을 시행하고 있었는데 고령자라는 용어가 부적합하다고 생각했는지 '장년'으로 바꾼단다. 잘하는 것 같다.

또 우리나라의 '고령친화산업진흥법'이라는 법이 있다. 이것은 일본에서 쓰고 있는 '실버산업'을 우리나라에서는 '소령친화산업'으로 명명하고 있는데 이것 또한 어쩐지 용어가 어색하다.

우리는 일상적으로 '노망'든 노인을 '치매'라고 말한다. 치매란 어리석을 치癡와 어리석을 매呆로 표현되는 지극히 부정적이고 비하하는 용어이다. 혹자는 이를 인지증認知症이라 부르기도 한다. 또 영어의 케어care를 무엇이라 표현하는가. 일본에서는 '개호'介護라고 해 영어와 유사하게 쓰고 있다. 우리나라에서는 통일된 용어 없이 '보살핌', '돌봄' 등으로 쓰고 있으나 발음하기가 불편해서 일부 학자는 영어의 '케어'Care를 쓰고 있는 실정이다.

고령화 사회로 인해 노인 관련 정책이 계속 입안되고 있다. 그러나 가장 기초적인 노인 관련 용어부터 재정립할 필요가 있다고 본다. 마지막으로 현재 노인의 기준연령을 65세 이상 노인이 초고령 사회(20%)에 편입되는 2025년부터 70세로 연장하는 방안도 모색될 필요가 있다고 생각한다.

노인권익운동의 변수

일반적으로 18세기는 개인 발견의 시대요, 19세기는 사회(계급) 발견의 시대이며, 20세기가 집단 발견의 시기라면, 21세기는 인간복지 발견의 시대라고 말할 수 있다. 오늘날 집단이 아닌 자연인이 막강한 정부보직이나 관료조직에 대항하여 어떠한 권익을 쟁취한다는 것은 불가능한 일이다. 말하자면 조직화 되지 않은 힘은 '황야에서 혼자 외치는 소리'에 불과하기 때문이다. 노인권익운동도 개인이 아무리 큰 목소리를 가진다 해도 목적을 달성한다는 것은 거의 불가능하다.

현대 사회에서 정책 결정의 방법은 두 가지가 있는데 하나는 엘리티즘elitism이라고 해서 대통령, 장관, 국회의원, 고급공무원 같은 정치지도자가 정책의 결정에 개입하는 방법이 있고, 또 하나는 다원주의pluralism라 하여 예를 들면, 언론, 노동조합, 경영자, 학계, 시민단체, 판결 등에 의해 정책결정에 개입하는 경우가 있다. 노인권익운동이 노인단체에 의해 이루어진다면 이것은 다원주의적 관점에서 봐야 한다.

노인권익운동을 사회의 시각에서 볼 때 긍정적, 부정적 측면으로 정리해 보면 다음과 같다. 노인권익운동의 긍정적 측면은 첫째, 고령화사회, 고령 사회로 지향하고 있는 현실적 여건에서 사회 발전을 도와주는 기능을 할 수 있다. 노인 복지문제를 정부가 주도하는 것보다 노인단체가 어떤 정책을 강하게 요구하니까 정부는 못이기는 척하고 들어주는 방법이다. 원래 정책결정의 수준은 국민이 요구하는 목표의 70~80% 선을 만들어 놓고 나머지는 표로 유인하기도 한다.

둘째는 노인권익운동을 제기하는 과정에서 노인복지에 관한 많은 정보와 지식을 제공할 수 있다. 현대 사회는 어느 누구도 정보를 독점할 수 없고, 따라서 노인복지에 관한 선진국 사례, 노인복지정책의 새로운 전략에 관한 정보를 공유할 수 있는 기회를 갖게 된다.

셋째, 노인권익운동을 노인 관련 단체들이 실행에 옮긴다면 일종의 정치교육이 될 수 있다. 경로효친의 사상이

퇴조하는 마당에 노인에 의한, 노인을 위한 정책 패러다임은 교육적 차원의 효과가 있을 것으로 본다.

넷째는 지도자 훈련의 기회를 제공할 수 있다. 정치는 국민이 원하는 욕구의 뚜껑을 열어주는 것으로 볼 수 있는데, 노인권익운동의 지도자가 노인의 문제를 해결할 수 있다면 그는 정치지도자로서의 기회를 가질 수 있다는 것이다.

노인권익운동의 부정적 입장은 첫째, 오늘날 노인들은 역사적으로 순종만 해온 신민형臣民型 또는 향리형鄕里型인데 과감하게 자신의 문제를 표출할 수 있는 참여형으로 탈바꿈할 수 있을까. 둘째는 노인권익운동은 지속적·장기적으로 이루어져야 하는데 과연 기력이 약한 노년층이 추진력을 갖고 있겠는가. 셋째, 노인권익운동 과정에서 올 수 있는 각종 유혹, 협박 등의 외적 변수를 슬기롭게 처리할 수 있을까 하는 걱정이다.

노인권익운동을 추진하기 위해서는 내적인 변수 또한 중요하다. 그것은 첫째, 리더십이다. 노인권익운동의 지도자는 집단 장악 능력도 있어야 하고, 그 집단이 추구하고자 하는 조직 목표를 수행할 수 있는 능력이 있어야 한다. 그리고 노인복지정책의 수준과 방법에 대해 비전을 제시할 수 있는 사람이어야 하고, 더 중요한 것은 설득력 있게 사람들을 이끌 수 있어야 할 것이다.

둘째, 우리나라 노인들의 자의식 수준이 이러한 운동을 뒷받침할 수 있어야 한다. 구성원의 자의식 수준은 어떠한 역경도 극복할 수 있는 원동력이다. 노인권익운동이라는 방법을 통해 노인복지의 실현이라는 원대한 목표를 달성하는 의식구조가 저변에 확산되어야 할 것이다.

셋째, 재정력이다. 조직에서의 재정력의 확보는 무기를 확보하는 것과 다름없으며, 신체에 비유한다면 혈액에 해당한다. 재정력은 반드시 확보되어야 하겠지만 너무 풍족해도 문제고, 너무 빈약해도 문제가 될 수 있다.

넷째, 노인권익운동에 대한 이념 지배적 가치가 있어야 한다. 노인권익운동에 대한 사회적 정당성과 긍정적인 가치관이 확산되어야 한다. 이념 지배적 가치는 구성원들에게 왜 이 운동이 필요한가에 대한 지지 속에 결속력을 부여하고 공동의 이익을 추구하는 인식을 가짐으로써, 사회발전에 기여한다는 자부심을 줄 수 있다.

노인권익운동이 성공하기 위한 변수는 시대에 따라 움직이는 푯대일 수 있다. 그러나 노인권익운동의 기초가 되는 변수는 가슴(열정)과 머리(지식) 그리고 팔, 다리(조직력)에 주머니(자금력)가 두둑해야 할 것이다.

노인권익운동 성공의 핵核

노인권익운동이 성공하기 위해서는 어떤 전략이 필요할까? 그리고 좀 더 구체적인 방법인 노인권익운동의 전술은 무엇일까? 노인권익운동이 우리나라 노인들의 권익을 창출하고, 나아가 노인들의 삶의 질을 향상시킬 수 있는 것이라면 반드시 해야 한다.

여기에서 노인권익운동이 성공하기 위한 몇 가지 질문을 하고자 한다. 첫째, 노인권익운동을 할 수 있는 우리나라의 정치적·사회적 여건은 성숙되어 있는가, 둘째, 노인권익운동을 한다면 누가, 어떤 방법으로 시작할 것인가, 셋째, 노인권익운동을 했을 때 정부 당국자가 이를 수용하여 노인권익운동의 목적을 달성할 수 있는가, 넷째, 노인권익운동을 했을 때 어느 정도의 노인복지 수준을 가장 이상적인 수준으로 볼 것인가 등이다. 위의 노인권익운동을 할 수 있는 외적 구비 요건인 정치적·사회적 여건에 관해 논의해 보면, 현재 우리나라는 정치적 기회구조는 민주화되어 있다. 예를 들면, 정치기관이 개방성, 정치적 제휴의 안정성, 노인 단체의 활용 가능성도 열려 있다. 현재 우리나라는 '정치기관의 개방성'에 대한 문제는 거의 통제를 받지 않는 수준에 와 있다고 본다.

또 노인권익운동의 정치적 제휴의 가능성도 있다. 이는 투표권을 가진 노인들이 단결하고 또 다른 조직과 연계하여 목표 달성을 할 수 있는가의 가능성이다. 그런데 한국사회에서 노인들은 투표권을 가지고 있으나 단결을 할 수 있는가가 문제다. 노인단체가 이를 조직화하고 홍보를 해야 하는데 과연 가능한 일일까. 또 노인단체가 스스로 단결을 하지 않는데 다른 조직의 협력을 얻을 수 있을까.

우리나라 노인 인구 853만 명 중 대한노인회의 하부 조직인 경로당, 노인학교에 가입된 노인은 300만 명 정도다. 가입된 노인 중 경로당을 자주 이용하는 노인이 30% 내외라고 할 때 이 정도의 노인들만이라도 똘똘 뭉친다면 무엇인들 못 할 것인가.

그러나 현실적으로 90~100만 명의 노인들이 여러 가지 이유로 표가 한 곳에 가지 않고 뿔뿔이 흩어져 버린다면 노인복지운동, 노인권익운동은 '희망'이 없다. 따라서 90~100만 명의 노인들을 대상으로 노인복지가 무엇이고 노인복지를 달성하기 위한 방법론 중 노인이 단결하여 투표권을 행사하는 것이라는 내용의 홍보를 해야 한다.

결론적으로 노인권익운동의 정치적·사회적 여건은 성숙되어 있으나 노인들의 단결력 내지 노인복지를 열망하는 노인들의 수준은 미달되어 있다고 봐야 한다. 그러니까 도와 줄 사람은 있는데 도와달라고 떼를 쓰는 사람이 무관심하거나 강하게 목소리를 내지 못하는 상황이라고 볼 수도 있다.

각 정당마다 대통령 후보가 결정되면 후보의 선거공약이 나온다. 선거공약 중 노인복지를 어떻게 하겠다는 공약이 있을 것이다. 이를 면밀히 분석하여 노인복지를 잘하겠다는 후보, 공약의 실천가능성이 있는 후보에게 투표를 해야 한다. 거짓말로 노인복지정책을 말하는 후보나 지역 감정으로 표를 구걸하는 후보, 개인 간의 인연인 혈연, 학연 등으로 표를 달라고 하는 후보는 멀리해야 한다.

미국의 '은퇴자 협회AARP'는 3,800만 명의 회원을 가지고 있으면서 정치인들의 노인복지 공약과 실천 가능성을 검색하고, 선거공약을 각 영역별로 모니터링한다. 만약 거짓말을 한 후보가 있다면 낙선운동을 벌인다.

노인권익운동의 전략전술에 대한 기초는 노인복지에 대한 바람직한 선거공약을 이끌어내고, 이를 실천할 수 있도록 지지와 성원을 보내며, 정책이 집행된 후에 합리적인 평가를 하여 다음 정권에서 좀 더 나은 노인복지가 될 수 있도록 하는 것이다.

우리나라에는 노인복지를 연구하는 학자들이 많다. 이들이 정치인들의 노인복지 공약을 영역별로 분석하고 평가하는 '노인복지 공약평가단' 같은 것을 만들어 그 분석 결과를 노인들에게 보고해야 한다. 그러면 그 결과 보고서를 기초로 하여 노인복지를 잘해 주겠다는 후보에게 몰표를 주어야 한다.

노인권익운동의 핵심은 "하늘은 스스로 돕는 자를 돕는다"는 말일 것이다. 노인 스스로 노력을 하지도 않고 노인의 복지 수준이 나아지길 기대하면 안 된다. 노인 스스로 단결하고 행동할 때 하늘도 감복할 것이다.

노인평생교육 무엇이 문제인가

1. 서론 - 노인평생교육의 환경과 사회적 가치

한 국가의 발전요인을 기후, 인종, 지도자 그리고 교육이라고 평가한다. 기후란 지리적 조건에 의한 열대지방, 온대지방, 한대지방으로 구분할 수 있다. 인종은 그 종족이 태생적으로 가지고 있는 종種의 특성을 말한다. 지도자는 말할 것도 없이 어떠한 인물이 그 시대에 어떠한 역할을 했는가를 지칭한다.

교육은 유아시절부터 노년에 이르기까지의 가르침인데 연령에 따른 성장과정에 그 교육의 맥이 있다. 그리고 가정교육, 학교교육, 사회교육으로 구분하여 그 교육의 장場을 정리할 수 있다. 우리나라의 경우 가정교육은 밥상머리

교육을 말하는데 입시체제의 무거운 짐으로 인해 자녀와 부모가 함께 식사할 수 없는 환경을 만들어 놓았기 때문에 가족 간의 대화 단절 시대에 살고 있고, 학교교육은 입시 중심의 교육으로 몇 사람의 선두주자만을 위한 서열화 교육으로 변질되었으며, 사회교육은 하고 있기는 한데 체계화, 조직화되어 있지 않아 각개전투 식의 교육체계를 구성하고 있다.

특히 여기에서 논의하고자 하는 노인교육은 제도적, 정책적 정비가 필요하다. 오늘을 살고 있는 이 땅의 노인들은 국가적, 사회적으로 험난한 시기를 지탱해온 분들이다. 그러다 보니 잘 먹지도 못했고, 더구나 배우질 못했다.

그러한 기초력이 빈약한 노인을 어떠한 방법으로 무엇을 교육하는가 문제는 매우 난해한 일이다. 특히 저학력의 노인들과 빈곤선에 와 있는 노인들에게 문화, 예술, 여행 등 고급문화를 교육시키는 것은 연목구어緣木求魚일 것이며, 그들에게는 맞춤형 교육이 필요한 시점에 와 있다. 예를 든다면, 건강한 노인, 건강하지 못한 노인으로 구분하고, 또 빈곤한 노인, 중산층 노인으로 나누어 볼 때 건강하면서 빈곤한 노인에게는 일자리 교육을 비롯한 취업교육이 필요하고 건강하면서 중산층인 노인에게는 사회교육차원의 각종 교양교육, 전문화교육, 문화예술교육, 건강보건관련교육 등이 필요한 것이다.

또 건강하지 못한 상태의 빈곤한 노인과 중산층에게는 건강, 요양관련교육이 긴요한 것일 것이다.

이제까지의 노인문제는 소득·보건·주택·교육 등의 기본적 욕구가 충족되지 못해 발생하는 것으로 전제하고 이를 개선하거나 충족시켜 복지사회 구현과 사회적 화합을 도모하려는 방향에서 다루어져 왔다. 그러나 고령화의 근본 원인인 수명의 연장은 곧 노년기를 효율적으로 유익하게 보낼 수 있도록 돕는 교육의 필요성을 불러일으키는 요인이 되고 있다.

이는 노인들의 급속한 고령화에 수반되는 노인욕구 충족의 문제를 사회복지서비스 확충을 통하여 해결하고자 하는 소극적인 태도에서 벗어나 보다 적극적인 대책 마련이 필요함을 의미한다. 과거에 비해 신체적으로나 정신적으로 건강한 상태에서 노년기를 맞이하게 된 노인들은 스스로의 활동욕구가 증가하고 자기를 계발하고 자아를 실현하려는 고차원적인 욕구를 가지게 되었다. 따라서 노인들에게도 특별한 분야의 지식과 기술, 지혜를 배우고 익혀 사회에 공헌할 기회를 주는 것이 필요하다.

고령화의 문제를 보다 효율적으로 해결해 나가기 위해서는 의존적인 고령층을 스스로 자신의 문제를 해결할 수 있는 독립적인 고령층으로, 허약한 고령층을 건강한 고령층으로, 사회에 부담만 되는 고령층을 사회에 봉사하는 고령층으로 변모시켜 나갈 필요성이 있다. 이를 위해서는 노인교육의 중요성을 재인식하여 우리나라 노인교육의 방향을 재정립하고, 체계적이고 합리적인 노인교육 정책과 제도를 개발 운영하는 방안이 요구된다.

앞으로 노인들의 사회 경제적 수준이 향상되면 될수록, 노인 인구가 늘어나면 늘어날수록 그들의 욕구는 더욱 높아질 것이므로 이를 마찰 없이 해결하기 위해서는 노인교육의 다변화가 더욱 중요하다.

노인교육의 경우에도 이론적으로는 노인의 역할을 정립하고 노인 인력의 활용과 재취업을 증대하며, 노인의 학습권을 보장하고, 노인의 사회참여를 확대해야 한다는 등의 목표를 제시하고 있지만 현실은 이에 미치지 못하고 있다. 현재 노인교육 프로그램은 주로 교양교육프로그램, 예를 들면, 노인의 역할, 노인의 에티켓, 기초 법률상식 그리고 프로그램은 노인들의 경제적 문제해결을 위하여 취업이나 재취업과 관련된 교과목들이 지금보다 확대되고 강조되어야 할 필요성이 있다.

고령화 사회를 경험한 미국, 영국, 프랑스, 그리고 일본을 비롯한 선진국들에는 노인들을 위한 교육뿐만 아니라, 퇴직자들을 위해 다양한 교육을 실시하고 있다. 노인인구의 증가, 정보화와 세계화, 핵가족화와 가치관의 변화 속에서 이제 노인문제가 개인 및 가족적 차원에서 벗어나 국가 사회적 차원에서 중요한 정점이 되고 있으며, 급격한 산업화, 도시화로 사회구조의 변화가 빠르게 진행되고 있으며, 국민소득의 향상과 더불어 생활수준의 개선, 의료기술의 발달 등으로 평균수명이 연장됨으로써 인구구조가 급격히 고령화 되어가고 있기 때문이다.

이런 상황에서 한국 역시 더 늦기 전에 가능한 한 빨리 고령화 사회에 대한 다양한 대비책이 마련되어야 한다고 본다. 그리고 그 중 하나가 노인교육이 활성화 되어야 한다고 생각한다. 왜냐하면 교육을 통해 노인은 더 이상 사회적 약자로부터 벗어나 중요한 사회 구성원으로서, 변화의 중심에서 거듭날 수 있게 되고, 고령 사회를 좀 더 건강하고 생산적으로 이끄는 데 커다란 역할을 할 수 있기 때문이다.

결국 노인들은 노인들 스스로가 자신들의 삶과 사회활동에 있어 활력을 형성하도록 돕는 일이다. 이처럼 한국은 평생교육으로서의 노인교육이 그 어느 때보다 필요함에도 불구하고 현재 실시되고 있는 한국의 노인교육은 이런 요구에 부양하지 못하고 있다.

최근에 고령화 사회가 되고 노인들의 수명이 연장되면서, 노인들이 겪는 혼란이나 불안정은 일시적인 현상이 아니라 오래 지속될 수밖에 없다. 이런 상황에서 혼란이나 불안정으로부터 스스로 벗어나지 못할 경우 노인들은 앞으로 더욱 더 빠르게 변화해 갈 미래사회에서 지금보다 훨씬 더 많은 혼란과 어려움을 겪게 될 수밖에 없다. 평생교육의 이념에 입각한 노인교육의 필요성은 무엇보다 고령 사회, 지식기반 사회, 정보화 사회로 일컬어지는 현대는 지금까지 고령자들이 살아온 것과는 다른 삶의 방식과 기술을 요구하고 있고 거기에 원만하게 대처할 수 있을 때 좀 더 길어진 노년의 삶을 윤택하고 보람되게 영위할 수 있을 것이다.

여기에서는 노인평생교육에 관한 제도상의 문제점, 프로그램의 문제점을 적시하고 이에 관한 발전방안을 모색해 보기로 한다.

2. 노인평생교육의 문제점

1) 노인평생교육 정책상의 문제점

(1) 노인평생교육 제도상의 문제점

현재, 우리나라에서 제정, 공포된 노인교육관련 법령에

는 평생교육법, 노인복지법, 저출산고령사회기본법 등을 들 수 있다. 노인 복지법 36조(노인여가복지시설에 관한 조항)에서는 노인교실에 관한 규정이 명시되어 있다. 이에 의하면, 노인의 교육, 학습활동 등 노인의 사회활동 참여욕구를 충족시키기 위한 건전한 취미생활, 노인건강 유지, 소득보장, 기타 일상생활과 관련된 학습프로그램 제공을 목적으로 하는 것으로 인식하고 있다.

평생교육법 제2조(정의)에 따르면, “평생교육”이란 학교의 정규교육과정을 제외한 학력보완 교육, 성인 기초·문자해독교육, 직업능력 향상교육, 인문교양교육, 문화예술교육, 시민참여교육 등을 포함하는 모든 형태의 조직적인 교육활동으로 규정하고 있다. 이는 광범위하게 노인들 역시 평생교육의 대상임을 규정하고 있는 평생교육 속에는 노년기 학습자들을 대상으로 하는 노인교육에 대한 구체적인 정의가 배제되어 있다.

노인교육과 관련된 또 다른 법률로 저출산 고령 사회 기본법을 들 수 있다. 저출산 고령사회 기본법은 저출산 고령사회의 문제를 해결하기 위하여 2005년 제정되었다. 본법은 저출산 및 인구고령화에 따른 변화에 대응하는 저출산 고령사회 정책의 기본방향과 추진체계에 관한 사항을 규정하고 있는데, 그 중 노인교육과 관련된 조항은 크게 두 개 조항 정도다.

제15조 평생교육과 정보화 관련 조항 1항에서는 "국가 및 지방자치단체는 모든 세대가 평생에 걸쳐 학습하고 능력과 적성에 따라 교육을 받을 수 있도록 교육의 기회를 제공하고, 이를 위한 교육시설의 설치 · 인력의 양성 및 프로그램의 개발 등 필요한 시책을 강구하여야 한다."고 규정하고 있다. 또 2항에서는 "국가 및 지방자치단체는 세대 간 정보의 격차를 해소하기 위하여 정보화 교육, 프로그램 개발 및 장비 보급 등 필요한 시책을 강구하여야 한다."고 규정하고 있다.

우리나라 노인교육정책의 특징은

첫째, 노인교육의 실효성을 보장할 만한 구체적인 조항으로 법제화 되어 있지 않다는 것이고, 둘째, 노인교육을 전담할 행정체계가 보건복지부와 교육과학기술부, 노동부 등으로 정책이 다원화 되어 있다. 현재 정부 내에서는 국가차원에서의 노인교육정책에 대한 인식이 부족하고, 노인교육을 전체적으로 통합, 관리하는 주무부서가 없다. 즉, 교육과학기술부와 보건복지부, 부분적으로 노동부 등 여러 부서에서 나누어 관리하기 때문에 노인교육의 목적과 노인교육기관 운영자와 강사의 재교육, 교재개발 등 국가적 차원에서의 효율적인 노인교육 관리와 지도가 소홀한 편이다. 더욱이 평생교육법과 동시행령 등에서 나타나고 있는 노인교육정책은 현재 노인학교의 여러 가지 문제점들을 해결하기에는 미흡한 실정이며, 보건복지부가 노인학교를 여가복지시설로 간주함에 따라 노인 교육의 방향을 노인여가의 시각으로 보고 있다.

노인교실 운영지침에서는 노인복지법에 의해 노인교실을 운영하도록 하고 있으나, 교육과학 기술부의 평생교육법과 보건복지부의 노인복지법에 의해 노인교육이 이원화되어 있는 관계로 기관과의 협력이나 정책의 일원화가 필요한 시점이다.

(2) 중앙정부의 노인교육정책

우리나라는 매우 빠르게 진전되고 있는 고령화 속도에 비하여, 이에 대한 노인교육정책은 너무나 미약한 수준에 있는 실정이다. 노인교육을 관장하는 행정부서가 명확하게 제시되지 못한 상태에서 노인교육을 어느 부서가 담당할 것인가에 대한 교육과학기술부와 보건복지부 간의 갈등은 노인교육 발전을 지연시키고 있는 중요한 요인으로 작용하고 있다. 이를테면, 노인학교나 노인교육 시설의 수는 많지만 이를 관리·감독하는 정책이나 관련 학문이 발전하지 못하는 이유는 노인학교나 시설들이 전담하는 정책부서의 부재와 관련 부처 간의 역할 분담이 잘 이루어지지 않기 때문일 것이다.

중앙정부의 교육적 동향은 그동안 교육의 영역에서 소외되었던 노인계층을 대상으로 교육의 기회를 확대하고, 노인교육의 활성화를 도모하는 데 큰 의의가 있다고 하겠다. 그렇지만 재정상으로 제반문제를 살펴볼 때, 중앙정부의 노인교육에 대한 배분도 노인교육재정 확보를 위하여 고려되어야 한다. 현재 교육과학시술부의 예산이 학교교육 중심으로만 책정되고 있다. 중정부의 노인교육 정책의 내용을 정리하면 다음과 같다.

<표1> 중앙정부의 노인교육정책

구분	노인교육정책
중앙 정부	· 평생학습진흥종합계획(평생학습의 생활화와 지역화, 사회통합 증진을 위한 평생 학습지원강화, 지식기반사회에 부응하기 위한 성인교육기회 확대, 직업교육 확대를 위한 일터의 학습 조직화, 평생학습기반 구축) · 초·중등, 전문대 및 대학 등 간 급 학교를 활용하여 고령사회에 대비한 평생교육기회 확대방안 · 노인교육전문가 및 지도자 양성을 통한 노인교육의 전문화 도모 · 노인단기대학Elder Hostel 운영을 위한 시범운영 기획과 이를 위한 기초연구 사업 · 노인교육교재 및 프로그램 개발, 노인교육지침서 개발을 통한 종합계획수립 · 고령인력자원화 방안으로서 퇴직 전 노후준비교육과 퇴직 후 교육을 통한 고령 인력자원화 준비

	· 노후준비교육을 통한 퇴직교원의 지역사회 인적 자원화 · 고령 사회 삶의 질 향상 기반 구축(안정적인 노후소득 보장체계구축, 건강하고 보호 받는 노후생활, 안전하고 활기찬 노후생활기반 조성) · 저출산 · 고령 사회의 성장 동력 확보(여성 · 고령자 등 잠재인력활용 기반구축, 인적 자원의 경쟁력 및 활용도 제고, 고령 사회의 금융기반을 조성, 고령친화 산업을 미래 성장동력산업으로 육성)

자료: 교육과학기술부, 평생교육백서

중앙정부는 노인교육에 대한 수요를 폭넓게 수용할 수 있도록 각종 노인교육 시설을 정비·확충하고, 필요한 재정적 지원을 강화해 나갈 수 있는 법적 체계를 정비하여야 할 것이다. 특히 사회안전망 확보 등 사회통합은 물론 적극적인 사회개발 차원에서도 노인교육이 강조되어야 할 필요성이 요구된다. 이를 위해서 우선 노인교육에 관한 법률 조항이 추가되어야 하며, 그리고 노인교육이 활성화되기 위해서는 무엇보다도 노인 평생교육기관이 신축되어 노인교육을 평생학습의 장으로써 적극 지원해야 한다.

(3) 지방정부의 노인교육정책

지방자치단체 차원에서의 노인교육정책은 시·도 교육청을 중심으로 한 관내 노인교실 교육프로그램 지원과 노인대학, 도서운영·지원 등이 있다. 그러나 평생교육법에 근거하여 노인교육기관을 관리·지원하는 데에는 아직까지 많은 한계가 있다.

이러한 관점에서 지방자치단체의 노인교육 문제점을 파악하고, 이를 극복하기 위하여 지자체의 입장으로부터 노인교육정책의 기본방향을 제시하면 다음과 같다.

첫째, 평생교육현장을 중심으로 하는 최소 지역단위에서 노인교육이 전개되게 하는 교육정책이 수립되어야 한다. 노인교육에서는 노인학습자의 특성상, 그들의 학습요구가 발생하는 바로 그 평생학습현장에서 노인교육서비스가 제공될 때, 최고의 학습효과를 올릴 수 있다.

둘째, 지역사회 내 노인교육시설의 평생교육적 기능을 법적·제도적으로 강화하는 방향으로 기본정책이 전개되어야 한다. 현재 지역사회 안에는 노인교육 활동이 전개될 수 있는 다양한 시설들이 많이 있다. 이러한 시설들을 적극적으로 노인교육서비스 체계 안으로 끌어들이는 기본정책이 필요하다.

셋째, 노인교육이 전개되는 지역사회 내의 인적 자원을 적극적으로 활용해야 한다. 지역사회의 인적 자원을 활용함으로써 얻을 수 있는 효과는 공동체의식의 함양, 책임감과 주인의식 제고, 적극적인 참여 동기 부여, 그리고 경제적 비용 절감 등이 있다.

넷째, 지역사회 내의 네트워크inter-community network를 강화해야 한다. 지역사회의 노년학자, 자원봉사자, 프로그램 전문가, 교육자료와 매체 등의 물적 지원, 노인교육관련 기관과 시설 등에 대한 정보들을 지역 내 네트워크를 통하여 공유함으로써 노인교육의 효율성을 높일 수 있다.

다섯째, 노인교육은 지역사회 중심의 상호 배타성을 버리고 다양한 지역 사회 간의 협력과 조화를 기반으로 하는 것이 되어야 한다.

(4) 노인교육기관과 시설

노인교육 시설로는 첫째, 노인단체에서 운영하는 대한노인회 중심의 노인교실, 둘째, 종교기관이 운영하는 노인교실, 셋째, 사회봉사단체에서 운영하는 노인교실 등이 있다. 노인교육 주요기관 및 교육내용을 요약 정리하면, <표 2>와 같다.

<표 2> 노인교육기관 교육 내용

분류	기관 및 단체	교육내용
노인 관련 단체에 의한 노인 교육	· 대한노인회(노인교실) · 대한심락회(수요강좌)	· 직무교육, 재교육, 노인지도자 양성 · 일반교양(국내외 정세 등) · 기능습득(수예, 공예, 예능 등) · 일상생활, 노후건강관리 · 취미생활(그리기, 만들기, 에어로빅, 레크리 에이션, 가요, 춤놀이, 바둑, 장기, 악기연주 등)

종교기관에 의한 노인교육	· 교회부설 노인학교(한국교회 노인학교 연합회 대한예술교 장로회 총회교단) · 성당부설 노인학교(노인대학연합회 천주교 서울대교구)	· 신앙생활교육(성경, 불경, 교리, 전례, 교회사 등) · 지혜로운 생활교육: 노년학 일반, 노년기 역할, 노년기 인간관계, 전통미풍양속 등 · 건강한 생활교육(노년기 건강상식, 체조, 특수 진료 등) · 창조적 생활교육(음악, 미술, 공예, 특기 지도)
일반단체 및 시설에 의한 노인교육	· 여성단체(한국부인회) 및 여성회관, 노인교실) · 서울 YMCA YWCA · 경로대학 · 대한적십자사적십자회관(봉사관) · 노인복지, 양로원, 노인정	· 교양교육, 취미오락, 관광여행, 건강관리 · 새로운 생활세계, 직업세계 적응능력 신장을 위한 기능 습득 교육, 국내외 정세 · 정년퇴직 이후의 생활 · 사회적, 공민적 책임과 이해 · 자기 동년배와 친밀한 관계 유지하기
교육, 훈련기관에 의한 노인교육	· 대학부설 평생교육원 · 초·중등학교 노인교실 · 학력인정 사회교육시설 · 교육연수원과 일반공무원 연수원	· 노인으로서 자세 및 역할, 직업기능개발 · 사회봉사활동, 노후, 재산관리, 사회활동 및 교양강의 · 영화감상, 전시장 관람, 유적답사 등의 현장학습 · 발표회, 대화 및 만들기, 실습 등의 자치활동
교육, 훈련기관에 의한 노인교육	· 대학부설 평생교육원 · 초·중등학교 노인교실 · 학력인정 사회교육시설 · 교육연수원과 일반공무원 연수원	· 퇴직 교직자의 사회적 역할, 퇴직 후 제2의 인생설계, 퇴직 예정교원 일반직 공무원 연수 · 보람있는 노후생활(노후생활과 건강법, 연금법과 재산관리)
학원, 통신매체에 의한 노인교육	· 수도 고려학원 등 · 한국 PC통신 매체 · 원로방 · 한국방 문화원 · 기타 예체능학원	· 문맹교육 · 노년층을 위한 정보통신서비스(각종 취업정보, 건강상담, 병원안내, 교양강좌, 젊은 층에게 노년층의 삶의 지혜 전달) · 외국어 교육 · 음악 교육 · 건강을 위한 심신 단련

자료: 교육과학기술부, 평생교육백서

노인복지법 제36조에 "노인에 대하여 사회활동 참여 욕구를 충족시키기 위하여 건전한 취미생활, 노인건강 유지, 소득보장, 기타 일상생활과 관련한 학습 프로그램 제공을 목적으로 하는 시설"이라고 규정되어 있다.

노인교실은 노인학교 혹은 노인대학 등으로 지칭하며, 개인이나, 등록된 사회단체가 교육법에 의한 형식이나 절차 없이 스스로 설립한 기관이며, 시설과 장소에 상관없이 설립자에 의해 학칙이 정해지고 교재, 수업연한, 강사, 교육과정, 학생관리, 경비조달 등도 자체적으로 이루어지고 있다.

노인복지관은 노인복지법 제36조에 따르면, "노인의 교양·취미생활 및 사회참여활동 등에 대한 각종 정보와 서비스를 제공하고, 건강증진 및 질병예방과 소득보장·재가복지, 그 밖에 노인의 복지증진에 필요한 서비스를 제공함을 목적으로 하는 시설"이다. 또 노인복지법 시행규칙에는 노인복지관의 사업을 ① 노인의 생활·주택·시상 등에 관한 생활상담 및 노인의 질병예방·치료에 관한 건강 상담 및 지도 ② 노인에 대한 취업알선 및 취업자의 사후관리 ③ 노인의 기능회복 또는 기능의 감퇴를 방지하기 위한 훈련실시 ④ 노인의 교양 향상을 위한 프로그램의 제공 및 레크리에이션활동 등의 지도로 규정하고 있다.

노인복지회관, 경로당, 노인교실, 노인휴양소 등 노인여가시설과 설립목적을 정리하면 다음과 같다.

<표 3> 노인여가시설과 설치목적

시설	설치목적	입소대상자	설치
노인복지회관	무료 또는 저렴한 요금으로 노인들의 각종 상담에 응하고, 건강의 증진·교양·오락 기타 노인의 복지증진에 필요한 편의 제공	60세 이상인 자	시장, 군수, 구청장에게 신고
경로당	지역노인들에게 자율적으로 친목도모·취미활동·공동작업장 운영 및 각종 정보교환, 기타 여가활동을 할 수 있도록 장소 제공	60세 이상인 자	시장, 군수, 구청장에게 신고
노인교실	노인들에게 사회활동 참여욕구를 충족시키기 위하여 건전한 취미생활·노인건강유지·소득보장, 기타 일상생활과 관련한 학습프로그램 제공	60세 이상인 자	시장, 군수, 구청장에게 신고
노인휴양소	노인들에게 휴양과 관련된 위생시설·여가시설, 기타 편의시설을 단기간 제공	60세 이상인 자 및 그와 동행하는 자, 다만, 이용인원이 정원에 미달하는 때 정원의 100분의 30의 범위 안에서 그 외의 자도 이용할 수 있다.	시장, 군수, 구청장에게 신고

자료: 보건복지부, 노인복지시설현황

2) 노인평생교육 프로그램의 문제점

(1) 노인평생교육 프로그램의 콘텐츠

Peterson(1983)[1]과 McClusky(1981)[2]이 제안한 노인들의 교육적 욕구를 살펴보면 다음과 같다.

- 환경적응(대처능력)의 요구coping needs에 관련된 교육 : 환경적응의 요구는 노후의 변화된 신체적, 사회적, 심리적 환경에의 적응과 노년기 기본적인 삶의 영위에 필요한 기술을 습득하는 것과 관련된다.
- 표현적 욕구expressive needs에 관련된 교육 : 활동에 참여하는 것 자체에 의미를 두는 표현적 요구를 위한 교육에는 활동 자체에 의미를 부여할 수 있는 그림이나 음악, 드라마 등 여가활동에 관한 교육, 대화 기법이나 갈등의 관리 등 사회관계에 관한 교육 등이 포함된다.
- 공헌적 요구contributive needs에 관련된 교육 : 노인의 변화된 능력과 역할에도 불구하고 계속해서 사회에 의미 있는 일을 하고 쓸모 있는 사람으로 남고자 하는 요구로서 이러한 노인들의 타인과 사회에 대한 요구를 충족시키기 위하여 노인들이 지닌 잠재적인 공헌 능력에

---

1) Peterson. D.A. (1983). Facilitating Education for Older Learners. SanFrancisco: Jossey-Bass Publishers

2) McClusky. (1981). White House Conference on Aging

대한 교육, 그들이 가진 자원을 동원하는 방법에 관한 교육, 그들의 시간과 노력을 가장 의미 있게 사용하는 방법에 관한 교육, 사회에 공헌할 수 있는 구체적인 기술을 개발하기 위한 교육 등이 포함된다.

- 영향력의 요구influence needs : 이는 젊음을 대치할 만한 인생의 의미에 보다 깊은 이해를 얻기 위한 요구로, 여기에는 다른 연령이나 문화에 대하여 통찰을 가졌던 위인들이 인생에 대하여 어떤 의미를 부여했는지에 대한 이해를 제공하는 교육, 회상을 통하여 자신의 인생 의미를 재조명하도록 돕는 교육, 노화로 인한 신체적 제약들을 대치할 수 있는 명상이나 학습을 조장하는 교육 등이 포함된다.

노인교육이 노인들의 교육욕구를 충족시켜 주는 것으로 볼 때, 이때의 교육은 목적이 된다. 반면에 노인교육을 통해 노인들의 복지가 증진된다고 볼 때에는 교육은 수단이 되는 것이다. 이러한 관점에서 노인교육 프로그램은 노인교육의 목적을 달성하여 노인의 욕구를 충족시키기 위한 수단이다.

노인교육 프로그램은 노인으로 하여금 자기주체성을 실현하도록 하고, 다른 사람과의 인간관계를 원활하게 하며, 경제적인 효율을 높이도록 하여야 한다는 것이다. 또한 시민으로서 자질을 높일 수 있는 내용을 지향해야 한다고 강조하고 있다.

즉, 노인에 대한 발달 과업은 노인교육 프로그램의 내용을 선정하는 데 중요한 기준으로 활용될 수 있다.

여기서 발달 과업developmental tasks이란 '평생단계의 특정 시기에 나타나며 개인이 속한 문화적 압력을 감당하기 위해 성취해야 할 학습과제'로 규정할 수 있다.

그는 사회교육의 학습내용으로서 기초교육, 인간관계교육, 가정생활을 위한 교육사회의 공공책임을 위한 교육, 직업기술교육을 지적하면서 이 중에서 특히 노인교육의 내용으로는 기초 및 교양교육, 직업기술교육, 건강복지교육, 가정생활교육, 여가선용교육 등이 중요함을 지적하고 있다.

위의 내용을 정리해보면 다음 <표 4>와 같다.

<표 4> 노인교육의 주요내용

적응을 위한 교육	건강관리	건강관리, 노화로 인한 신체의 변화, 노년기 질병의 예방과 치료, 치매와 정신건강, 식생활, 운동, 건강습관, 단전호흡 등
	여가와 의미	여가와 취미, 미술, 원예, 공예, 음악, 무용, 서예, 사진, 요리, 동화구연 등
	사회적 변화	사회적 변화, 노인의 사회적 역할, 새로운 관계망의 구성, 노인 클럽활동, 노인의 정치적 활동 등

	노인심리	노인심리, 노인의 심리적 변화, 인간의 전 생애 발달, 상담, 기억술 훈련, 노년기 우울증 등
	노후경제	노후경제, 재산관리, 주거 선택과 관리, 상속과 증여, 지출계획, 저축과 투자 사회기부여 등의 방법 등
	가족	가족의 의미, 가족 내 노인의 역할, 가족관리기술, 가족과의 대화, 가족캠프 등
생존을 위한 교육	일반교양	일반교양, 외국어, 컴퓨터, 역사, 정치, 사회문제, 신문 읽기, 도서관과 문화원 이용법
	취업	취업, 노년기의 일, 직업탐색기술, 구체적인 직종과 관련된 기술과 지식들 등
	노인복지	노인복지, 노인복지시설, 노인 이용가능시설, 복지제도, 연금제도, 의료보험, 보험 상품 등
사회참여를 위한 교육	사회봉사	사회봉사, 사회봉사의 중요성, 지역사회에서의 노인의 역할, 각종 봉사단체, 봉사에 필요한 기술 훈련 등
	노인의 권리	노인의 권리, 정치의 의미, 의사결정 연습, 노인 NGO 활동 등
의미 재발견을 위한 교육	죽음	죽음의 의미, 죽음을 위한 준비, 유서 작성, 모의 장례식 등
	종교	종교의 의미, 종교의 역사, 경전해석, 각종 종교 행사 참여, 성지순례 등
	기타	기타 자서전 쓰기, 회상, 여행, 견학, 답사, 독서토론 등

(2) 노인평생교육 프로그램의 빈약성

① 프로그램의 다양성 제약성

우리나라 노인교육 프로그램은 여가 위주의 프로그램으로 케어의 기능이 비교적 강하다. 따라서 선진 외국의 노인교육 프로그램처럼 생산적이며 미래를 준비할 수 있는 다양한 프로그램이 다소 미흡하고, 전반적으로 여가를 원만히 보낼 수 있게 도와주는 역할에 모아지고 있다.

② 노인교육 프로그램의 전담부처의 부재

우리나라는 아직도 노인 정책을 전담하는 정부 부처가 없어 노인 정책을 소신 있게 추진하기 어렵다. 미국은 노인 정책만 전담하는 연방 노인청이 있고 상당수의 비영리 민간단체가 노인교육에 전념하고 있어 범국민적인 노인교육 프로그램의 활성화가 이룩되어 있다. 노인 정책 전담 정부 부처마저 없는 우리의 실정에서는 관련 부처가 서로 긴밀한 협조가 이루어지지 않으면 안 될 것이다. 전담 정부 부처가 없어 소신 있게 노인 정책을 추진할 부서가 없는데 관계부처 협조까지 원활하게 이루어지지 않는다면 노인 정책 수행은 어려울 것이기 때문이다. 따라서 노인복지 전반과 노인교육 프로그램 등을 수행할 수 있는 노인복지청이 설립되어야 한다.

③ 대학교 내 노인 관련 프로그램 운영 및 지원 부재

노인들을 위한 지역사회대학교에 노인 관련 프로그램을 개설하고 수강노인에 대한 학점은행제 등을 지원하며, 수

강료를 지원해주는 방안이 모색되어야 한다.

현재 시행되고 있는 평생교육원, 사회교육원보다 약간 강화된 정규 프로그램으로서의 운영을 말한다.

미국의 Elderhostel의 노인교육 프로그램은 대학의 자원을 이용하는 세계적인 프로그램이다. 이 프로그램의 목적은 저렴한 비용으로 대학 캠퍼스에서 대학교육의 기회를 접하게 하는 프로그램이다. 대학에 갈 기회가 없었던 사람들을 이끌어 주거나, 대학을 갈 수 없었던 사람들의 모임 장소를 만들어 준다. 배움의 뜻을 가진 노인들에게 대학 입학 및 편입을 허용하고 학위 취득의 기회를 제공한다. 고등학교과정 수료를 제공하는 과정, 은퇴준비 교육과정, 예술과 외국어 교육과정 등이 있다.

④ 정보부족으로 인한 노인프로그램 참여의 부실현상이다.

첫째, 평생교육 프로그램 제공기관의 위치 정보 부족으로 지역 내 노인평생교육 프로그램을 제공하는 기관이 존재하고 있다는 사실을 알지 못하거나 정확한 위치를 알지 못해 이용을 하지 못할 수 있다. 둘째, 노인평생교육 기관을 이용하는 방법이나 비용에 대한 정보 부족으로 참여에 대한 절차와 방법, 교육비에 대한 정보가 없어 교육에 참여하지 못할 수 있다. 셋째, 노인평생교육 프로그램에 대한 정보 부족으로 각 기관에서 제공하는 프로그램의 종료와 내용, 제공되는 시간과 강사에 대한 정보 부족으로 인해 자신이 원하는 프로그램에 참여하지 못할 수 있다.

3. 결론 - 노인평생교육의 발전방안

노인평생교육이 가지고 있는 정책상의 문제점과 프로그램상의 문제점을 정리하면서 다음과 같이 활성화 방안을 제시하고자 한다.

첫째, 과감한 재정적·행정적 지원이 요구된다. 대다수 노인평생교육 기관들은 정부의 보조금 없이 후원금이나 사적인 비용으로 충당된다. 열악한 재정 환경에서 올바른 교육활동을 기대할 수는 없는 것이다. 오늘날 노인의 여건상 학습 참가 노인들이 자발적으로 많은 경비를 들여 학습 프로그램에 참여하려 하지 않기 때문에 노인평생교육의 제반 경비는 정부의 지원이 절대적으로 필요한 실정이다. 노인교육 기관은 노인복지의 수준에 적합한 최적의 환경과 설비가 갖추어져야 한다. 강사와 시설 등에 대한 투자가 강화되어야 할 것이다.

둘째, 평생교육 프로그램 운영을 위해서는 지역사회의

다양한 자원연계를 위한 시스템을 구축해야 할 것이다. 지역사회에 소재하고 있는 관공서와 밀찰된 협력과 복지기관, 교육기관과 협력을 통하여 강사의 인력관리나 평생교육 프로그램을 교류하여 효과적이고 효율적인 복지서비스를 제공할 수 있게 될 것이다.

셋째, 노인교육 프로그램은 표준화된 교과 과정이 없기 때문에 기관마다 프로그램 내용에서 많은 차이를 보이고 있어 표준 교과과정을 마련해야 한다. 지금까지 개발되어 온 노인교육 프로그램들은 노인교육의 원칙들을 전체적 혹은 부분적으로 다룬 것으로, 특정한 주제에 관한 교육보다 노인생활의 전반적 사항을 담은 것들이 많았다. 노인교육 기관별로 제공되고 있는 프로그램을 내용별로 분류해 정리해 보면 가장 많이 차지하는 부분이 교양, 문화, 여가 교육이다. 하지만 대부분은 교과과정이 편성되어 있지 않고 그때그때 형편에 맞추어서 진행하고 있으며, 강의내용도 한정되고 일회성이 되기 쉬우며 빈약하여 전문성이 결여되어 있다. 따라서 교육목표를 설정하고 그 프로그램에 알맞은 것을 개발하는 것이 우선되어야 한다.

넷째, 체계적인 노인교육 전문 인력을 양성해야 한다. 고령화 사회에서 가장 시급한 것은 노인교육을 담당할 전문적인 인력이 매우 부족하다는 것이다. 노인교실, 노인대학,

노인복지시설 운영자나 종사자들 중에는 노인교육 분야에서 모두가 경험이 부족한 사람들이다. OECD 회원국가에서 평생학습, 생애학습, 노인교육 등 평생교육을 강조하고 있으며 우리나라도 점차로 노인교육의 중요성이 강조되고 있기 때문에 노인교육을 담당하는 종사자의 전문성이 필요하게 되었다.

다섯째, 노인복지관 평생교육 프로그램 기획단계에서부터 노인대표와 전문강사에게 의사결정에 대한 참여 기회를 확대해야 할 것이다. 평생교육 프로그램은 반드시 교육대상자의 특성, 수준, 욕구를 기반으로 기획되어야 한다.

여섯째, 중앙행정 부서들 간의 상호 협력 강화이다. 미국의 경우 연방정부의 교육부, 노동부, 보건복지부가 상호 협력하여 노인교육 프로그램을 원활히 수행하고 있고 노인 정책만을 전담하고 있는 연방 노인청을 두고 있다. 우리나라는 아직도 미국의 연방 노인청과 같이 노인 정책만을 위한 정부 기관이 없다. 노인전담 정부부처가 없는 상황 하에서 중앙행정부서들 간의 협조마저 미흡하다면 노인교육 정책의 발전은 이루어지기 어려울 것이다.

일곱째, 노인 일자리와 연계한 재취업 및 생산성 향상을 위한 교육을 실시하여야 한다. 일본의 경우 지금까지 의존적인 부양자로만 인식되어 오던 노인에 대한 편견을 바꾸어 건강하고 능력 있는 노인들을 사회적으로 활용하는 방안을 국가의 정책적 지원 하에 체계적으로 추진하고 있다. 또한 일본의 노인 교육은 이미 오래 전부터 여가 중심의 교육보다는 경제 활동과 재생산 교육에 중점을 두고 교육해왔다. 영국의 전통사회에서는 성인교육을 중요시하고 노인들을 단지 수혜의 존재, 소비의 존재로, 의존적 존재로 인식하였으나, 현대사회에 이르러 이 같은 노인에 대한 시각을 전면 부정하고 사회적, 경제적으로 노인에 대한 사회적 편견을 불식시키기 위한 교육적 노력이 비정부 단체를 중심으로 활발하게 전개되었다. 이러한 분위기는 전세계적인 추세이기도 하다.

노인평생교육은 단순한 복지 차원이 아닌 전 생애에 걸친 노인들을 위한 교육으로 정립되어야 한다. 노인평생교육은 고령화 사회를 살아가는 노인들이 당면한 문제를 해결하기 위해 교육을 받고 사회적응력을 향상시켜 단순한 취미나 오락에서 벗어나 진정한 교육으로 자리 잡기 위해 중요한 의미를 부여하는 계기가 될 것이다.

노인문제의 불교적 대응

1. 불교의 사회복지(노인복지) 이념

불교와 관련하여 사회복지(노인복지) 이념을 살펴보고자 한다. 불교의 사회복지(노인복지) 이념은 자비사상이다. 자비사상은 불교의 근본이 되는 사상으로 대지도론大智度論에서 자비는 불도의 근본으로 자慈는 기쁨을 주고, 비悲는 고통을 없앤다는 의미이다. 불교가 지향하는 가치 전체가 복지사상과 일치하는 면이 있지만 그 중에서도 자비는 가장 연관이 깊다고 할 수 있다.

둘째는 보시사상이다. 보시는 육바라밀 중 첫 번째에 해당하는 덕목으로 보살이 중생의 마음을 만족하게 하기 위해 자기에게 있는 모든 재물을 회사하되 집착하는 바가 없는 것을 말한다. 이러한 보시는 사설법 중 하나이기도 한데 대승의 보살이 사람들을 섭수하고 조숙하는 방법 4가지가 있음을 밝힌 것으로 보시, 애어愛語, 이행利行, 동사同事 등이다.

셋째는 복전복리사상福田福利思想을 들 수 있다. 복전이란 불, 법, 승의 3보와 고통을 받는 사람들은 보살되는 행위로 결국 자신에게 복을 생기게 한다는 것이다.

넷째는 보살사상이다. 보살의 삶이란 보시를 통해 무아를 실현하고 지계를 통해 해탈의 선업을 짓고, 인욕을 통해 자비의 원을 세우고, 정진을 통해 자신뿐만 아니라 일체중생을 교화하고, 선정을 닦아 탐욕에서 해탈하며 청정한 마음으로 무상하고 무아인 제법의 실상을 깨달아 업의 원리에 다른 육바라밀을 실천하는 것이다. 이 같은 보살사상은 관념적 이상이 아니라 실천의 이념으로 제시된다.

다섯째는 지은보은知恩報恩 사상이다. 이는 지은知恩에 의해 보은이 행해지는데 은혜를 알아서 갚는다는 의미이다. 이 지은보은사상은 부모은, 중생은, 국왕은, 삼보은의 4은을 강조한다.

특히 불교에서는 노인을 위한 부모은중경, 효자경 등을 일반에 포시하여 '상구보리'에서 태어난 정신적 토대를 사회적 보시의 일환으로 부모에 대한 효를 강조하기도 하였다.

사회복지, 노인복지의 근간의 토대는 인간사랑이다. 인간이 궁휼한 상태에 있는 사람에게 측은지심을 발동하여 도움을 주고 따뜻한 마음을 전달해 왔다.

이러한 인간사랑의 모습을 각 종교에서는 '자비', '사랑' 등으로 표현하며 '극락정토', '꿀과 기름이 흐르는 토지', '대동사회'를 꿈꿔왔다. 사회복지, 노인복지라는 말도 사실은 그 말이 생기기 전부터 인류사회에 면면히 이어온 전통이요, 미풍양속이었다.

서구사상이 들어오면서 사회복지의 이념, 사회복지의 기술이 서양의 독자적인 것처럼 의식화되었는데 사실은 불교의 경전이나 불교의 생활의식에서 이미 존재해왔던 것이다.

불교에서 노인문제는 인간고人間苦의 생생한 그대로의 모습이다. 그로부터 해탈하려는 것을 문제해결로 보고, 부처님은 이러한 문제를 해결하기 위한 반야의 지혜와 방편을 여러 경전에서 설하고 있다. 결국 노인의 의미는 육체적으로 노쇠에 있는 사람 또는 정신적으로 성숙해 있는 사람과 이 두 가지를 다 겸비한 성숙한 인격을 가진 사람이라는 것이다.

그러나 불교에서의 노인이라 함은 미망의 중생Sattva 중에

한 개체이고, 생로병사의 한 과정에 있는 업業의 상속자로서 인간을 말한다.

따라서 불교적 이념을 토대에 둔 노인복지는 첫째, 노인문제를 일으키는 대상을 최소화하기 위한 노력이 종합적으로 검토되어야 한다. 구체적으로 말하면 빈곤, 질병, 고독, 역할상실 등 인간의 고통을 일으키는 개인적, 사회적 문제의 발생 근거를 생기지 않도록 하는 방안을 모색해야 한다.

둘째, 물질적 측면과 정신적 측면의 대책을 균형 있게 개발함으로써 조화를 이루어야 한다. 서구복지국가들이 물질적 복지에만 너무 치우친 나머지 정신적 방황을 하는 일이 많은데 이를 타산지석으로 삼아야 할 것이다. 최근 우리나라에서도 사회복지, 노인복지는 정부나 공공기관에서 퍼주는 것이라는 관념이 있는데 정부의 복지행정의 자원은 바로 국민의 세금이다. 국민들이 부담하는 자세와 혜택을 받는 자세의 균형 감각이 이루어져야 할 것이다.

특히 불교의 경우 부처님사상에 입각한 불교복지의 정신적 지평을 넓혀야 할 것이다.

셋째, 민간주도에 의한 자율복지 체제를 개발하고 이를 모두가 지원해 나가는 방향을 모색해야 한다. 노인 스스로 자조 노력을 하고 이웃과 지역사회가 뒷받침해주는 자율복지가 이루어져야 한다. 이러한 복지 현실을 타개하는 길은 물질적 복지와 정신적 복지의 융합과 조화가 이루어지는 것이고 이를 위한 불교계의 지각이 있어야 한다. 이제 포교의 중심축이 법문과 종교행사에 있는 것이 아니라 사회복지, 노인복지의 실천에 있다는 것을 인식해야 한다.

불교에서 말하는 참된 도리를 깨닫고 지혜를 체득한 사람은 자내증字內證의 세계에 머물러 안주하는 것이 아니라 일체의 중생을 구제하려는 자비심과 서원을 일으켜 지혜의 광명으로 사바세계의 중생들이 불법의 세계, 진리의 세계로 나아갈 수 있도록 보상행을 전개하는 것이다.

불교의 효 윤리는 범망경梵網經의 효명위계를 비롯하여 ≪부모은중경≫, ≪관무량수경≫, ≪불설교경佛說敎鏡≫, ≪대승본생심지관경大乘本生心地觀經≫ 등 대승경전에 보다 많은 내용이 담겨있다. 이 효에는 부모를 섬기는 것뿐만 아니라 노인을 위하는 경로사상도 동시에 내포해 있다고 볼 수 있는데 이것은 현재의 내 부모에게 효도하는 것은 물론이고 일체중생을 구제하고 제도하는 것이 진정한 효의 길임을 설하고 있다.

현대적 복지가 활성화되기 위해서는 첫째, 참된 인간을 묻는 추구이고 둘째, 사회적 인간으로서의 인간을 참구하는 길이며 셋째, 현대의 인간이 갖고 있는 정신적 위기를 구제하는 것이다.

현대인들은 인간의 본질이 무엇인가를 알려는 것보다 물

질적 요구만을 추구함으로써 인간적인 면이 없어지고 인간의 자세를 잃고 살아간다.

불교의 연기緣起의 원리로서 세상을 관찰한다면 첫째, 인간은 공간적으로 고립되지 않고 더불어 있으며 둘째, 연기적인 관계에 있고 셋째, 서로 영향을 주고받는 상관관계에 있으며 넷째, 그럴만한 조건이 있어서 생긴 것이며 그럴만한 조건이 없어지면 그 존재도 있을 수 없다는 것이다.

따라서 불법佛法에서 보면 노인문제는 인간 고苦의 문제와 별개의 문제가 아니라 동시에 인간 스스로 해결해야 할 문제인 것이다. 아함경전阿含經典에서 인간의 고苦의 원인을 설명하고 있는데 하나는 무상無常하기 때문에라는 것이고, 다른 하나는 주관인 범부凡夫의 무명 때문이라는 것이다.

따라서 불교의 노인관老人觀은 밝지 못한(무명) 마음, 즉 번뇌가 인생현실의 기반이며 이 깨닫지 못한 마음, 즉 무명(번뇌)이 근원이 되어 현실의 괴로움을 초래한다는 다분히 이지적 판단에 기초하고 있다. 인류의 궁극적인 문제, 즉 생로병사의 문제, 삶의 가치 등에 관한 문제를 해명해주는 것이 불교의 노인복지관이다.

2. 노인문제의 불교적 전략

1) 불교인의 의식 전환

불교의 목적이 위로는 깨달음을 구하고上求菩提 아래로는 중생구제下化衆生에 있다는 것은 다 아는 사실이다.

출가수행승들이 위로 깨달음을 구하는 데에만 집착하고, 불자들은 자신의 안락과 가족적인 종교생활에만 치우친다면 사회의 이웃들은 어떻게 할 것인가? 이제는 교의를 실천으로 구체화시켜야 한다.

불교에서 노인이라 함은 미망의 중생Sattva 중의 한 개체이고 생로병사의 한 과정에 있는 업業의 상속자로서의 인간을 말한다. 불교의 노인복지사업은 불교인 모두의 문제여야 한다. 노인복지사업은 불교의 문제와 불자들 스스로의 문제일 수밖에 없다. 아무리 좋은 가르침이라 해도 행동하지 않는 지성은 아무런 소용이 없다.

불교계가 사명감을 갖고 사회를 위한 봉사활동을 전개하여 어려운 사람과 고통을 같이하는 이타적 포교 활동이 이루어져야 한다.

2) 노인복지 전달체계의 재구조화

우리나라 불교 복지시설은 상당한 잠재력과 발전 가능성을 가지고 있음에도 몇 가지 요인으로 인해 그 기능을 발휘하지 못하고 있다. 그 외적요인으로는 인간의 세속화·서구화의 급격한 진행, 불교신도의 기복적 신앙, 이기적·개인적 문화의 팽배 등으로 볼 수 있다. 내적요인은 득도수행 중심의 종단분규 등으로 인한 사회적 역할의 제약이 있다.

종단차원에서도 교구마다 지역적 특성을 고려하여 신도와 주민의 욕구를 반영시킬 수 있도록 노인복지의 행정조직체계를 구축해야 한다.

중앙정부 혹은 지방정부의 종적 전달체계와 불교 종단차원의 횡적 전달체계를 구성하여 사각지대에 있는 복지 클라이언트들에게 지원체계의 구축과 조직기반을 형성해야 한다. 불교계에서 운영하는 사회복지시설도 유사한 복지시설의 남설 및 복지 마인드가 없이 보기시설을 만드는 경우가 있다. 또 불교 복지시설의 경우 자체시설보다 위탁시설이 많아 종교적인 포교활동을 적극적으로 하지 못하는 경우가 있다.

노인복지 전달체계는 지역사회에 기반을 둔 사업이다. 사회복지(노인복지)는 개별사회사업, 집단사회사업, 지역사회를 기본으로 하면서 지역주민의 삶의 질을 향상시키는 지역복지사업이 있다. 특히 지방화시대를 맞아, 지역에 기반을 둔 복지전달체계를 그 지역의 특성과 전통에 맞게 재구조화해야 한다.

우리나라 농촌의 경우 40%에 가까운 주민이 노인이다. 따라서 사회복지 전달체계가 단순히 복지업무를 수행하는 기계적 기능이 아니라 노인이라는 연령집단에 알맞은 맞춤형 복지전달체계가 이루어져야 한다.

3) 자원봉사체계의 활성화

자본주의는 남과 끝없는 경쟁을 하는 무한경쟁사회이다. 이 경쟁에서 이긴 사람은 부자, 즉 높은 지위에 있는 사람들이고, 패배한 사람은 빈민이거나 소외계층에 위치한 사람들이다. 이 치열한 정글의 법칙에 적용되는 사회에서 실패한 사람들을 위한 정책이 사회복지정책이다.

그러나 사회복지정책이 모든 소외계층을 감싸 안을 수는 없다. 그래서 뜨거운 심장을 가진 사람들이 자원봉사를 한다. 자원봉사는 일반 신도에 의한 자원봉사도 있지만 노인이 노인을 위한 자원봉사(노노케어)도 있다.

우리나라 노인의 자원봉사자가 전 노인의 4.5% 수준이라 하는데 이는 종교 지도자의 의지에 따라서 불교신도의 자원봉사클럽 운영을 한다면 불교형 노인복지모델이 될 수 있다. 대만의 증엄 스님이 주도하는 자제공덕회의 경우 자원봉사운영을 범세계적으로까지 하고 있음을 참고로 해야 할 것이다.

불교의 자원봉사는 실천원리로서 사서법과 보상사상, 자비사상에 입각하여 실천해야 한다. 활동의 원칙에는 첫째, 복지활동 대상자의 주체성을 존중해야 하고, 둘째, 상호성으로서의 연기법적, 유기체적인 존재론에 근거한 공동체 의식을 가져야 하며, 셋째, 무주상성無住相性으로 어떠한 대가도 바라지 않음으로써 공동선을 실현하며, 넷째, 연속적으로 정진하는 자세로 보살도를 실천하며, 다섯째, 자발적으로 보살의 원력을 바탕으로 한 서원을 세우며, 여섯째, 복지성으로서 궁극에는 자리이타自利利他가 실현되는 이상사회를 지향한다.

이와 같이 불교 자원봉사자의 성격은 심심을 바탕으로 해서 사회의 현상이나 긴장 관계를 극복하고 지속적인 보살도의 실천을 해나가도록 해야 한다.

3. 노인문제의 불교적 대응

사회복지와 종교는 인간의 행복을 추구하는 공통분모를 가지고 있다. 사회복지는 클라이언트Client인 장애인, 노인, 불우한 여성, 탈북자, 다문화 가정, 빈민 등을 위한 정책,

제도, 사업을 말한다. 그리고 사회복지는 더 나아가 전 국민이 행복을 향유하도록 각종 정책적 대안을 제시한다.

종교도 인간의 행복을 추구하기 때문에 종교와 사회복지는 같은 뿌리同根를 가지고 있다. 따라서 노인에 관한 각종 문제가 일어나고 있는 객관적 현실과 불교적 가치관이 상즉융합相卽融合의 경지에 도달하므로 별개로 구분하는 것이 아니다.

인간이 직면한 현실은 본질적으로 고苦일 수밖에 없다는 것이 불교의 현실인식이다. 인간의 속성에서 비롯된 개인고個人苦와 연기고緣起苦 존재인 인간이 더불어 살아가는 데서 발생하는 사회고社會苦에 직면하게 된다. 따라서 노인문제를 해결하는 방법도 정신적인 측면, 물질적인 측면 및 사회적 측면을 모두 고려해야 한다.

사실 사회와 종교는 본래 공동체적 인간경험이기 때문에 사회적 부재는 구조적 위기일 뿐만 아니라 정신적, 물질적 위기이기도 하다. 현실이 이러한데 종교는 불안을 잊거나 못 느끼도록 하는 '아편', '진통제'의 역할만 하고 있다. 최근에 힐링 등 3차 서비스 산업으로 전락한 종교는 안심과 위로, 행운을 조장해 주는 주술적 힘을 발휘하고 있다.

무한경쟁으로 돌입한 현대 자본주의는 각자도생各自圖生의

원리에 따라 정글 속에서 생존해야 한다. 최근 일본에서 '노인파산'의 문제가 심각하게 논의되더니 우리나라에서도 문제 제기가 되고 있다. 또 '하류노인' 방지 매뉴얼인 1. 가계의 재검토, 2. 노후의 생활비・모금의 수령액, 3. 정년 후에도 일함, 4. 자산운용, 5. 병에 대비-의료부담, 6. 간병에 대한 대비 및 위급할 시 안전망 활용 등이 회자되고 있다.

우리나라 정부의 사회복지, 특히 노인복지정책의 기조는 <성 가정보호 후 사회보장> 정책으로 연계되었다. 다시 말하면 노인문제가 발생할 때 가정에서 우선 문제를 해결하고 그것이 불가능한 소수에게만 정부가 사회보장으로 대응한다는 방침이다. 이러한 정부정책은 결국 사회보장의 책임을 적게 하며 민간분야에서 스스로 해결하기를 기대했다는 것이다. 그러나 민간은 그 자체의 역량으로는 복지사각지대에 놓인 노인들을 보살피는 데에 한계가 있다.

이러한 한계는 사회안전망Social Network 구축을 활성화시켜야 한다는 것으로 결론 낼 수밖에 없다. 그 틈새에 끼어 있는 기관이 불교사찰이라고 볼 수 있다.

불교가 노인복지를 위한 네트워크를 만들고 복지를 실현하기 위해서는 몇 가지 조건이 있다.

첫째, 불교의 노인복지 이념을 실현시킬 수 있는 종단적

기구를 만들어야 한다. 불교종단마다 사회복지재단, 사회복지위원회 등이 있으나 이를 활성화시켜야 한다. 종단의 유력한 인사와 예산이 뒷받침되어야 할 것이다.

둘째, 노인복지를 위한 불교 사회복지 네트워크를 활성화 시키는 전략이 있어야 한다. 종단 내의 복지재단이 하드웨어라면 네트워크 활성화 전략은 소프트웨어이다. 종단이 소유한 자원의 합리적 지원, 종사자에 대한 교육과 기술지도, 보시 실천을 위한 복지의 이행이 필요하다.

셋째, 노인복지를 활성화할 수 있는 불교자원의 개발과 연결이다. 불교신자의 적극적 참여 유도, 소유한 자본에 대한 나눔의 자리 마련 등이다.

불교의 노인복지, 사회복지 실천은 불교신자의 저변확대에도 많은 효과가 있을 것이다. 19세기가 계급(부르주아, 프롤레타리아) 발견의 시기이고, 20세기가 집단(사용자, 노동자)의 발견 시기라면, 21세기는 사회복지, 특히 노인에 대한 복지 발견의 시기라 할 수 있다. 따라서 불교의 조직과 자원을 기본으로 하는 네트워크의 활용은 불교 발전의 기초가 된다고 믿는다.

불교 사회복지 종사자들의 사명의식과 혁신적인 자세가 필요하다. 불교 사회복지 종사자들은 첫째, 복지시설 경영에 대하여 충분한 식견과 수완을 가져야 한다. 둘째, 사업의 목적과 사명을 명확히 하고 사부대중의 설득력과 인격적 매력을 바탕으로 후원금 등에 적극적인 모금을 해야 한다. 셋째, 적재적소에 인재를 활용하여 부서를 통솔하게 한다. 넷째, 공정심을 가지고 사무적 역량과 기술을 연마하여 활용한다. 다섯째, 전문적 기술과 연구를 하여 해박한 지식으로 업무를 통할해야 한다. 여섯째, 항상 대승보살의 신념과 의지에 따라 사홍서원의 참뜻을 이해해야 한다.

포도주의 맛을 결정해 주는 것을 "떼루와"라고 한다. "떼루와"는 토양, 기후, 온도, 습도, 정성 등으로 만들어진다. 더 나은 노인복지와 노인의 삶의 질 향상을 위한 불교계의 "떼루와"를 기대해 본다.

4. 결론

필자는 이 글을 맺으면서 현대 세계적인 문제로 등장한 노인문제의 심각성을 인식하고, 이의 창조적 대안을 모색하다가 불교적 입장에서의 방책을 논구하여 보았다.

따라서 노인의 사고로 지칭되는 빈곤, 질병, 소외와 역할의 상실 등을 해결할 수 있는 것은 노인문제를 포함한 각종 사회문제를 해결하는 것이며, 이것은 차원 높은 사회정책의 맥락에서 제시되어야 할 것이다.

그리하여 이러한 사회정책의 이념적 소여에서 불교의 사

회이념관을 살펴보았다. 현재 우리나라를 비롯한 각종 사회복지의 이념적 체계가 인본주의적 관점이라면 불교의 보살도도 이에 상응하는 차원의 것이라 할 것이다.

무릇 복지국가는 이념적인 면과 체계적, 기술적인 면을 필요, 충족시켜야 한다 할 때 노인문제의 미시적 접근인 부모은중사상에 입각한 효 개념의 발굴은 자못 크다 할 것이다.

불교는 다 아시다시피 자비의 종교이다. 이 자비사상은 민주주의의 근본이념과도 부합되며, 불교의 보살도는 위로 진리를 구하고, 아래로는 널리 중생을 교화시켜 인간에게 두루 도움을 주는 사상이다.

그리하여 첫째, 자본주의 사회에서 부수적으로 발생하는 계층 간의 대립을 비롯한 각종 사회문제, 특히 노인문제는 불교적 기본적 교리인 상구보리 하화중생을 전제로 사서법, 자비사상, 보시사상, 복전사상, 지은보은사상, 생명존중사상으로 사회복지의 지도이념체계를 설정한다.

둘째, 보은사상의 하위체제인 ≪부모은중경≫, ≪효자경≫ 등에 입각한 개별적 노인복지의 체제를 설정한다.

셋째, 교리와 연계성을 가지고 전국의 각 사찰을 개방하여 민중과 함께 고와 비를 나누는 과정적 차원으로서 실천적 노인복지의 방안을 제시하고자 한다.

○

대한노인회 경로당 개선방안

현 노인여가복지 인프라 및 자원투입은 경로당에 초점이 맞추어져 있다. 경로당은 전국 6만 6천여 개 이상의 시설이 설치되어 있음으로 인해 노인들의 접근성이 가장 높은 기관이며, 노인의 휴기 및 여가의 기능을 하고 있다. 하지만 전문적인 노인복지시설로서는 인력 및 운영에서 매우 미흡하며, 실태에 대한 파악 등이 부족하여, 노인여가복지시설로서의 기능보다는 노인의 모임장소, 휴식처로서의 기능을 수행하고 있다. 경로당은 지역 내 노인의 모임장소, 일부 프로그램의 실시 장소로서 활용되고 있으나 그 활용수준이 높지 않은 한계를 나타내고 있다. 따라서 노인들에게 맞춤형 프로그램을 짜서 운영해야 한다.

경로당의 장기적인 개편방향은 양적 증가 제한, 경로당 관련 사업의 효율성 증대, 경로당 프로그램 실시 반의무화로서, ① 경로당 설치기준강화 및 정비, ② 경로당 관련 사업 운영의 효율화, ③ 경로당 프로그램비 지원 확대 및 지역별 경로당 사업에 대한 평가 방안을 제시한다.

첫째, 경로당 설치 규정 강화 및 정비

현재 경로당은 노인복지법에 제시된 기준을 준수할 경우 누구든 시·군·구에 설치 신고를 하고 설치하여 운영할 수 있다. 현재 노인인구의 경로당 이용률은 33.8%, 1개 경로당별 평균 이용노인은 31명으로 나타난다. 또한 노인의 1주일 평균 이용일수 3.8일임을 고려하면 1일 평균 1개 경로당의 이용노인은 약 17명으로 나타난다. 즉 현재의 경로당 규모(67,316개 소)는 전국적인 인프라 규모이다. 경로당 운영실태 조사결과에 의하면 시설의 규모, 예산 등에서 큰 편차를 보이며, 특히 소규모 경로당의 경우 프로그램 실시 등이 어려워 몇몇 노인만이 이용하는 시설로 이용되고 있다. 그러나 노인여가복지 인프라 체계 내에서 경로당에서도 프로그램을 실시할 수 있는 수준의 규모를 유지할 수 있는 시설과 이용인원의 규모가 확보되어야 한다. 따라서 장기적으로 경로당에 대한 정비계획을 수립하여, 경로당에 대한 단계적 통합을 유도하여야 할 것이다.

둘째, 경로당 안전설비 확보 및 관리

화재 대비 및 위기상황에 대한 조치 경로당은 노인의 지역 내 생활 장소로서 의의를 갖고 있다고 볼 때, 안전한 시설운영이 이루어져야 할 것이다. 대부분의 경로당에서 취사를 실시하고 있음에도 불구하고, 화재에 대한 대비가 부족한 것으로 나타난다. 따라서 경로당의 안전설비의 확보 및 점검이 의무적으로 이루어지도록 규제를 두어야 할 것이다. 또한 경로당에서 집단 취사가 이루어지고 있으므로 식품에 대한 안전관리, 위기상황에 대응하기 위한 조치가 필요할 것이다.

셋째, 경로당 관련 사업주체의 일원화

현재 대부분의 시·군·구에서는 노인복지관 기본사업으로 경로당 활성화 사업과 대한노인회 지회를 통한 경로당 순회프로그램 관리자 배치를 통한 경로당 프로그램 지원 사업이 이루어지고 있다. 더 나아가 일부 지역에서는 노인 복지관에 추가적인 경로당 활성화 사업을 지원하고 있다. 이들 사업은 사업주체는 다르지만 경로당 이용노인을 대상으로 실시하고 있어 차별성을 갖지 못하고 있다.

따라서 현재 경로당에서 실시하고 있는 프로그램의 이원화된 사업주체를 일원화하여 지자체별 적정한 기관을 선정하여 운영하도록 하는 것이 적합할 것이다. 따라서 노인복지관의 기본사업으로 실시하고 있는 경로당 활성화 사업은 대한노인회 각 지회 중심으로 일원화 시키고 노인복지관 기본사업에서 제외하도록 하는 것이 적합할 것이다.

넷째, 경로당 프로그램비 대폭 지원 확대

경로당 프로그램 실시 의무화 경로당이 노인여가복지시설로서 자리매김하기 위해서는 단순히 휴식을 위한 공간이 아닌 여가복지의 활성화가 이루어져야 한다. 경로당에서 프로그램을 실시하는 것은 단순히 노인의 여가욕구를 충족시키는 것 이상의 의미를 갖고 있다. 이를 통해 경로당을 개방하고, 외부 지역사회 자원과의 연계가 이루어지는 고리로서 작용될 수 있다. 따라서 경로당 프로그램비에 대한 지원의 부족이 경로당에서의 여가복지가 이루어지지 못하는 이유 중에 하나이다. 하지만 경로당에서 프로그램을 실시하도록 하는 것을 전제로 경로당에 대한 프로그램비 지원이 이루어져야 할 것이다. 이를 위해서 중앙정부에서 “경로당 주 1회 프로그램 실시”를 목표로 프로그램비를 지원하는 것을 제안하고자 한다. 또한 경로당 프로그램 실시

율을 지자체 복지평가 지표로 활용하고, 시·군·구별 경로당 프로그램 실시에 대한 사업평가를 통해 경로당 이용증진을 촉진하여야 할 것이다.

2부

인사, 감사, 봉사, 희사

인사, 감사, 봉사, 희사(4사) 운동을 제안한다

사람이 지켜야 할 기본으로서 인간 4사 운동을 제안한다. 인간 4사 운동은 한글로는 '사' 자가 같지만 한자로는 각각 다르다.

첫째는 인사人事다.

인사는 아랫사람이 윗사람에게만 하는 것이 아니라 상호간에 먼저 본 사람이 해야 한다. 인사는 사람의 마음을 따뜻하게 하는 것이다. 또 어느 면에서 보면 자기 자신을 위한 최선의 방어 수단일 수 있다. 다시 말하면, 인사를 잘하는 사람은 자신을 위해 행동하는 결과가 된다. 만약 인사를 안 하고 그냥 지나치는 사람을 보면 건방지다, 예의 없다, 가정교육이 잘못됐다 등의 비난이 올 수 있기 때문이다. 이 인사하기 운동은 사회 소외계층 사람들에게 따뜻한 '마음의 복지'로 다가올 수 있으며, 사람 사는 맛을 제공할 수 있다. 또 돈 안 들이고 하는 사회복지 실천이며, 우리나라 사람들의 '무표정'을 밝고 명랑한 표정으로 바꾸는 계기도 될 수 있을 것이다.

둘째는 감사感謝하는 마음이다.

자신이 희망했던 일이 성취되었을 때는 물론이고 모든 일에 대해 감사하는 마음을 갖는 운동이다. 성경에도 "범사에 감사하다"는 말이 있듯이 모든 일에 스스로 감사하는 자세가 필요하다.

좋은 날씨를 감사하고, 아침식사 후 소화가 잘된 것을 감사하고, 교통사고 안 난 것을 감사하고, 자녀들이 무사히 학교나 직장에서 귀가하는 것을 감사하자. 모든 사회 현상, 자연 현상을 감사하면서 살면 이 얼마나 행복하고 멋있는 삶인가. 설령 언짢은 일이 있다 할지라도 이보다 더하지 않은 것을 감사하자. 자신의 처지를 비판만 하지 말고 긍정적으로 살아가는 마음 자세를 갖고 더 나아가 감사하는 마음을 갖자.

셋째는 봉사奉仕하는 마음이다.

자본주의는 무한 경쟁 체제다. 자기가 가지고 있는 지식, 자본, 체력, 기술, 정보 등을 총동원하여 남과 경쟁한다. 이 경쟁에서 승리하는 사람은 높은 지위를 차지한 사람이거나 부자가 된 사람이다. 거꾸로 이 경쟁에서 패배한 사람을 우리는 소외계층이라고 부른다. 소외계층을 위한 국가의 정책이 사회복지정책인데 이 복지정책으로 모든 소외계층을 도와줄 수가 없다. 그래서 뜨거운 가슴을 가진 사람이 어려운 이웃을 위한 사회봉사를 해야 한다. 남을 돕는 것만큼 아름답고 기분 좋은 일이 어디 있는가. 논어에도 "적선지가필유여경積善之家必有餘慶 : 남에게 좋은 일을 하는 사람은 반드시 그 사람(집)에 경사스러운 일이 생긴다."라고 하지 않았는가. 사회봉사는 장애인, 불우 노인을 위한 봉사는 말할 것도 없고 내 집 앞 청소, 교통질서 계도 등도 있다. 또 미국의 경우 우수한 대학, 대학원에 들어가기 위해서는 입학 성적도 중요하지만 사회봉사를 해야 한다. 이기적인 사람이 사회지도층이 되어서는 안 된다는 사회규범이 일반화되어 있다.

넷째는 희사喜捨 정신이다.

희사라는 것은 기쁜 마음으로 남에게 베푸는 것을 말한

다. 또 사찰이나 교회에 기꺼이 돈이나 물건을 내는 것도 희사라고 한다. 여기서 말하고자 하는 희사는 사회를 위해 또는 불우한 계층을 위해 기쁜 마음으로 희사하라는 것이다.

21년 전 2000년 1월 1일 조선일보에 7명의 사진이 크게 실렸었다.

그 주인공은 김밥장사, 떡볶이장사 또는 기생 일을 하면서 모은 돈 몇 억에서 몇백 억을 사회에 희사한 사람들의 모습이었다. 김밥, 떡볶이 장사해서 모은 알토란 같은 돈을 자신을 위해 쓰지 않고, 또 자녀들에게 상속도 하지 않고 사회에 희사한 사람들은 모두 이 시대의 영웅이다. 그런데 특이한 것은 7명의 인사가 모두 여성이었다는 사실이다.

우리가 사는 사회가 행복이 넘치는 복지국가가 되기 위해서는 여러 가지 국가정책도 잘 수립해야 되고 실행되어야 하겠지만 국민 의식운동 차원에서 인사운동, 감사운동, 봉사운동, 희사운동 등 인간 4사 운동을 실천해 보자. 인간 4사운동의 실천으로 사람 냄새나는 사회를 만들어 보자.

보통 여성,
강한 여성

장자크 루소Jean Jacques Rousseau는 ≪인간불평등기원론≫을 썼다.

그는 원시시대의 인간은 자연속에 살면서 나무 열매를 따 먹고, 사냥하며 살았는데 언젠가부터 인간사회에 씨족, 부족국가가 생겼고, 또 근대국가로 이행되면서 땅을 많이 차지한 국가, 개인과 땅이 없는 국가, 개인 간에 불평등이 형성되었다는 것이다. 이 논리를 우리나라의 남녀불평등문제에 대입시켜 볼 수도 있다.

유사이전에는 모계 중심사회였다. 그런데 농경사회 산업사회로 이행하면서 힘든 일은 남성이 하고, 비교적 쉬운 일(가사)은 여성이 하면서 어려운 일을 한 남성이 사회의 중심축에 진입했다. 거기에다 남존여비의 사회질서를 강조한 유교문화가 이 땅에 뿌리를 내렸고 그 후 일제식민지, 전쟁, 경제개발 등 아젠다Agenda가 진행되면서 남성중심사회는 '굳혀진 상식'이 되어 버렸다. 그러니까 여성들에게 사회진출의 문을 열어 놓지도 않으면서 여성을 '암탉' 운운으로 폄하하면서 여성의 능력, 자질을 일방적으로 평가 절하시켰던 것이다.

사실 헌법상에는 남녀평등이 시퍼렇게 살아있지만 여성은 취업, 고용조건, 사회적 역할에서 현저하게 차별을 받고 있다.

여성만이 갖는 임신, 출산, 자녀양육 부담을 사회가 덜 인식하고 있는 것이다. 우리 사회에는 불우한 환경의 미혼모, 저소득층의 근로여성, 빈곤 이하의 모자가정 그리고 윤락여성이 있다. 그들은 여성복지의 대상자Client로 늘 남아 있고, 정부당국자나 사회의 확실한 원조대책을 받지 못한 채 음지에서 신음하고 있다.

우리나라 여성은 사회경제적 지위에서 밑바닥에 머물러 있다. 예를 들면, 2021년 현재 HDI인간개발지수에서는 총 162개국 중 상위 23위이며, GGI성격차지수는 153개 나라 가운데 108위에 머물러 있고, 경제협력개발기구OECD의 남녀 임금 격차 순위는 조사 대상 28개국 중 꼴찌인 것으로 나타났다.

또 관리자나 고위직 비율 중 여성 비율은 20%로 이전보다 늘어나고 있음에도 불구하고, 국제적 기준에는 미치지 못하고 있는 실정이다. 영국 이코노미스트에서 2021년 3월에 발표한 '유리천장지수'에 따르면 OECD 국가 중 여성임원 비율 평균은 25.6%, 여성고위관리직 비율 평균은 33.2%로 나타났다. 국회의원 진출도 21대 국회의원 중에 57명이 여성으로 전체 의원 중 19.0% 수준인 것으로 나타나고 있다. 경제활동 참가율도 남자 69.8%에 비해 여자는 50.7%로 많은 차이를 보이고 있다(2020년 통계청). 또 여성이 취업하고 있는 분야도 임시, 일용직급이 많다.

위의 통계치가 갖는 의미는 남녀 간의 불평등이 역사적으로 묵시적으로 진행되어온 '관습법'일 수도 있고 또 여성 스스로 남성의 성에 안주해 온 것도 부인할 수 없는 사실이다.

스웨덴의 경우 전쟁이 났을 때 남성들이 했던 탄광광부, 기차운전, 중장비 운전 등을 여성들이 맡아서 했고, 전쟁이 끝난 후에도 남성들에게 그 자리를 내주지 않았다. 현재 스웨덴은 국회의원 장관의 40%를 여성이 차지하고 있다.

우리나라의 여성들도 대단한 면이 많다. 올림픽에서 우수한 성적을 낸 여자 선수들, 각종 골프대회에서 보내오는 승전보, 한국 여성의 힘은 우리를 행복하게 해 주었다.

그러나 무엇보다 오늘의 대한민국을 만든 것은 '보통여성'이다. 거기에는 강인하고 억척스러움이 있고, 아름다운 자태가 함께 존재한다. 그 모습이 우리의 어머니요, 누이요 그리고 딸의 모습이 아니겠는가.

이제 21세기 국가발전의 '뚜껑을 따지 않은 보고'는 여성인력과 고령자 인력이다. 이를 어떻게 활용하는가가 국력신장의 바로메타가 될 수 있다.

수행자와 불경과 성경 이야기

인도에 꽤 이름 있는 수도修道하는 사람이 있었다. 수행만을 정진했다. 그러던 어느 날 제자가 좋은 악기 하나를 선물했다. 수도인은 가끔 아름다운 음악을 연주하며 여가를 보냈다. 그가 사는 집은 누추하여 쥐가 많았다. 잠잘 때 쥐가 악기의 줄을 끊어 놓을지도 모른다고 생각했다. 걱정이 되었다. 그래서 고양이 한 마리를 사왔다. 고양이가 온 후 쥐는 자취를 감췄다. 그런데 고양이 밥이 문제였다. 그 고양이는 우유에 밥을 비벼 먹는 것을 좋아했다. 근처에서는 우유를 구할 길이 없었다. 우유를 사러 먼 마을까지 다녀오기도 했다. 그렇게 사 온 우유는 금세 상했다. 그래서 젖소 한 마리를 사면 우유를 쉽게 얻을 수 있을 것으로 생각했다. 젖소 한 마리를 샀다. 그런데 소 한 마리가 먹는 양이 엄청났다.

그렇게 몇 개월이 흘렀다. 젖소를 혼자서 키우기가 너무 어려워서 여자 한 사람을 데려다가 함께 살면서 일을 했다. 그런데 아기가 태어났다. 아기가 태어난 후 일은 더 많아졌다. 그가 평생 추구하던 수행이고 뭐고 할 시간이 없어졌다.

이게 우리 인생이 아닌가. 태어날 때 아무것도 없이 왔는데 어찌하다 보니 이것저것 갖게 되었다. 따지고 보면 가진 것이 참 많아졌다.

경제가 어렵다. 청년실업도 문제이고 직장 잃은 사람도 늘어나고 있다. 신생기업 10곳 중 7곳은 '5년 내 폐업'한다는 보도도 있다. 이런 때에는 이렇게 살아가야 잘 산다는 말을 들을 수가 있을까. 불교의 ≪보왕삼매론寶王三昧論≫ 에 이런 구절이 있다.

"몸에 병 없기를 바라지 말라. 몸에 병이 없으면 탐욕이 생기기 쉽나니 병고로서 양약을 삼으라."

"세상살이에 곤란함이 없기를 바라지 말라. 세상살이에 곤란이 없으면 업신여기는 마음과 사치한 마음이 생기게 되나니, 근심과 걱정으로써 세상을 살아가라."

"일을 하되 쉽게 되기를 바라지 말라. 일이 쉽게 되면 뜻을 경솔한 데 두게 되나니 여러 겁을 겪어서 일을 성취하라."

"남이 내 뜻대로 순종해 주기를 바라지 말라. 남이 내 뜻대로 순종해 주면 마음이 스스로 교만하게 되나니 내 뜻대로 맞지 않는 사람들로써 원림을 삼으라."

"이익을 분에 넘치게 바라지 말라. 이익이 분에 넘치면 어리석은 마음을 돕게 되나니 적은 이익으로 부자가 되라." 등이 있다.

또 성경에도 "범사에 감사하라"는 구절이 있다. 내 뜻대로 잘된 것에 대한 감사를 해야겠지만 잘못된 것도 감사하는 마음에 그 사람의 인품이 있다. 자녀가 직장이나 학교에 잘 다녀온 것도 감사하고, 날씨가 좋은 것도 감사하고, 소화가 잘 된 것도 늘 감사하는 마음속에서 내 마음의 여유가 있지 않겠는가.

돈을 추구하다가 돈의 노예가 된 사람, 명예를 추구하다가 도가 지나쳐 패가망신하는 경우가 허다하다. 인도 수행자의 경우, 보왕삼매론, 감사를 강조하는 성경의 말씀이 어느 때보다 절실한 때가 아닌가 생각한다.

인생에서 가장 감격적인 순간은 역전승할 때이다. 축구

에서 1:0으로 지고 있다가 몇 분 남겨 놓고 2골을 넣어 2:1로 역전승 하는 순간을 생각해 보자. 힘들고 괴로운 시점이 지나면 역전승할 기회가 올 것이다.

사회문제, 개인의 책임인가 국가·사회 책임인가

콜럼버스가 신대륙을 발견(?)한 것은 1492년이었다. 원래 인도에 가려고 출발했는데 뱃머리를 다른 방향으로 잡는 바람에 우연히 새로운 땅을 밟은 것이었다.

콜럼버스는 그가 만난 신천지를 인도로 착각했다. 그래서 그곳에 사는 사람들을 인디언(인도사람)으로 불렀다. 이는 말도 안 되는 서구 중심의 가치관이요, 역사의 횡포적 판단인데 지금까지도 중남미 원주민을 인디언으로 부르고 있다.

식민지를 개척한 그 당시의 영국, 프랑스, 네덜란드, 스페인, 포르투갈은 5대 강국이 됐고, 이들에 의해 세계는 유럽 중심의 새로운 체제로 개편됐다. 식민지에서 강탈해 온 자원과 노예는 유럽국가와 귀족사회의 삶의 질을 바꿔 놓았다.

중남미 인디언 중에 양羊의 털을 깎아 옷을 만들 수 있는 기술을 가진 종족이 있었다. 그들은 스페인 군대를 피해 도망 다니다가 호주로 집단 이주를 하게 된다. 호주에서 살다가 호주의 백호주의白濠主義에 밀려 새로이 정착한 곳은 영국이었다.

그 당시 영국은 지방 영주들이 지배하던 시절이었다. 지방 영주들은 농노와 자체 군대까지 갖고 있었다. 영국에 이주한 인디언들은 영주를 찾아가 양을 키울 것을 건의했다. 대부분의 군주들은 비현실적이라며 거절했는데, 몇몇 지방 영주가 양을 키우기 시작했다.

양羊의 털로 옷을 만들기 시작하면서 의류혁명이 일어났다. 북해에서 불어오는 뼈를 시리게 할 정도의 추위가 순모純毛 복지로 인해 따뜻하게 보낼 수 있게 됐고, 양고기 요리는 식탁을 풍요롭게 했다.

이렇게 되자 영주들이 너도나도 양을 키우기 시작했다. 양을 키우면서 군주 밑에 있는 수많은 농노들은 필요가 없게 됐다. 사실 목장에는 목동과 몇 마리의 개만 있으면 됐던 것이다.

농노들은 집에서 쫓겨나 영국의 대도시로 밀려나게 됐다. 런던, 맨체스터, 리버풀 등 제법 큰 도시에 가서 판잣집을 짓고 살거나 다리 밑에 거처를 정하고 살았다. 그때 전염병인 페스트, 콜레라 같은 질병이 돌면서 많은 사람이 죽었다.

피해자는 열악한 환경, 보잘것없는 식사 등으로 연명하던 사람들이 있다. 먹고 살 수가 없어 7~8세가 된 어린아이까지 공장에 가서 일하다가 손발이 잘려지는 안전사고가 빈번했다. 그때 나온 법이 9세 이하의 아동은 노동을 할 수 없게 하는 노동법이다.

그 당시 영국의 왕은 엘리자베스Elizabeth 1세였는데 '열악한 환경의 많은 사람들이 죽어가는 것이 어째 개인 책임이라고 볼 수 있는가, 이것은 국가와 사회의 책임'이라고 생각하고 1601년에 세계 최초의 구빈법the poor law을 선포한다.

이 법의 사회복지학적 발전은 '몸이 아픈 것이 누구 책임인가'라는 질문에 대해 개인의 책임이 아니라 국가와 사회의 책임이라는 답변을 공식화시킨 것이다.

양의 털을 깎아 옷을 만들 수 있는 기술을 가진 인디언들의 영국이주라는 조그마한 일이 사회복지정책의 근간을 만드는 원동력이 됐다는 점은 흥미로운 일이다.

사회복지가 '국가와 사회의 책임'이라는 생각은 17세기

이후 유럽사회의 주된 정책기조였으나 나라마다 다른 경제적 힘, 국민의 삶의 수준이 있었기 때문에 통일된 기준을 적용할 수는 없었다.

그러다가 1942년 영국의 비버리지W.Beveridge 경에 의해 발표된 '사회보험과 관련된 서비스'라는 보고서가 나오면서 빈곤, 질병, 육아, 실업 등의 책임이 국가와 사회의 책임으로 서서히 정책된다.

그런데 '선 성장 후 분배'가 정책 기조인 우리나라에서는 질병과 실업 문제의 해결은 국가의 책임이 아니라 개인의 책임으로 인식되고 있었다.

최근에는 국민들의 복지의식이 높아지면서 정부와 개인의 공동정책임으로 이해되는 경향이 있다. 사회문제가 개인의 책임인가, 국가·사회의 책임인가 하는 논쟁의 핵심은 단순한 결정이 아니다. 그것은 국력의 수준, 자원의 보유 정도, 국민의 의식수준, 복지제도의 수행능력 등도 함께 고려해야 할 과제이기 때문이다.

가족정책은 있는가

우리나라 사람에게 소원이 뭐냐고 물어보면 대개 '가족과 함께 건강하게 오순도순 잘사는 것'이라는 소박한 답이 많이 나온다.

가족이란 무엇인가. 혈연공동체다. 인류 사회 조직 가운데 가장 작고 기본적인 단위다. 농경사회에서는 대가족 중심이었으나 산업사회, 정보사회로 이행되면서 핵가족, 나홀로 가족이 늘었다.

우리나라의 가족에 대한 정책적 접근은 어떤 방향에서 어떤 방식으로 이루어지고 있는가를 생각해 본다. 예를 들면, 한 가정에 노인, 미혼모, 장애인이 있는 빈곤 가정이 있다고 치자. 그러면 정부에서는 국민기초생활보장 대상자로 지정하여 1인당 월 40만 원 정도 지원한다. 그리고 장애인은 장애인복지관의 사회복지사가 담당하고, 노인은 노인복지 전문가가 상담하며, 미혼모는 여성복지 전문가, 아동복지 전문가가 접근한다. 개별적 차원에서 따로따로 하는 것이 사회복지라고 생각한다. 전문적 지식을 배경으로 개별 사회사업을 한다.

이러한 사회복지적 접근은 사실 한국 사회에 잘 맞지 않는다. 통합적, 가족정책적 차원에서 접근할 수는 없을까. 동양적, 한국적 사고는 통합적, 유기적인데도 서양식의 분석적, 기하학적 논리로 복지를 펼치고 있는 것이다.

가족에 대한 사회주의적 접근은 "가족은 혁명의 진지陣地다. 또 사회개혁의 기본적 단위다. 모든 인민은 국가의 통제 하에 사회적 역할을 한다."고 강조한다. 여성의 노동력을 사회에 투입시키니까 자녀를 돌볼 수가 없다. 그래서 유아원, 유치원을 국가가 관리한다.

자본주의적 접근은 다분히 자유방임적이다. 한마디로 "당신 가족은 당신이 알아서 하라"는 식이다. 이러한 사회에서는 가족의 해체, 이혼, 가출 등이 일어나도 1차적으로는 가족의 책임이고, 2차적으로 국가나 사회가 개입하는 방식을 취한다.

버락 오바마 미국 전 대통령은 어린 시절을 불우하게 지냈다. 가족이 뿔뿔이 흩어지는 과정에서 그는 가족의 화합, 결속, 중요성을 뼈저리게 깨달았다. 그는 대통령 선거 유세 때 당시 가족의 소중함을 역설했다. “나에게 희망을 주고 지원해 준 최후의 보루는 가족”이라고 말했다.

우리는 건전 가족을 육성하기 위한 국가정책을 새로이 정립해야 한다.

첫째, 가족의 어려운 문제를 해결해 줄 수 있는 통합적 원스톱 서비스one stop service 체계를 만들어야 한다. 개별적·분석적 접근이 아니라 통합적, 유기적 접근을 하는 방식으로 전환해야 한다. 따라서 복지시설도 복합적 시스템을 갖추도록 해야 한다.

둘째, 대중매체의 드라마, 오락물에 불륜, 동성연애, 삼각 관계, 노부모학대 장면이 너무 많다. 가족의 소중함을 인식시키는 내용을 삽입해야 한다. 물론 개가 사람을 물면 얘깃거리가 안 되지만 사람이 개를 물면 뉴스거리가 되기 때문에 이상한 스토리를 전개시킬 수도 있지만 이러한 일탈행위가 보편적 상식이 되어서는 안 될 것이다.

셋째, 학교교육, 사회교육에서 건전 가족이 사회생활의 기본이라는 것을 가르쳐야 한다. 가족끼리의 대화 시간, 대화 방법, 웃어른을 대하는 방법, 또 어른이 아랫사람을 존중해 주는 방법 등을 정규 교육에서 학습시켜야 한다. 가족의 화목함을 기본으로 한 인성과 교양의 기본 틀 속에서 우리의 밝은 미래가 있다고 생각한다.

지난 100년,
앞으로 100년 한국

100년이라는 시간적 단위가 있다. 우리는 이를 세기라고 한다. 일단 100년이라면 긴 세월이라고 말할 수 있다. 그런데 최근세사에서 100년은 오래된 시간적 단위라고 말하기 곤란하다.

특히 오늘을 살고 있는 노인 세대에게 말이다. 예를 들어보자. 1910년 한일합방이 있었다. 한마디로 말하면 대한제국이 말하고 일본이 강제 합병시킨 것이다. 그 후 10년 뒤인 1919년 3·1만세운동이 있었다. 전 국민이 일제 식민 탄압에 항거한 운동이었다.

1945년 8월 15일, 우리는 해방이 되었다. 해방의 기쁨도 잠깐이었고, 우리 강산은 좌우익이 치고받고 싸움으로 지속하는 장소였다. 1948년 대한민국 정부가 수립되었고 2년 뒤 1950년 6·25전쟁이 발발하여 1953년에 휴전협정을 체결하였다.

1960년 4·19혁명이 일어났는가 하면 그 다음 해인 1961년 5·16군사 쿠데타가 일어나고 곧이어 박정희 정부가 출범했다. 1970년 새마을운동이 시작되고 1972년 7·4 남북공동성명과 10월 유신이 선포되기도 했다. 1979년 10월 26일 박정희 대통령이 시해되고, 그 다음 해 1980년에는 5·18광주 민주항쟁이 일어나기도 했다. 또 1988년에는 우리나라가 올림픽을 멋지게 치렀다.

70년대 80년대 90년대까지 잘 나가던 우리나라가 1997년 IMF 환난 위기를 겪는가 하더니 금세 회복을 하고 2002년에는 성공적인 월드컵 한일 공동 개최의 금자탑을 쌓았다.

이렇게 1910년부터 오늘날까지 숨 가쁘게 달려 온 우리나라 원동력의 요소는 현재의 노인들이다.

현재의 노인 세대를 정리해 본다면, 첫째, 국민소득 60달러로부터 출발하여 배고픔의 문제를 해결한 역사상 가장 위대한 세대다. 또 원조 받던 나라에서 원조를 주는 나라로 만든 주역이 노인 세대다.

둘째, 현재의 노인 세대는 자녀들의 교육에 혼신의 노력을 했다. 당신께서는 차비가 없어 걸어다니더라도 자식에 대한 투자는 아낌없이 했다. 그것이 오늘날 국민소득 3만 달러 세대를 만들었고, 세계 10대 수출국이 되었으며, 자동차, 철강, 전자산업을 우뚝 서게 한 것이 아닌가.

셋째, 현재의 노인 세대는 지혜를 가지고 있는 분들이다. 노인들은 식민지 경험, 전쟁에의 가담, 폐허가 된 도시의 건설, 월남전쟁 참전, 열사의 나라 사우디 건설 현장 등을 헤매면서 많은 경험을 축적했다. 현대 사회의 지식은 떨어질지 모르지만 지혜의 혜안으로 세상을 볼 수 있는 안목을 가졌다.

그러면 앞으로 100년의 시간적 계획을 어떻게 디자인할 것인가.

첫째, 현재의 노인을 주축으로 한 국가원로자문회의를 활성화시켜야 한다. 형식적이고 의례적인 형태로 정치인 중심의 국가원로회의가 아니라 고생하고 현장에서 손마디가 굵어진 노인과 지식인 노인이 함께 모여 장시간 이 나라의 갈등구조를 논의하고, 정신적 지주를 구축하는 방안이 모색되어야 한다. 웃어른으로서 이사회를 건설해 온 당사자로서 버릇없는 젊은이들에게 호통 칠 수 있는 명실상

부한 국가원로자문회의를 만들어야 한다.

둘째, 노인복지정책에 대해 노인 세대를 실질적으로 참여시켜야 한다. 노인이 배제된 노인복지정책, 탁상머리에서 입안하여 현실감이 없는 노인복지정책보다 노인이 느끼는 빈곤, 여가, 의료보장 등의 문제를 청취할 수 있는 기회를 만들어야 한다.

셋째, 노인 세대는 사회질서운동을 중심으로 한 자원봉사 활동에 적극 참여해야 한다. 지금까지 목숨 바쳐 세운 이 나라가 더 잘되도록 사회봉사를 해야 한다. 그리고 후배 세대가 잘 될 수 있도록 묵묵히 참으면서 봉사를 해야 한다.

그것이 지난 100년을 거울삼아 앞으로의 우리 민족이 100년을 더 잘 살게 하는 길이 된다고 믿는다.

사회 변동과 가족 부양

한국 사회는 가족주의적 성향이 강한 나라다. 가정의 모든 문제는 호주戶主의 가부장적 권위를 바탕으로 하는 가족 내 해결을 당연시했고, 농경사회에서의 공동 작업은 가족원 간의 사랑과 협동이 전제되어야만 했다. 또 노인이나 아동 등의 보호는 당연히 가족이 맡아야 하는 의무 사항이었다.

그러나 한국 사회에서의 산업화, 도시화로의 이행은 대가족사회의 소가족화, 여성의 사회 진출, 여성의 지위 향상, 가족의 해체 현상, 가족구조와 가치관의 변화 등으로 그 종안의 전통적 가족부양제가 약화되고 있다.

특히 평균수명의 연장과 노인 인구의 급속한 증가는 노

인에 대한 사회적 시각을 달리하게 만들었다.

노인은 가족 내에서 가장 권위 있는 지위를 차지했으나 이제는 영향력 있는 자녀에게 양위되어야만 했다.

또 노인이 알고 있던 농경사회의 지식은 정보화 사회를 표방하는 현대 사회에서는 거의 쓸모없는 지식이 되어 버렸다. 이러한 현상은 개인이나 어느 가족의 문제만이 아니다. 고령화 사회 또는 고령 사회로 이행되는 과정에서 흔히 발생할 수 있는 사회적 현상이다. 여기에는 한국 사회의 노인문제와 관련된 부양환경의 변화를 지적해 본다.

첫째, 가구원 수의 급격한 감소 현상을 들 수 있다. 1960년에 약 5.7명이던 것이 1990년에는 3.7명으로 감소했고, 2000년과 2010년은 각각 3.1명, 2.7명으로 점차 줄어들면서 2020년에는 이보다 훨씬 적은 2.3명으로 가족원 수가 급격히 감소하고 있다. 말하자면 가족원의 소수인화, 핵가족화 현상인 것이다.

가족원 수의 감소 현상을 노인 입장에서 볼 때는 부양자녀 수의 축소를 뜻한다. 자녀 수의 감소는 자녀에 의해 부양을 받는 노인에게는 불안정성과 노인문제 발생의 토대를 만들고 있는 것이다. '2021년 고령자 통계'에 따르면 혼자 사는 고령자 가구는 166만 1천 가구로, 이는 고령자 가구의 35.1%를 차지하고 있는 것으로 나타났다. 통계 보고서에 따르면 혼자 사는 고령자 가구는 지속적으로 증가할 것으로 예측하고 있으며, 2037년에는 현재보다 2배 수준에 이를 것으로 전망하고 있다. 또, 혼자 사는 고령자 중 노후 준비를 한다는 응답은 33.0%에 불과하여, 노인 3명 중 2명이 노후준비를 하지 않고 있음을 확인할 수 있다.

둘째, 부양 의식의 변화를 들 수 있다. 한국 사회에서는 부부 중심의 핵가족 생활을 중요시하는 경향이 있다. 따라서 경제적 여건만 허락한다면 부모 세대와 자녀 세대가 별거하는 것이 서로에게 편하고 안정적인 생활을 할 수 있다는 인식이 보편화되고 있다. 노인의 경우 자녀들과 동거를 희망하는 비율은 12.8%로 2008년 32.5%에 비해 감소하여 향후 노인 단독 가구의 증가 추세는 지속될 것으로 예상되고 있다(2020 노인실태조사).

셋째로 여성의 사회참여율이 증가하고 있다는 사실이 부양에 대한 문제를 제기하고 있다. 여성의 사회 진출 또는 경제활동 참여는 전통적 부양 체계의 변화를 초래하고 있다. 또 가족 내의 여성의 지위 변화도 노인 부양에서 환경적 변화를 만들어가고 있다. 여기에서 말하는 노인에 대한 가족 부양은 경제적(물질적) 부양, 노인의 고독감과 불안을 해소하고 인격적·정서적 욕구의 충족을 제공하는 정서적 부양, 노인의 신체 조건에 따라 보살핌이나 시중을 드는 신체 서비스 부양을 의미한다.

그러나 노부모를 부양하는 것은 자녀들에게 큰 스트레스를 유발할 수 있다. 이러한 부양스트레스는 만성적 피로, 건강 장해, 걱정, 우울 및 기타 심리적 부작용을 들 수 있다. 이 심리적 부작용도 노인과 자녀 간의 심리적 유대감이 높고, 노인의 경제적·정서적 자립도를 높일 경우 부양에 관한 스트레스가 낮게 인지되는 것으로 보고되고 있으므로 이의 대응 방안이 모색되어야 할 것이다.

정부는 가족정책을 강화할 필요가 있다. 우리나라에는 가족정책이 거의 없다. 있었다 한다면 그동안 추진하다가 그만둔 산아제한정책이 고작이다.

우리나라는 가족에 대해 국가의 개입이 없어 거의 자유방임적 태도를 취하고 있다. 가족구성원에게 문제 발생이 야기되면 가족 스스로가 해결해야 한다.

가족정책은 건전한 가족을 육성, 유지하기 위한 정부의 각종 시책과 가족의 기능을 강화시키기 위한 각종 보조금을 지급하는 방안이 동시에 검토되어야 할 것이다.

행복한 사회복지사,
행복한 사회

사회복지사는 전문지식과 기술을 가지고 아동, 노인, 장애인 등 보호가 필요한 사람들에게 복지 서비스를 제공하는 사람을 말한다(사회복지사업법 제11조).

사회복지사 자격증 소지자는 100만여 명으로 부동산 중개사보다 많고 약사보다 많다. 사회복지사가 전문적인 직무 수행자로서의 역할을 담당하고 있다. 그러나 사회복지사는 3D 업종의 하나로 인식되거나 희생과 봉사만을 강요당하고 있는 현실이 안타깝다.

사회복지사는 전문직업인으로서의 등지와 권위가 없는 실정이다. 우리나라 사회복지사는 대학 전공자, 대학원 및 특수대학원 전공자, 전문대학 전공자, 대학복수 전공자, 평생교육원 학점 이수자, 양성교육 이수자 등이 모두 동일한 사회복지사 2급 자격을 취득할 수 있다. 정부에서는 2003년부터 사회복지사 국가시험제도를 시행하며 1급 사회복지사를 배출하고 있지만 사회복지 현장에서는 1급, 2급에 대한 업무 구분이 불명확하다. 왜 1급, 2급을 구분하고 있는지 그 취지를 이해할 수 없다.

미국의 경우 전문대학 형태의 칼리지college 수준에서 사회복지(사업)를 공부한 사람은 주로 실무 차원의 업무를 본다. 그 대학의 교과과정도 실무를 수행하는데 알맞도록 짜여 있다. 4년제 대학의 경우에는 전문대학보다 다른 차원의 학습을 하며 관리 수준의 업무를 본다. 또 대학원 과정은 사회복지 전문가로서의 매니지먼트와 기술 등을 가르치며, 그 졸업자는 사회복지의 최고 관리자로서의 대우를 받는다.

우리나라의 경우 또 이상한 현상은 사회복지사가 넘쳐나는데도 보건복지부 인력양성기관에서 6주에서 24주까지 교육을 이수하면 사회복지사 자격증을 준다. 이는 사회복지 분야 인력이 절대적으로 부족할 때 만든 제도를 현재 과잉 공급하고 있는데도 정부 예산으로 운영하고 있다는 사실이다. 이는 시급히 폐지되어야 마땅하다. 또 대학에 사회복지 유사 전공을 만들어 보너스 식으로 사회복지사 자격을 허용하고 있다.

사회복지사 채용에서도 문제점이 있다. 사회복지 전담 공무원은 채용인원이 별로 증원되지 않고, 주로 제한경쟁을 통해 재직자로 임용되는 경우가 많다. 예를 들면, 기능직 공무원이 사회복지사 자격을 취득한 경우 일반 공무원으로 임용하다 보니, 공무원 사회에서도 사회복지직을 얕잡아 보는 경향이 있다.

사회복지사의 배출 인원에 비해 채용되는 사회복지사가 많지 않다는 데 문제가 있다. 최근 청년 실업이 심각한 사회로 대두되고 있는데 사회복지사의 경우도 심각하다. 사회복지 관련 기관에서 사회복지사 공모를 하면 보통 100:1이 넘는다는 얘기가 있다.

사회복지사가 복지기관에 취업을 했다 해도 그 보수 수준이 적정하지 않다. 사회복지 종사자의 평균 연봉은 1,500만 원에서 2,200만 원, 많게는 3,000만 원대이지만 전체 산업 종사자의 평균 임금 대비 77% 수준에 머물러 있다. 이와 같이 낮은 급여는 평균 근속연한이 4.6년에 불과할 정도로 이직, 전직을 하고 있는 실정이다. 따라서 사회복지사의 급여 체계는 사회복지 전담 공무원 수준으로 인상되어야 한다.

사회복지사의 급여 체계 중 이용시설과 생활시설의 급여 체계가 상이한데 이를 단일화할 필요가 있다. 그리고 시설

분야별 업무특성에 따른 급여 체계 개선이 필요하다.

마지막으로 사회복지사업법과 동시행령, 시행규칙에는 사회복지사의 자격 취득이 핵심 조항인데, 사회복지사의 역할, 책임, 권한, 직무, 윤리, 신분 보장, 처우 등에 대한 규정이 빠져 있다.

사회복지사가 전문가로서의 자부심을 갖고, 양질의 서비스와 책임감을 강조하기 위해 사회복지사 자격의 엄정한 관리와 자기규율, 직무 역할 등을 포괄하는 법 제정이 필요하다. 결론적으로 '행복한 사회복지사가 행복한 사회를 만든다'는 구호가 있는데 사회복지사가 행복한 사회를 만들었으면 좋겠다.

자원봉사의 바다에 빠져라

원래 자원봉사라는 말은 라틴어로 Voluntas볼런타스라고 해서 '자유 의지'에 의한 행동이라고 한다. 그러니까 자원봉사는 자발적 의지에 의해 무보수로 봉사하는 것을 말한다. 오늘날 우리에게 자원봉사는 왜 필요한가.

우리가 사는 자본주의 사회는 무한 경쟁사회다. 자신이 가지고 있는 재산, 체력, 지식 그리고 정보를 활용해서 남과 경쟁을 한다. 이 경쟁에서 승리한 사람은 돈이 많은 사람, 출세한 사람이다. 반대로 패배한 사람은 우리가 말하는 소외계층이다. 소외계층을 위한 국가의 정책이 사회복지 정책이라고 말할 수 있는데 이 정책으로 모든 소외계층을 감싸 안을 수 없다.

따라서 뜨거운 심장을 가진 사람들이 어려운 이웃을 위한 봉사를 해야 한다. 자원봉사는 나눔의 실천이라는 면도 있고, 어려운 사람들을 도와줌으로써 인식과 생각의 공유를 가져와 이 사회를 밝은 사회, 아름다운 사회로 만들 수 있다고 본다. 자원봉사활동은 국민에 의한 복지공동체 실현의 핵심이며 자유 의지에 입각하며 자발성, 공익성, 무보성이라는 특성을 가지고 있다.

미국은 자원봉사를 하는 인구가 전 인구의 54%라고 하는데 우리는 5% 정도에 불과하다고 한다. 자원봉사는 어려운 것이 아니다. 사회복지 기관이나 공적 자원봉사기관에 동록하고 어려운 사람들에게 자신의 시간에 따라 봉사를 하면 된다. 노인을 위한 밑반찬 배달도 좋고, 소년소녀가장을 위한 과외 공부도 의미 있는 일이며, 장애인을 위한 야외 나들이, 점자책 만들기, 정신적 갈등을 겪고 있는 사람들을 위한 상담 등 이루 헤아릴 수 없이 많다.

대한노인회가 활성화하는 길이 무엇일까. 노인을 위한 예술제 행사? 노인 체육대회? 노인 체험하기? 아니면 취업알선? 위의 행사나 사업 모두 중요하지만 더욱 중요한 것은 자원봉사 활동을 왕성하게 하는 것이다. 결론적으로 말하면 노인 자원봉사가 대한노인회의 희망이요 청사진이다.

자원봉사가 활성화되기 위해서는 자원봉사를 하고 싶어 하는 사람과 수요자를 연결해 주는 행정 체계와 전문가가 있어야 하며, 이들은 국민들을 대상으로 홍보를 해야 한다. 또 자원봉사 프로그램이 다양해야 한다. 자원봉사 교육을 해서 봉사자의 자아 발견, 리더십, 인간관계 향상기법 등을 가르쳐야 한다. 자원봉사를 받는 사람에 대한 기본적 접촉 방법, 예의 등도 배워야 한다. 이러한 노인 자원봉사 프로그램 운영을 2011년부터 대한노인회에서는 노인자원봉사지원센터를 통해 노인자원봉사클럽을 조직·운영하고 있으나 전문 노인자원봉사의 중심이 될 수 있는 자원봉사사업을 해야 한다.

2020보건복지백서에 의하면 현재 우리나라의 등록봉사자 수 867여만 명 중 자원봉사 활동인구는 59여만 명이라 한다(보건복지부, 2021). 이 중 65세 이상 노인의 자원봉사 참여 인원은 48,000여 명 수준으로 파악하고 있다(보건복지부, 2021). 노인의 자원봉사 참여율이 매년 증가되고 있는 것으로 인식되고 있어 매우 고무적인 일이지만 이를 조직화시켜서 전국적 규모로 확산시켜야 한다.

우리나라에 '(자원봉사기본법, 2005)'이 제정되긴 했지만 구체적인 사업 시행과 더불어 자원봉사를 확산시킬 동기를 불러일으키는 요인이 필요하다. 예컨대 자원봉사를 할 경우 마일리지(자원봉사 저축) 제도, 상해보험의 가입, 자원봉사자를 표시하는 목걸이, 스카프, 넥타이, 배지 등을 제공하고 이를 착용한 사람에게 주차료, 문화시설 이용, 건강진단 감면 등의 혜택을 주도록 해야 한다.

논어에 '적선지가 필유여경積善之家 必有餘慶'이라는 말이 있는데 남에게 착한 일을 한 사람(집)은 반드시 경사스러운 일이 있다는 말로 남을 위한 자원봉사는 결국 자기 자신을 위하는 것이 될 수 있다고 본다. 자기 자신이 아니면 자식 대에 가서 반드시 경사스러운 일이 있게 된다는 말이다. 어려운 이웃은 여러분의 따뜻한 손길을 기다리고 있다.

우리 모두 자원봉사하러 갑시다.

효 개념의 현대적 이해

1. 효 개념의 재해석

전통사회에서 효孝 개념은 가정에서 지켜야 할 가족윤리 개념뿐만 아니라 국가와 사회를 지탱해주는 모든 윤리의 핵核이었다.

그러나 효 개념의 본질에 대한 인식이나 구체적 실천방법은 시대와 지역에 따라 다르게 나타나고 있었고, 또 왕조의 교체에 다른 정치이념이나 사회질서가 급변할 때도 색다른 형태를 보였다.

우리가 살고 있는 현대사회는 급격한 사회변동과 이해할 수 없는 혼돈을 경험하고 있다. 따라서 전통적인 가치와 윤리가 붕괴, 해체되고 있다. 오늘날의 도덕적 피폐와 극단적 이기주의 등 사회병리현상을 치유하는 차원에서 전통적인 효행을 되살리자는 주장도 일리가 있다.

그러나 윤리규범으로서의 효는 보편적 가치를 인정받고 있기는 하나 현대인으로서는 내적으로 심한 갈등과 저항을 느낄 것이다. 말하자면 옛날의 효도에 관한 설화說話를 이상적理想的이고 합리적인 효행으로 받아들이지는 않는다.

우리들의 사고와 행동을 전통사회의 방식대로 되돌릴 수는 없다. 또 과거 효의 방식을 그대로 따르라고 강요할 수도 없다. 그러나 효 개념의 근간을 받치고 있는 인본주의적人本主義的 요소들은 현대사회의 윤리, 도덕에 기여할 수 있기 때문에 그 의미를 새삼스럽게 음미해야 한다. 여기에서는 전통적 효 개념인 효경, 부모은중경 등을 살펴보고 효 개념의 현대적 해석을 하고자 한다.

2. 전통적 효 개념

전통적 효는 그 당시에 쓰였던 효 교재가 큰 영향을 끼쳤다. 예를 들면, 효경孝敬, 부모은중경父母恩重經, 삼국유사三國遺事, 삼강행실도三綱行實圖 등이다.

효경은 우리나라 삼국시대, 통일신라시대 이후 유교사상의 기초를 반영하는 책이었다. 이 효경에 의거하여 일반인들은 생각하거나 행동하였으므로 당시인들에게는 바이블

Bible이요, 백과사전과도 같은 존재였다. 고대 중국에서는 천명사상天命思想이 발달했다.

이 사상에 의하여 왕도를 세우고자 했으나 충도忠道로서는 성공할 수 없는 경우가 많았기 때문에 자연스럽게 부자관계父子關係를 중요시하여 효도에 의하려 나라를 다스리려고 하는 효치사상孝治思想이 발달하게 된 것이다. 이러한 효치사상은 대학大學의 8조목(격물, 치지, 성의, 정심, 수신, 제가, 치국, 평천하)과 그 궤軌를 함께한다.

이는 제가齊家가 치국治國의 근본이며, 치국이 평천하平天下의 근본이라고 가르치고 있다. 따라서 가정을 잘 다스리기 위해서는 부부관계보다 부자관계를 중시했으며, 효성으로 가정이 잘 다스려지면, 나라가 잘 다스려지고, 나라가 잘 다스려지면 천하가 잘 다스려진다고 생각한 것이다.

따라서 효경에서는 효에 의한 현실윤리를 중요시하고 이를 근본으로 한 세계관, 우주관으로까지 설명하고자 하였다.

다음으로 부모은중경은 인도에서 석가모니 부처님에 의해 설設한 경이 아니다. 중국에 전파되면서 불교는 출가出家라는 수행형식으로 인해 부자자효父慈子孝의 윤리가 성립할 수 없으므로 불효를 조장하는 종교라고 공격했다.

이런 상황 속에서 불교계에서는 유자儒子들의 공세를 차

단하고 이를 기회로 불교를 더욱 전파시킬 대책으로 "효는 부처님 가르침에 있어서 가장 근본이 되는 것"이라는 적극적 자세로 해명하기에 이르렀다. 그 증거로 효에 관한 여러 경전이 제시되었는데 그 중 부모은중경이 대표적 경전이다. 본래 불교사상은 모든 존재는 다 덧없다고 보는 실상론實相論과 모든 존재는 인연과 결과에 의하여 다스려진다는 연기론緣起論으로 이루어져 있다. 따라서 현재 존재하고 있는 모든 현상은 인연의 은혜로 가능하다고 판단하고 보은사상報恩思想에 의해 특히 부모의 은혜를 중시하고 있다. 불교의 효사상은 여기에 근원을 둔다.

부모은중경은 아이를 임신하여 지키며 호위해준 은혜, 해산의 고통, 맛있는 음식을 먹여주는 것, 진자리 마른자리 가려주는 것, 젖을 먹여 주는 것, 멀리 나간 자식을 걱정하는 것, 자식을 위해 궂은일도 마다하지 않는 것, 끝없는 자식을 사랑하는 은혜 등을 나열하고 있다.

따라서 이러한 부모의 은혜를 생각하면 "자식 된 도리로서 왼쪽 어깨에 아버지를 업고, 오른쪽 어깨에 어머니를 업고, 가죽이 닳아서 뼈에 이르고, 뼈가 덜어져서 골수에 이르도록 수미산을 몇천 번 돌더라도 그 은혜를 다 갚을 수 없다"고 하였다.

이와 같이 부모은중경은 인간의 심금을 울리는 애틋한

사랑과 구체적인 감성을 표현하고 있다. 또 기독교에서도 십계명의 다섯 번째에 “네 부모를 공경하라, 그리하면 너의 하나님과 나 여호와가 네게 준 땅에서 오래 살리라” 하며 부모에 대한 구체적 효 규범이 있다.

3. 전통적 효 개념에 대한 비판

우리나라의 미풍양속인 조상숭배정신과 효 사상은 많은 공헌을 했으나 본의 아니게 부정적 가치도 만만찮게 작용했다.

그 중에서도 살아계신 부모에 대한 효보다 돌아가신 부모나 조상에 대한 효를 더 중요시하게 됨으로써 지나친 장례문화葬禮文化와 제례문화祭禮文化가 있다.

이러한 효 습성은 우리를 더욱 가난하게 하고, 비정적인 고행苦行을 강요하는 부정적 측면도 많았다.

또 지나친 장례문화는 넓고 위치가 좋은 곳을 골라 사후 거처를 마련하는 것이 부모에 대한 효라고 생각한 것이 결국 국토의 많은 부분을 묘지화하기에 이르렀다.

조선 시대 때에는 제사를 중시하였고, 제물祭物 준비와 제행諸行은 가정경제에 막대한 지출을 하게 되었으며, 남자에게만 세습되는 관행도 낳았다.

이러한 가치관은 남아선호사상 내지 남존여비男尊女卑의

풍조를 낳았고, 결국 전통사회 속에서 여성들은 인간적인 대우를 받지 못하는 결과를 나타내기도 했다.

조상숭배정신과 함께 또 하나의 기둥은 유교사상이다.

유교의 절대적 영향 하에 있었던 우리의 효 개념은 삼강사상三綱思想에 입각한 상하관계를 강조함으로써 군주와 신하 간의 관계를 전제군주를 강화하기 위한 군위신강君爲臣綱, 부모와 자식 간의 관계를 사랑을 주고받는 호혜互惠적 관점이 아니라 상하관계를 강조하는 부위자강父爲子綱으로 하여 효孝라는 것을 부모의 명령에 의한 무조건적인 복종이나 자식의 일방적인 희생으로 이해되었다.

또 불교사상도 현실적인 행동덕목인 효 개념을 전생, 현생 그리고 내생에 적용시킴으로써 신비주의적 관점으로 해석했다. 따라서 효를 종교적 내세관에 무리하게 접목시킴은 부모에게 효도해야 한다는 중압감을 내포시켰다는 것이다. 불교의 사상은 모든 사물을 불성佛性이 있다는 실유불성悉有佛性, 즉, 평등의 정신을 근간으로 하고 있는데 부모에 대한 효를 지나치게 강조함으로써 시대적 병폐를 낳지 않았나 생각해 본다.

4. 현대사회에서의 효행

현대 과학문명의 발달과 자본주의적 가치이행은 그동안

우리가 가지고 있었던 전통적 질서와 문화를 급속하게 붕괴시키고 해체시키고 있다. 그 과정에서 우리는 새로운 질서와 가치를 정립할 시간도 없이 갈등과 혼란의 도가니로 빠져들고 있다. 이러한 현상은 고전가치적인 효 개념에 있어서도 인식이나 실천적인 면에서 두드러지게 나타나고 있다. 따라서 현대인들은 효를 시대에 뒤떨어진 낡은 가치로 여기는 경향마저 있다. 그러니까 어제의 선善이라고 여겨지던 행동이나 상징들이 오늘날에는 비난거리로 보여질 수 있다는 것이다. 그러나 가치의 본질은 초시대적이고 초역사적인 것이므로 가치 그 자체가 변하는 것은 아니며 현실의 규준이라고 하는 가치의 선택만이 변하는 것이다.

이런 점에서 현대사회의 민주주의와 정보사회를 어우르는 새로운 효 개념을 어떻게 정립할 것인가가 우리들의 숙제가 된다. 전통사회에서의 효 개념은 어떻게 보면 무리한 측면, 비합리적인 측면이 있었던 것은 사실이었다. 그러나 효 개념은 혈연관계 속에서 이루어지는 가족윤리의 기본적 요소다. 따라서 가족구조가 대가족에서 핵가족으로 변화하고, 개인의 존엄성과 자유가 강조되는 현대사회에서는 종적縱的 효 개념이나 수직윤리垂直倫理를 민주적인 평등윤리로 변화시켜야 한다.

그러기 위해서는 부자자효父慈子孝, 즉 부모의 자식에 대한 '내리사랑'과 함께 자식의 '위로사랑'이 조화롭게 상호작용되어야 한다.

그동안 효행이 어느 한쪽만의 주장이 강조되거나 자녀의 '위로 사랑'만이 만행萬行의 근원이 되는 것처럼 일반적인 강조가 효도의 올바른 척도로 해석되어서는 안 된다.

최근에는 부모의 자식에 대한 '내리사랑'이 지나칠 정도가 되어 오히려 과잉보호가 되고 있고, 또 자식이 부모의 사랑을 저버리는 배은망덕이 도처에서 발생되고 있는데 이는 부모와 자식 간의 사랑의 균형이 무너지는 데서 발생한 것이다.

효 개념의 본질을 무엇으로 볼 수 있는가에 대하여는 여러 주장이 있겠지만 역사적으로 가족 윤리인 효를 아무런 혈연관계가 없는 임금과 신하 간 윤리의 충忠에 그대로 대입시킨다는 것은 아무래도 논리의 비약이다.

우리나라의 전통적 효 개념에 영향을 미친 효에 관한 교재 중 효경은 아버지에 대한 효를 강조하고 있고, 부모은중경은 어머니에 대한 효를 강조하고 있는 것이 특색이다. 또 삼국유사에 나타난 효행의 설화는 불교적 시간에서 다루었고, 삼강행실도에서는 유교적 입장에서 효행설화를 다루고 있다.

현대 한국 사회는 아직도 유교적인 효를 지키고 있는 세계의 유일한 국가이다. 전통적인 효의 개념을 그대로 지키는 것은 현대인에게 많은 갈등을 야기시키고, 반대로 효는 낡은 가치관이므로 버려야 할 관습이라고 주장한다면 이 또한 바람직한 행태는 아니다.

따라서 필자는 현대적 효를 "부모에 대한 사랑, 부모에 대한 존경, 부모에 대한 정성"으로 재해석해서 현대적 효 개념을 구축해야 한다고 생각한다.

그리고 현대적 효는 더불어 사는 생활로서 ① 상부상조의 실천 ② 토론문화의 정착과 수평적 인간관계형성으로서 남녀평등사상의 실천과 자율적 생활의 실천을 들 수 있다. 또 현대적 효는 도덕성의 실천과 합리성을 들 수 있는데 ① 제사와 장례문화의 합리적인 실천 ② 일상생활에서의 효행의 실천 ③ 생명존중의 실천 ④ 부모의 교육적인 역할 등을 들 수 있다.

따라서 현대적 효의 가장 기본적인 덕목은 과거의 고전적 효행과 미래지향적인 효행의 가치를 가장 합리적이고 효율적으로 접합시키는 것이라고 본다.

○

쿼바디스 도미네
- 고령 장애인

우리나라 고령 장애인은 누구인가. 다시 말하면 고령자이면서 동시에 장애를 가지고 있는 사람은 얼마나 되고, 그들의 소득보장, 여가문화정책은 있는가.

우리나라 고령자 장애인은 가난하다. 고령 장애인의 경제적 수준과 취업 상태를 종합해 보면, 고령 장애인은 취업을 하려고 해도 취업이 잘되지 않고, 취업을 한 경우에도 저임금에 머물러 있다. 소득, 직장 동료 관계에 대한 차별 경험 역시 여전히 많은 고령 장애인들이 겪고 있는 문제이다(보건복지부, 2020 장애인실태조사).

고령 장애인의 고용문제를 논의하면서 짚어야 할 것은 첫째, 장애인의 범주가 외국에 비해 적게 정해졌다는 것이다. 물론 장애인의 범위는 그 나라의 사회문화와 경제 여건에 따라 정해지는 상대적 개념이다. WHO는 인구의 10%를 장애인으로 추정하고 있는데, 우리는 20명당 1명으로 잡고 있다.

둘째, 고령 장애인 취업을 위한 법이나 제도가 있는가. 우리나라 장애인고용촉진법은 상시 50인 이상 사업장의 3% 이상 장애인을 고용해야 한다. 구체적으로 지자체 3.4%, 공공기관 3.4%, 민간기업 3.1%의 의무고용률을 규정하고 있다. 선진 외국에서는 4~5%를 의무 고용토록 규정해 놓고 있고, 영국, 호주 등에서는 아예 장애인에 대한 '차별금지법'을 채택하고 있다. 그런데 우리나라의 장애인 고용률은 2020년 기준 현재 3.0% 수준에 머물러 있고 특히 민간부문과 대기업에서는 장애인 고용을 기피하고 있다.

우리나라 '고령자고용촉진법'에서는 300인 이상 사업장 55세 이상인 자를 2~6% 고용토록 되어 있으나 그 조항은 의무 조항이 아니라 권장 사항에 불과하다. '노인복지법'에서는 "노인에게 적합한 직종을 개발하고, 근로 능력이 있는 노인에게는 일할 기회를 우선으로 제공"하도록 되어 있으나 이 역시 '선언적 의미'에 불과하다.

셋째, 고령 장애인의 취업을 담당하는 행정 부서가 없고 예산도 없다. 55~64세 고령자 취업을 담당하는 부서는 노동부이고, 그 근거는 '고령자고용촉진법'이다. 65세 이상의 노인의 취업을 담당하는 부처는 보건복지부이고 그 근거는 '노인복지법'에 있다. 그리고 장애인의 취업은 보건복지부, 노동부에서 하는데 그것은 '장애인고용촉진법'에 기초를 두고 있다. 그러나 고령 장애인에 대해서는 어느 부처에서도 관심을 가지지 않고 있는 실정이다. 따라서 고령 장애인은 빈곤하고, 일을 하고 싶어도 일을 할 수 없을뿐더러 어느 누구도 관심이 없다.

인간의 생로병사는 피할 수 없는 대자연의 섭리이고, 천리天理다. 인생의 라이프 사이클 과정에서 왕성기를 지나 황혼기에 접어든 고령자이면서 동시에 장애를 가지고 있는 고령 장애인은 분명 사회적 약자다. 우리나라는 고령 인구가 급증하고 있고, 장애인 또한 증가 추세에 있다.

고령 장애인의 문제는 정부가 복지 시혜적 입장에서 소득 보장을 해주든가 아니면 취업을 알선해서 생계유지가 가능하도록 도와주어야 한다. 건강한 노인의 취업문제, 청년 실업의 문제가 심각한 사회문제로 등장하고 있는데, 고령 장애인 취업문제를 제기하는 것이 시의에 적절하지 않을 수 있다고 볼 수도 있겠지만 고령 장애인의 취업문제는 더 심각한 '생존의 문제'이기 때문이다.

"그에게 매일 물고기를 주는 것보다 물고기를 잡는 방법을 가르쳐 주라"는 말은 고령 장애인의 고용문제에 가장 적합한 말일 것이다. 한국에서의 고령 장애인의 고용 현실은 도저히 해결할 수 없는 지극히 어려운 상태이다.

쿼바디스 도미네(주여, 어디로 가시나이까). 대한민국 고령 장애인이여! 어디로 가야 합니까.

5년짜리 목숨 '대한민국 정책'

모든 국가 전략의 목표는 한마디로 '국태민안國泰民安'이다. 이는 국가를 부강케 하고 국민을 편안하고 행복하게 지내도록 하는 것이다. 이러한 국가목표가 정권마다 바뀌고 있다. 통일정책도 이념 성향에 따라 바뀌고, 경제 정책도 수시로 바뀐다.

'축적의 시간'이 없는 단기 전략으로 살아남기 어려운 세상인데도 불구하고 과거 정권이 했던 것은 무조건 지우는 방침이다. 중앙 정부의 정책이 그렇게 하니 지방 정부 정책도 바뀐다. 국가 정책의 기조는 사회적 사실에 기초한다. 사회적 사실은 인구구조, 경제규모, 교육정도, 국민정서, 국제적 환경 등이 고려되어야 한다.

그 후에는 가치가 부여된다. 객관적 사실에 대한 주관적·객관적 이념이나 접근방식의 철학적 접근이다. 그 다음의 과정이 문제를 발견하고 그 문제점을 해결하기 위한 의제를 설정해야 한다.

의제를 해결하는 방책이 정책결정이다. 이 정책결정은 국가의 인력수급현황, 재정적 현황 그리고 추진 동력 등의 환경과 밀접한 관계를 갖는 것이 일반적 수순이다. 정책의 결정은 국가의 운명을 결정한다. 수천 년 동안 이 지구상에 명멸하던 국가가 얼마나 많았는가? 외침에 의해 국가가 멸망하기도 했지만 내부의 정책착오로 인해 없어진 나라도 수없이 많다. 대한민국의 정책은 5년짜리 목숨이다. 진보정권이라고 지칭되는 김대중, 노무현, 문재인 정권도 정책이 서로 다르고, 보수 정권이라는 이명박, 박근혜 정권도 정책이 판이하다. 그러다 보니 우리나라 국가 정책은 길어야 5년짜리 목숨이다.

대북정책을 예로 든다. 김대중 정부는 '햇볕정책'이라 하여 화해와 포용을 기본으로 남북한 교류와 협력을 증대해 북한을 개혁·개방으로 유도하는 정책을 폈다. 따라서 비료지원과 금강산 관광사업 등을 시행했다. 노무현 정부는 '평화번영정책'을 중심으로 하여 한반도 평화증진, 남북한 공동번영실현 및 동북아 공동번영, 남북경제공동체 건설을 주창하였다.

이명박 정부는 '비핵 개발 3000' 정책으로 북한이 핵을 폐기하고 개방에 나서면 10년 내 북한의 1인당 국민소득을 3천 달러까지 끌어올릴 수 있도록 경제지원을 한다고 했다. 박근혜 정부의 '한반도 신뢰 프로세스'는 튼튼한 안보를 바탕으로 남북 간 신뢰를 형성해 남북관계 발전, 한반도의 평화정착, 비핵화 우선에 주변국 상호 협력 유도를 말해왔다.

문재인 정부는 '한반도 운전자론'으로 북핵문제를 우리가 주도, 항구적 평화정책, 지속가능한 남북관계 발전, 한반도 신경제 공동체 구현 등 3대 원칙을 구가했다.

독일 통일은 사회 민주당SPD의 빌리 브란트Billy Brandt의 동방정책Ost Politik으로 출발하여 그동안 여러 정권의 교체가 있었으나 큰 맥이 바뀌지 않다가 1989년 기독민주당CDU 헬무드 콜Helmut Kohl 수상에 의해 통일 과업이 완성된 것을 반면교사로 삼아야 한다. 5년마다 바뀌는 국가정책 기조로서는 아무것도 할 수 없다. 새로운 정권이 들어서면 제일 먼저 하는 일이 전前 정권의 정책을 휴지통에 버리는 일이라 하니 어이가 없다.

5년짜리 목숨이 대북정책뿐이겠는가? 경제 정책, 부동산 정책, 교육 정책, 대학입시 정책 등도 이에 해당된다. 부동산 정책은 역대 정권마다 강력한 규제와 완화책으로 냉탕온탕을 오가면서 집값은 출렁거리고 있다.

대학입학수학능력시험은 등급제와 선택제, 절대 평가 등 다양한 모습으로 변형되면서 수험생들의 혼란을 가중했다. '특기 하나만 가지면 대학 간다' 하더니 어느 순간 무효화가 되고, 최근에도 수시, 정시 확대를 놓고 갈팡질팡하고 있다.

이명박 정부에서는 영어 몰입식 교육을 추진했는데 문재인 정부에서는 유치원, 어린이집, 방과 후 영어수업 금지를 추진하다가 반대 여론이 거세자 유예하는 등 일관된 정책 없이 표류한다.

국가정책은 정권이 바뀌더라도 큰 변화 없는 중·장기 정책을 수립해야 한다. 그리고 사회적 사실에 근거한 융통성 있는 단기 정책이 형성되어야 한다. 그래야 국민이 정부를 신뢰하고, 국민이 스스로 행복하다고 느끼는 국태민안이 이루어진다.

한국의 정치구조 개혁 어찌할 것인가

1. 항몽 이야기

몽골군은 1231년부터 1259년까지 7차례나 고려를 침략했다. 고려땅은 그야말로 처절하게 유린당했다. 지배계급은 강화도로 도망갔다. 귀족들은 별로 할 일이 없었다. 육지에서 걷어 들인 쌀로 술을 빚어 마시며 시조나 읊조렸다. 대신 육지백성에게는 금주령과 쌀밥금지령을 내렸다. “전시에는 한 톨의 곡식도 아껴야 한다”는 명분이었다.

고려의 성을 지킨 사람들은 노비와 잡류들이었다. 전투가 끝나고 돌아온 귀족들은 노비군이 관아의 기물을 훔쳤다며 죄를 뒤집어 씌웠다. 분노한 노비들이 항쟁하자 강경 진압했다.

조선의 임진왜란 때도 똑같았다. 심지어 "관군이 의병보다 못한 나라"라는 평가가 있었다. "왕이나 대통령이 국민 때문에 목숨을 걸었다는 사람은 한 사람도 본 적이 없다." 어느 가수의 얘기가 정곡을 찌른다.

2. 리바이어던Leviathan을 어떻게 개선할 것인가

17세기 정치철학자 토마스 홉스Thomas Hobbes는 국가의 기원을 '만인에 대한 만인의 투쟁 상태에서 벗어나기 위한 개인들의 계약'에서 찾았다. Leviathan이라는 욥기에 나오는 바다 괴물에 비유할 정도로 국가는 두려운 존재이지만 권한을 위임한 선량한 시민들까지도 잡아먹는다.

국가와 엘리트층이 지나치게 강력해지면 '독재적 리바이어던'이, 시민사회가 지나치게 강력해지면 '부재Absent 리바이어던'이, 국가와 사회가 모두 힘을 발휘하지 못하면 '종이paper 리바이어던'이 나타난다는 말이 있다.

우리는 '막강한 힘을 갖고 제멋대로 날뛰는' 바다괴물이 아니라 '합리적인 법을 집행하고 폭력을 통제하고 공공 서비스와 복지를 제공하는 잘 조직된 사회'를 원한다.

오늘날 우리는 '견제되지 않은 민주주의'로 표류해 가고 있다. 정부는 다수를 획득했다는 것만으로 군주제를 방불케 하는 권력을 휘두르고 있다. 과거에는 보편적으로 수용되던 원칙이 이제는 기득권을 옹호하기 위해 '사회정의'라는 공허한 이름으로 한 '신축적 규칙'이 되어버렸다.

제도적이고 형식적인 측면에서는 분명히 민주주의인데 민주적으로 선출된 지도자에 의해 오히려 민주주의가 위협받고 있다.

한국의 민주주의는 "위임민주주의Delegative Demokratie"라고 볼프강 메르켈Wolfgang Merkel은 설명하고 있다. 이 말은 합리적으로 선출된 대통령의 권한을 수평적으로 견제할 수 있는 장치가 없고, 할 생각이 없다는 것이다. 미국은 사법부가 독립되어 있지만 우리나라는 사법부, 입법부가 독립되어 있지 않다.

17세기 스웨덴 정치가 옥센셰르나Axel Gustafsson Oxenstierna 백작 유언이다.

> "아들아, 이 세상은 얼마나 하찮은 자들이 다스리는지 똑똑히 봐라. 하찮은 자들이 정치를 혐오하면 어쩔 수 없이 하찮은 자들의 지배를 받는다."

3. 한국의 갈등구조

정치인들은 말끝마다 '국민'을 들먹이지만 실체는 정파의 이익에 따라 편파적 주장을 한다. 작은 일도 크게 만들고, 없던 일도 만들어 뒤집어 씌우는 일은 이제 다반사가 되었다. 이를 비판하고 해결책을 모색하는 것이 지식인들의 역할이라지만 오히려 지식인들은 갈등을 더 부채질한다. 이러한 이념적, 정파적 몰입현상은 우리의 갈등구조를 더욱 공고히 한다.

우려되는 것은 갈등의 구조화가 고착화될 때 생기는 고통이다. 우리는 아무리 좋은 일도 나의 이익에 합치되지 아니하면 용납하지 않으려 한다.

시장에서 자유경쟁을 전제로 하는 자본주의는 불평등구조를 심화한다. 분배를 강조하는 사회주의는 생산성의 저하와 가난한 평등을 초래한다.

갈등론자들은 갈등과정 자체가 이해관계를 조정해준다고 하지만 그 과정에서 겪는 혼란과 상처는 대립을 격화시킨다.

이제 한국의 갈등구조는 앞으로 갈 수도, 뒤로 물러설 수도 없는 진퇴유곡의 '미노스 미로'처럼 전개되고 있다.

그럼 어떻게 이러한 갈등구조를 해결해야 하는가.

첫째, 이해와 양보다. 모든 갈등구조의 뿌리는 이기주의다. 남이야 어쨌든 나만 좋으면 그만이라는 생각이 원인이다. 그렇지만 남도 이런 생각을 한다면 우리는 이솝우화에 나오는 <외나무다리의 염소>가 된다. 내가 이해하고 양보하는 풍토를 키워야 한다.

둘째, 존중과 배려다. 내 생각과 다르다고 전부가 아니면 전무All or Nothing라고 주장하다 보면 내 생각과 일치하는 것마저 부정하는 오류를 범한다. 그 결과는 불행과 비극의 반복이었다. 조선 시대의 사색당쟁은 참혹한 사회의 원인이 되었고, 해방공간의 좌우 대립은 분단을 고착화시켰다. 이러한 한국 사회의 세속적 현실을 타개하는 길은 이해와 양보, 존중과 배려라는 종교적 가르침이다. 그리고 지도자에 대한 교육뿐이다.

한국은 '중국의 독재적 효율성'과 '서방의 민주적 무능력'을 넘어서 하나의 대안을 제시해야 한다. 우리는 진영대결, 분쟁을 해결하지 못하는 기관과 경쟁위기, 포퓰리즘 득세에 이미 가시화된 위험에 처해있다.

우리는 지도자에 대한 정치교육, 정치의 도덕성, 사회개혁을 위한 교육을 강력하게 시켜야 한다. 정치교육만이 독재자를 방지하고, 올바른 민주주의를 실현하는 길이다.

4. 한국 정치 갈등 구조의 문제점과 대응

한국 정치구조는 첫째로 지나친 양극화이다. 이념적, 정파적으로 갈라져있다. 민주화 이후 지역으로 갈라졌던 정치는 이제는 그 위에 이념적, 세대적, 계층적 균열까지 더

해져서 사회를 여러 집단으로 나누어 놓고 있다. 이런 때에는 극단적 목소리가 힘을 얻으면서 사회적 갈등은 더 깊어가고 있다.

자유민주주의의 주요한 가치는 다원주의 즉 다양성에 대한 상호인정이다. 너와 나는 생각이 다르지만 "나는 너의 의견을 존중한다"라고 하는 다원성의 정치가 이루어질 때 자유민주주의는 안정적으로 작동되는 것이다.

우리나라는 제도적으로 승자 독식의 정치체제를 가지고 있다. 선거에서 승리하면 대통령은 100%의 권력을 갖는 반면 야당은 아무런 권한도 없다.

둘째, 정치에 대한 신뢰도가 낮다. 이는 우리나라뿐만 아니라 전 세계적인 현상이다. 우리나라에서 특히 문제가 되는 것은 한국의 정치적 불신은 폐쇄적인 정당정치와 연관되어 있다는 것이다.

우리나라는 지역주의와 단순 다수제 선거제도가 결합되어 지역적 기반을 갖지 않은 정당의 등장은 사실상 불가능하다. 그런데 기존 제도권에 대한 높은 불신은 우리의 정치적 민주주의가 포퓰리즘의 위협에 노출되어 있어 취약하다.

셋째, 우리나라 민주주의는 거리의 정치이다. 거리의 정치를 나쁘다고만 볼 수 없다. 시민들이 공적 이슈issue를 두고 자신의 의사 표시를 하는 것은 바람직하다고 볼 수 있다. 그러나 이것도 과유불급이다.

그렇다면 한국의 정치체제는 어떤 대응적 가치를 지녀야 하는가.

첫째, 자유민주주의라는 가치를 지녀야 한다. 현재 우리나라는 이성을 추구하는 자유는 사라지고 전체주의적 동조화가 춤을 추고 있다. 지식인들은 반권위주의, 반독재의 깃발을 들어야 한다.

둘째, 시장경제 가치의 수호다. 수요와 공급의 원칙을 무시하고 일자리도 국가가 만들고 세금을 고무줄 늘리듯 올리는 것은 반시장주의다. 또 사유재산 보호가 흔들리고 있다.

셋째, 사회적 공정성과 형평성에 입각한 공동체주의를 살려야 한다. 우리는 공동체를 분열시키면서 패거리의 이익을 위하려는 편법을 막아내고 '포용적 공동체 주의'를 만들어야 한다.

넷째, 국민의 자긍심과 자존심을 고양할 수 있는 미래 희망사회를 만들어야 한다. 청년들에게 꿈을 심어주고 그들에게 일자리를 마련해주고 행복지수를 높일 수 있는 정책을 구상해야 한다.

현재 대한민국 집권세력은 문재인 정권이라기보다는 더

불어민주당, 정의당, 민주노총, 전교조, 민주사회를 위한 변호사모임, 참여연대, 전국언론인노동조합 등의 네트워크 정권으로 봐야 할 것이다. 이들은 이념을 공유한 집단이면서도 이해관계가 얽혀있는 정치·경제 공동체다.

또 보수집단은 지난 정권을 비호하거나 기득권을 지키려는 시도를 하지만 국민적 지지를 받지 못하고 있다.

무너져가는 권위를 잡으려면 '꼰대'가 되고, 기득권을 지키려 하면 '적폐'가 되며, 자리를 연연하면 보신주의가 된다. 보수는 보수가 지켜야 할 가치와 방향을 잊고 표류하고 있다. 보수는 자기정체성에 대한 자각을 상실하고 있다.

결론적으로 한국의 정치체계는 한국이 처한 사회적 사실social facts을 적시하고 그에 대한 대응책을 강구해야 한다.

그리고 전 국민의 행복을 추구한다는 차원에서 경제적 융성전략과 선도적인 발전가능성을 추구해야 한다. 또 사회적 안정과 문화적 발전을 위한 시민교육 내지 국민교육을 시켜야 한다. 난마처럼 얽힌 사회구조를 개선해야 된다.

"모든 길은 로마로 통한다"라는 말이 있듯이 한국에서는 모든 길이 정치영역 속에서 이루어진다. 한국 정치체제의 명백한 정화 속에서 경제의 꽃이 되고 국민의 문화적 자긍심이 생겨나면 세계의 선진국가로 진취적 발전을 할 수 있을 것이다.

그 바탕에는 국민교육, 시민교육이 있어야 한다.

리더십에 대하여

1. 리더십의 위기

데이비드 이스턴David Easton 교수의 체제이론에 따르면 정치체제(정부)는 국내외적 요구와 지지와는 투입Input을 받아 체제에서 전환Conversion을 거쳐 산출Output하고 다시 체제투입으로 환류feedback되는 과정을 거친다. 이러한 투입-전환-산출-환류 기능이 잘 이루어지면 정치체제, 지도자는 지지를 받지만 그렇지 못하면 위기를 맞는다.

국내외적 정치 상황이 위의 순선환적 정치체제의 흐름이라기보다는 복잡다단하게 진행되고 있는 듯하다. 그야말로 국민적 요구Input를 국정으로 전환하지도, 산출하지도 못한 정부가 수없이 많다.

최근 정치지도자가 국가정책에 대한 비전을 만들지도 못하고, 부족주의Tribalism적 문화를 만들어 자기들만의 이념을 추구한다. 그 이념이 극단적인 포퓰리즘이거나 국수주의로 나아갈 때 국민은 이정표를 잃어버린 채 방황한다. 그야말로 국민의 불만을 자극한 악마의 유혹으로 인해 민주주의가 민주적으로 붕괴하고 있다.

독재자들은 자기가 원하는 일이 국민이 원하는 것이고, 국민이 시키는 일이라고 핑계를 대거나 변명한다.

결국 민주주의의 위기는 통치자가 자신의 뜻과 국민의 뜻을 동일시하는 데서 발생한다. 혹자는 국가권력을 자의적으로 해석하는 위험한 발상을 한다.

2. 리더십의 개념, 분류

리더십은 사람을 모으는 리더십이 있고, 사람을 떠나게 하는 리더십이 있다. 사람을 모으는 리더십은 첫째, 열린 사고로 조직의 뚜렷한 비전을 제시하는 사람이고, 둘째, 현실직시와 더 나은 미래를 추구하는 열정을 가진 인물이며, 셋째, 신뢰와 존경받을 만한 높은 인품과 공감능력을 갖춘 사람이어야 한다.

로마황제이며 철학자인 마루쿠스 아우렐리우스는《명상록》에서 지도자가 갖추어야 할 덕목으로 지혜Wisdom, 정의

감Justice, 강인함Fortitude 그리고 절제력Temperance을 강조했다. 지도자는 명철한 지혜로 보다 나은 국가의 미래를 설계하고 공심으로 옳고 그름을 분명히 해 실천에 옮겨야 하며 위기 상황을 극복할 수 있는 강인한 정신력과 자기 자신의 욕망을 억제해 균형감각을 유지하는 절제력이 있어야 한다는 것이다.

군자라는 말이 있다. 인격적으로 훌륭한 이를 가리키는 말이다. 옛날에는 관리가 되기 위해서는 직무역량과 도덕적 수양이 요구됐다. 직무, 도덕에서 스승이라고 불릴 정도의 전문성과 고상함을 갖추어야 했다. 공직자가 직무역량과 도덕역량을 겸비해야 한다.

맹자는 말한다.

> "오늘날 신하들은 군주를 위해 토지를 넓히고 창고를 채울 줄 안다고 자부한다. 군주가 폭군이라면 결국 관리의 능력은 군주를 타락하게 한다."

관리의 요건으로 강함, 지혜, 견문 등이 도덕과 담쌓고 있는 군주만을 위해 사용된다면 이는 군주에게는 좋은 신하가 될지 모르지만 백성에게는 도적과 다름없다는 것이다.

말하자면 도덕역량을 갖추고서 군주의 도덕역량을 제고

해 나간다면 군주-관리-백성이 하나의 이익공동체가 될 수 있다.

3. 리더십의 사례

세종대왕이 없었다면 한글은 없었을 것이고, 이순신이 없었더라면 임진왜란 결과는 크게 달라졌을 것이다.

이승만 대통령은 우리 국민에게 자유민주주의를 선사했고, 박정희는 선진국으로 발돋움하는 경제 토대를 마련했다. 전두환은 김재익, 서상록을 통해 반도체, 컴퓨터 등 전자산업의 육성방안을 내놓았다. 김대중은 아들 비리로 곤두박질쳤지만 벤처 붐을 일으키고 4차 산업혁명 시대의 기초를 마련했다. 노무현은 자유무역협정FTA 체결, 이라크 파병으로 한·미 동맹을 튼튼히 하고 기업의 경쟁력 기반을 닦았다.

또 삼성의 이병철과 현대의 정주영 같은 걸출한 인물이 이 나라의 민간경제를 일으킨 지도자임에는 틀림없다.

우리 역사는 수많은 엘리트들이 미래를 내다보는 통찰과 리더십으로 점철되어 왔다. 이제 소수의 엘리트 양성에 많은 투자를 해야 한다. 해외의 적지 않은 기관이나 개인 소유 학숙에서 젊은 지도자를 양성하고 있는 것을 참조해야 할 것이다.

중국의 예를 들어보자. 태산북두泰山北斗의 영웅 마오쩌둥은 혁명이론가로서는 블라디미르 레닌에 비견되고, 군사전략가로서는 레온 트로츠키를 넘어서며, 권력기술자로서는 스탈린을 넘어선다(Mao: The man who made China : 필립쇼트).

물론 마오는 나중에 '영웅주의'에 입각해 전개한 대약진운동의 실패, 아사자 속출, 문화혁명으로 중국을 긴 수렁에 빠뜨리기도 했다. "마오는 국민의 복지를 걱정하는 자애로운 지도자를 연기하는 폭군(역사 평론가 프랑코 디쾨터)"이라는 평가를 받기도 했다.

지도자는 음과 양 두 군데를 비추는 후세의 거울이기도 하다.

성공한 리더들은 한결같이 인사의 귀재들이었다. 이들은 자신이 사라진 뒤에도 조직의 비전이 지속될 수 있도록 리더십을 승계한다.

붓다에게는 마하 가섭과 아난다 등이 있었고, 예수에게는 바울과 베드로가 있었다. 이들과 더불어 예수의 비전은 서구를 덮었고, 붓다의 비전은 동양을 덮었다. 즉 서양의 사고는 분석적, 귀납적으로, 동양은 종합적, 연역적으로 발전해나갔다. 이후 성경은 카네기식 자기 개발서의 본류가 되었고, 불경은 지친 애환을 스스로 달래는 심리적 콘트롤의 원류가 되었다.

예수가 지시형 리더였다면 석가는 성찰형 리더다. 석가는 유언으로 자등명 법등명自燈明 法燈明을 남긴 만큼 사람들이 스스로 등불삼고 진리를 등불로 삼기를 바랐다. 이는 각자가 부처가 된다는 말과 같다.

예수에게 "믿고 추종하는 것"만이 중요하다면 붓다에게는 "네가 스스로 붓다처럼 깨달은 자가 되라"는 것이었다.

기회는 균등하며 과정은 공정하며 결과는 '정의로울 것'을 다짐한 문 대통령의 취임사는 대한민국 헌법의 가치, 이상, 목표를 잘 표현했다. 그 훌륭함은 에이브러험 링컨 미국 대통령의 "국민의, 국민에 의한, 국민을 위한, 정부는 지구상에서 사라지지 않을 것"이라 한 게티스버그 연설문에 비견된다. 그러나 현실은 연설문의 화려함을 따라가지 못하는 아쉬움이 잠재해 있다.

이제 한국은 '중국의 독재적 효율성'과 '서방의 민주적 무능력'을 뛰어넘는 하나의 대안을 제시해야 한다. 우리는 진영대결, 분쟁을 해결하지 못하는 국가기관, 경제위기, 포퓰리즘 득세 등 '가시화된 위험'을 해결할 수 있는 지도자를 기다려 본다.

천박한 권력은 국민가치관을 타락시키고 오만한 권력

은 국민을 분열시키며, 무능한 권력은 국가를 쇠망으로 이끈다.

4. 리더십의 과제

2022년 대통령 및 지자체 선거의 키워드는 '기득권 타파', '공정', '문화해결능력'이 될 것이다. 여기서 진보는 공감능력과 문제해결능력을 회복시키고, 보수는 합리적 보수, MZ세대가 말하는 다원성을 이해하는 보수가 되어야 한다. 공통된 명제는 integrity로 보수 진보는 자유민주주의 체제 속에서 어떻게 발전시킬 것인가이다. DJ김대중의 말처럼 "상인의 감각과 서생의 문제의식"을 가져야 한다.

1980년대 초에서 2000년대 초에 출생한 젊은이들을 MZ세대라고 한다. 그들은 자신들이 가졌던 직장에 대한 기대와 추구했던 방향이 다르면 미련 없이 진로를 바꾼다.

할 말은 꼭 하고 조금이라도 불공정하다고 느껴지는 조직 만행에 대해서는 당당하게 요구한다. MZ세대는 국내인구의 34%이다. 국내 주요 기업임직원의 60% 수준으로, 추산하고 있다. MZ세대를 빼놓고 기업문화를 말할 수 없다.

MZ세대는 문정부 좌파운동권이 옹호하는 '결과 중심의 평등'을 반대하며 민주주의와 시장경제체제에 기반하는 '공정한 기회와 자유로운 경쟁'을 중시한다.

MZ세대가 지향하는 기회의 균등, 노력과 능력에 따른 차등화, 공동체 중심의 포용적 시장경제는 보수주의가 지향하는 기본가치다.

우리나라는 제도적이고 형식적인 측면에서는 분명히 민주주의가 맞는 것 같은데 민주적으로 선출된 지도자에 의해서 오히려 민주주의가 위협받고 있는 것은 아닌가 생각한다. 우리나라는 결손적 민주주의 국가이다. 합리적으로 선출된 대통령의 권한을 수평적으로 견제할 수 있는 장치가 없다. 미국의 경우 사법부가 제도적으로 독립되어 있다. 우리나라는 사법부, 입법부가 독립되어 있지 않다.

민주화 이후 30여년이 지난 현 시점에도 한국 사회가 극심한 진영갈등을 겪는 근본원인은 '공존의 규칙'인 헌법정신이 무시되고 있기 때문이다. 여러 정권에서 승자독식, 권력집중의 피해가 낱낱이 확인되었는데도 정치권이 이를 바로잡으려는 노력 없이 오로지 권력 잡는 데만 혈안이 되어 있다.

우리는 나다니엘 호손의 ≪큰 바위 얼굴≫을 기대하면서 오늘도, 내일도 희망을 가져본다. 나침판같이 방향을 제시하고 국민들의 마음을 쓰다듬어 주면서 함께 땀을 흘릴 수 있는 지도자를 기다려 본다.

사회 갈등과 대한노인회의 역할

구조기능주의적 관점에서 볼 때 사회는 동물의 유기체로 생각한다. 동물은 호흡기관, 소화기관, 순환기관, 배설기관, 생식기관 등이 있어 상호의존적, 협조적으로 기능을 한다. 사회에도 이러한 구조 기능주의적 해석을 하여 사회는 종국적으로 발전하고 있다고 본다. 구조기능주의는 '모든 사회는 발전한다'는 대명제를 가지고 사회의 긍정적 입장만을 본다. 구조기능주의는 극단적으로 볼 때 살인이나 전쟁, 지진도 사회발전에 필요할 수 있다고 보는 관점이다.

이에 반발하여 등장한 이론이 갈등이론이다. 갈등이론은 마르크스K. Marx와 그의 제자들에 의해 형성된 이론인데 구조기능주의가 가지고 있는 문제점을 중심으로 하여 발전해

왔다. 다시 말하면 왜 사람이 죽어야만 사회가 발전하는지, 지진이나 전쟁이 있어야 사회가 발전되는가 하고 질문을 던진다. 갈등이론은 사회 체계의 생산시설을 공유화해야 한다고 주장한다. 사회생산시설은 자본, 토지, 생산설비 등을 공유화한 상태 속에서 갈등이 소진되는 것이지 이기적이고 경쟁적인 상태 속에서는 사회의 균형적 발전은 불가능하다고 생각한다.

이 구조기능주의와 갈등이론을 한국 사회에 접목시켜 볼 때 구조기능주의는 한국의 중산층 이상이거나 사회지도층이 갖고 있는 사회적 자본을 향유하자는 데 그 함의가 있는 듯하다. 갈등이론은 한국 사회의 불평등구조를 해소하는 데 필요한 평균적 평등 의식 속에서 출발한다고 본다.

이 평균적 평등 의식은 왜 빈부 간의 격차가 생기는가, 왜 지역 간의 갈등이 존재하는가, 왜 세대 간의 의사소통이 안 되고 있는가에 대한 근본적 문제를 제기한다.

그러나 이러한 문제 제기는 하루아침에 이루어진 것이 아니다. 예를 들면 루소J. J. Rousseau의 ≪인간 불평등 기원론≫이라는 것이 있다. 원래 인간은 나무 열매, 사냥 등으로 넓은 대지를 마음껏 다니며 생활해왔다. 그런데 시대가 바뀌어 개인과 개인, 국가와 국가 간에 경계가 생기고 경계의 틀 속에서 땅을 많이 소유한 개인, 국가와 그렇지 못한 개인, 국가 간에 갈등이 생기면서 인간 불평등이 존재했다는 것이다.

한국 사회에 등장한 이 불평등의 문제는 우리나라의 갈등 원인이 되고 있다. 우리나라는 현재 많은 갈등의 소용돌이에 있고 그 갈등의 미망에서 헤어나지 못하고 있다. 역사적으로는 조선 시대의 당파싸움으로부터 현재 세종시의 국민 갈등에 이르기까지 갈등과 갈등의 연속이었다. 또 이념 간의 갈등은 크게는 남북 간의 전쟁이 있었고, 지금도 진보와 보수 간의 갈등이 상존하고 있다. 그러나 한국 사회에서의 갈등은 상대방을 늘 인식해야 하고 상대방에 대한 도전으로 인해 사회와 국가가 발전해 왔다는 역설적 의미도 내포하고 있다. 이것은 헤겔의 정正, 반反, 합合적 차원에서 갈등의 소재는 사회 발전의 씨앗이 될 수 있다는 가설도 정립된다고 본다.

한국 사회에서 갈등의 문제는 사회 통합의 가능성을 열어놓고 있다. 이 가능성의 전개가 그동안 있었던 국민 통합적 구호였다. 그러나 우리는 구호만 요란했지 갈등 해소에는 근본적으로 접근하지 못했다. 그 원인은 정치권에서 갈등 해소를 지향했다라기 보다 갈등을 더욱 조장함으로써 스스로의 이익을 추구하려는 전략이 숨어 있었기 때문이다. 이제 우리나라의 갈등은 대한민국의 국가적 정통성을 인식하는가, 부정하는가부터 시작된다. 그리고 좌파 세력을 모으므로 이를 근거로 패거리를 만들어 집단이익을 추구하기도 했다.

또 지역 간의 갈등, 세대 간의 갈등, 빈부 간의 갈등도 이제는 '돌아오지 못할 다리'를 건넌 것 같은 생각마저 들 정도로 심각하다.

이명박 정부에서는 대통령 소속 사회통합위원회를 두고 사회 통합을 위한 시도를 한 적이 있었다. 사회 통합에 대한 국민 의식조사를 하여 그 결과를 발표(2010. 2. 23)했는데 가장 큰 사회 갈등이 계층 갈등(전체 응답자의 76.3%)이었다. 또 사회 통합을 중심적으로 역할을 할 기관으로는 정부가 82.4%로 가장 많았으며, 국회(정당)가 32.9%로 뒤를 이었다.

대한민국의 이러한 심각한 갈등을 대한노인회를 중심으로 한 노인단체가 해야 한다는 요지가 발표된 적이 있었다. 이 발표의 논자는 우선 대한민국의 갈등구조의 해결을 위한 대한노인회를 비롯한 사회 원로들의 역할을 어떻게 구상할 것인가였다.

이제 자녀 세대로부터 소외당하고 국가와 사회로부터 사회지도층의 대접을 받지 못하면서 사회의 제3지대로 전락했다고 볼 수 있다. 대한노인회를 비롯한 노인들은 우리나라 사회 갈등을 해소하기 위한 국민화합이라는 명제를 해결해야 한다. 그동안 나라와 자녀 세대를 위한 희생을 이제 대한민국의 갈등 해소를 위한 노력으로 봉사를 해야 한다.

그러기 위해서는 첫째, 이 나라 국민 주권의식과 선거에 관한 올바른 인식을 위한 정치사회화political socialization 내지 정치교육political education의 담당을 노인단체가 주도해야 한다. 따라서 학교교육과의 제휴, 민간단체와의 제휴, 언론기관과의 제휴를 통해 정치교육을 주도해야 한다.

둘째는 공명선거 실시와 공정한 사회 규율을 지키려는 목적 달성을 위한 압력단체로서의 노인단체다. 노인들은 이 나라 정치, 경제, 사회, 문화 분야의 원로로서 권리와 자긍심을 바탕으로 공명선거제도, 선거후보자에 대한 모니터링, 공명한 선거 과정에 대한 개입 등으로 정치문화에 기여해야 한다.

셋째는 자원봉사자로서 노인의 역할이다. 사회봉사 없는 노인의 사회개입은 의미가 없다. 불우 이웃을 돕고 남들이 하기 어려운 사회적 역할을 스스로 해나갈 때 노인에 대한 사회적 평가는 달라진다고 본다.

노인에 의한 한국 사회의 갈등 치유는 쉬운 문제가 아니다. 그러나 의식 있는 노인들의 역량 결집 여하에 따라 전혀 불가능하다고 볼 수는 없다. 노인들의 사회 갈등 치유가 성공한다면 대한민국 5000년 역사에 또 다른 기적이 일어나고, 노인에 의한 사회 발전의 금자탑을 쌓을 수 있을 것이다.

차기 대한노인회 회장을 그려 본다

대한노인회는 현재 전시戰時인가 평화시平和時인가. 전시 체제로 가정해야 한다. 대한노인회는 이제 새로운 도약을 하지 않으면 안 된다. 그런 상황에서는 과감하고 자신을 던져 조직을 구하는 자세를 갖춘 지도자가 나와야 한다. 사회적 명망가로서 대한노인회를 기본 구조로 굴러가게 하는 인물이 아니라 가슴이 따뜻하고 순수한 열정을 가진 지도자가 있어야 한다.

앞으로 대한노인회 회장이 되려는 분이 어떤 분인지는 모르지만 몇 가지의 자격 요건을 필요 충족시켜야 할 것이다.

첫째, 대한노인회를 잘 아는 사람으로서 대한노인회를

발전시켜야겠다는 철학을 가지고 있어야 한다. 다시 말하면 대한노인회 회원의 목소리를 경청하고 발전의 비전을 갖고 있는 인물이어야 한다. '내가 그동안 대한노인회의 연합회장 또는 간부로서 오랫동안 있었다'는 것 가지고는 안 된다. 대한노인회를 혁신, 개혁, 발전시키겠다는 철학과 집념이 있어야 한다.

둘째, 공정한 사람이어야 한다. 지도자는 겉으로는 공정성을 내세우면서 속으로는 엉뚱한 모사謀事를 도모하는 경우가 있는데 지도자로서 이해관계에 휩쓸리지 않는 훌륭한 인품의 소유자여야 한다.

셋째, 덕德을 갖춘 창조적 지도자야 한다. 여기서 덕이란 넓은 마음을 갖고 남을 포용할 줄도 알고 용서할 줄도 아는 자기 통제력이 있는 사람이다.

넷째, 미래 지향적 관점을 가지고 있어야 한다. 대한노인회가 처한 상황분석은 물론 어느 분야이건 상식적 수준 이상의 지적인 체계를 갖고 시대를 투시할 수 있는 능력을 가져야 할 것이다.

다섯째, 건강한 사람이어야 한다. 건강한 신체와 건강한 정신을 모두 갖춘 사람으로 몸과 생각이 함께해야 한다.

대한노인회는 국가와 사회의 변혁기를 거쳐오면서 노인

복지의 깃대를 제대로 표출하지도 못했다. 최근 노인복지 관련 3법이 만들어지기 전까지는 그저 '생존의 마술'을 지니면서 아무 일도 없었다는 듯이 시간의 낚싯대만 드리우고 있었다.

대한노인회는 복지정책의 향상에 적극적으로 대처하는 '행동'이 있어야 한다. 그리고 '정책대안'을 제시해야 한다. 시민단체나 노동조합처럼 피켓 들고 시위할 수는 없지만 그렇다고 가만히 앉아 있을 수도 없다.

대한노인회 간부가 '귀족 노인'이라는 말을 듣지 않기 위해서는 이제 자기 목소리를 내야 하고 그 목소리를 한데 모을 수 있는 역량을 가진 지도자가 대한노인회장이 되어야 할 것이다. 대한노인회장은 각기 다른 소리를 조화시켜 아름다운 교향곡으로 뽑아내는 오케스트라의 지휘자처럼 훌륭한 지도력을 갖춘 사람이어야 한다.

(이 글은 과거 신문에 기고했던 내용을 재수정하여 정리한 것이다.)

신문사 주간, 주관 없으면 안 되는 자리

대학에서의 3주체를 학교 당국, 교수, 그리고 학생으로 구분지어 말하곤 한다. 3주체가 자신의 의사를 표현하는 방법은 다 다르다. 학교 당국은 게시판, 학교신문, 방송 또는 학부형(학생)에게 보내는 공식적인 우편물로 의사를 말한다. 교수는 강의실에서 학생들과의 면面과 면面을 맞대고 정보를 전달하거나 조교를 통해 알려 주기도 한다. 학생들은 대자보라는 이름의 게시판, 학생회 조직을 통한 의사전달 또는 시위를 통해 집단적으로 뜻을 전달한다.

이런 세 주체가 자기 의사를 표현하는 과정에서 대학신문은 하나의 중요한 생명력 있는 도구요, 매체가 된다. 그 신문이 누구의 시각에서 어떠한 정보를 어떻게 표현하는가는 3주체 가운데 누구의 입김이 작용하고 있는가를 극명하게 나타내는 결과물인 것이다.

내가 대학신문 주간을 했던 시기(1986. 7 ~ 88. 3)는 정부와 국민, 학교 당국과 학생의 관계가 상호 대립적인 갈등의 시기였다. 정치적으로는 전두환, 노태우 씨의 대통령 재임 시기였는데 사람들의 인식 속에 '군부 독재', '군사문화'의 지배 논리와 '민주화', '학원 자유'의 갈등 이론적 관심이 끝없이 대결했던 때였다. 그러다 보니 흑백 논리가 체제 속에서 함몰하면서 끝없는 기氣 싸움의 전쟁 같은 의식의 폐허가 도처에 자리 잡고 있었던 것이다.

그런 과정에서 한성대 신문의 주간교수는 학생의 입장에서 보면 정부나 학교 당국의 편을 드는 언론 탄압의 하수인이요, 유신을 지지하는 어용 교수로 인식될 수 있던 시기였다. 또 반대인 정부나 학원 관리하는 팀의 입장에서 보면 학생들 주장이 대학신문에 기사화되어 간다거나, 운동권의 논리를 큰 활자로 표현하는 것을 결국 학생 기자들을 장악할 수 있는 역량이 부족한 사람이거나, '불순 학생'들과 한편이 되어 있는 '사상이 의심스러운' 사람으로 낙인이 찍히는 때였던 것이다. 내가 왜 이런 얘기로 서두를 꺼내느냐 하면 그 당시의 2분법적 논리와 정치 상황 속에서 주간교수를 했던 시절이 참 어려웠었다는 것을 강조하기 위함이다.

당시 학생들은 정치경제적인 입장에서의 한국 사회 현실의 모순을 들춰내는 데 참 열심이었다. 예를 들어본다면, 도시 빈민문제, 철거민문제, 남북분단에 대한 미국의 국가이익문제, 주한미군과 한국군의 용병문제(전방 입소, 교육 반대), 미국 위안부 피살사건, 농민운동, 탄광촌의 열악한 작업환경 등등이었다. 이러한 사회문제, 사회 현실은 결국 정치를 잘 모르는 군인집단이 했기 때문이고, 군인집단은 정치적 정통성이 없기 때문에 미국의 지원 사격을 받고 있다는 것을 강조하는 의도가 깔려 있었다. 그러다 보니 주간교수는 정부의 입장과 학생의 주장을 조율해야 하는 자리였고, 조율의 과정이 학생 기자들이 써온 원고에 혹시 '지뢰'가 있지 않은가 검토해야만 했다. 의심의 눈초리를 가지고 검역을 한다는 것은 하는 사람이나 받는 사람 모두 피곤하고 괴로운 일이었다. 더 괴로운 일은 논설위원인 교수가 써온 사설이 학생들의 주장과 상충되면 기자들은 그 논설 게재를 반대했다. 인쇄소에서 밤늦게까지 신문 제작을 하면서 사설 문제로 몇 번 '충돌'했다. 충돌은 사설을 쓴 교수 입장, 학생기자 입장, 주간교수 입장이 미묘하게 연결된 고리였다. 지금도 그때를 생각하면 우울해진다.

어떤 사람이 깊은 산길을 가다가 호랑이를 만났다. 걸음아 나 살려라 하고 도망을 치다가 큰 웅덩이가 있어 칡넝

쿨을 잡고 웅덩이 속으로 내달렸다. 그런데 아래를 보니 독사뱀들이 혀를 날름거리면서 발바닥 가까이 와 있는 것이 아닌가. 그런데 설상가상으로 검은 쥐 한 마리와 흰쥐 한 마리가 번갈아 칡넝쿨을 갉아먹고 있었다. 하도 기가 막혀 입을 벌리고 있으려니까 나무 위의 벌통에서 꿀 한 방울이 혓바닥에 닿았다. 이때의 느낌을 말하라.

어떤 이는 '아 그것은 꿈이었으면', 어떤 사람은 '아 괴로운 일! 될 대로 되라지. 나는 모르겠다', 또 어떤 이는 '아, 달다'라고 말한다. 이 상황에서 어느 사람의 말이 자기의 의사와 비슷한가? 나는 '아 달다!'에 찬성을 보낸다. 어려운 정치적 상황, 교내의 복잡한 문제 속에서 학보사 주간으로서 보낸 시간이 고달프기도 했지만 학생기자들의 풋풋한 젊음, 좋은 신문을 만들어 보겠다는 오기, 소줏잔 속에 담긴 우정과 사랑, 이 모두 다 소중하게 간직하고 싶은 것들이기 때문이다. 그리고 신문사 주간교수를 마친 지 20여 년이 넘었지만 같은 신문사 식구로서 같은 솥 밥을 먹었다는 공통분모가 다른 기관에서 일했던 것보다 끈끈하고 애정이 가는 것은 신문사만이 가지고 있는 정서 때문이라고 생각한다. 신문기자 학생들과 M.T를 가서 등산하고, 저녁에는 토론을 하고 소주 한 잔에 '호기'를 부리기도 했던 그 시절이 그립다.

내가 주간으로 있던 시기에 나는 몇 가지의 행사를 치러야 했다. 창간 10주년 행사와 지령 100호 기념 행사였다. 지금 생각하면 조촐한 기념식에 이어 역대 주간교수와 학교 보직자들 그리고 퇴기 및 기자들과 모여 식사를 하는 정도였지만 신문사 주간을 하면서 맞이한 하나의 행운이었다. 내가 주간으로 있을 때 한성문화상이라는 제도를 만들었다. 그리고 "한성대신문" 제호를 국문학과 정후수 교수를 통해 서예가 김충현 선생으로부터 받아 사용하기도 했다. 또 지금은 그때를 어떻게 평가하는지 모르겠지만 우리 대학신문이 정간이나 휴간 등의 조처를 안 당했고, 이미 발간된 신문을 배포 중지당한 일이 한 번도 없었다는 사실이다. 지금 생각하면 격세지감이 있는 표현이지만 그 당시 상황에서는 다른 대학의 경우 이러한 사례가 비일비재했다. 이것은 당시 한성대신문사 기자들이 정치 현실을 보는 시각이 무뎌서가 아니고 또 정부의 각종 정책에 찬성을 해서가 아니었다. 한성대 신문을 그 어느 것보다 사랑했기 때문이었다. 그리고 그 당시 편집장이었던 강호정 군, 황인규 군 같은 덕장德璋을 만난 덕택이라고 생각한다.

흔히 대학신문을 아카데미즘과 저널리즘의 총화라고 말한다. 대학신문은 상아탑 속에서 학문의 연구와 교수의 목적을 추구하면서 사회의 목탁으로서 대학생의 의식을 깨우치고 학교의 홍보 기능까지 해야 하는 어찌 보면 다기능적 역할을 동시에 해야 한다. 그러다 보니 여러 욕구를 가진 계층을 동시에 충족시켜야 하는 부담이 있다. 그러나 여기서 강조하고 싶은 것은 대학 신문의 편집, 기사 배열이 어찌 보면 너무 가벼운 내용, 하나마나한 소리, 연예 신문인가 하는 가십성 기사, 동료 학생과의 커뮤니케이션 내용이 등재되고 있는데 신문을 만드는 데 좀 더 생각을 많이 하는 차원에서 편집을 했으면 좋겠다. 이러한 경향은 우리 대학 신문만이 아니다. 타 대학 신문도 그러한 경향을 띠고 있다. 아마 유행인가 보다. 그러나 대학에서의 신문은 지성인이 보고 또 보고, 오래도록 보관하고 싶은 내용을 담아야 한다.

대학신문 주간을 하던 시절에 학생 기자로 수고했던 사람들이 찾아와 "교수님, 제가 결혼을 하게 되었습니다. 주례 좀 서 주십시오"라는 청탁을 받는다. 나는 쾌히 응낙하면서 세상을 살아가는 데 필요한 몇 마디의 말을 하곤 한다. 이러한 과정에서의 인연은 교수와 학생+주간교수와 학생기자+주례와 신랑신부의 과정을 그려보면 엄청난 인연이라고 생각한다. 그래서 그때의 신랑신부도 이제는 어엿한 중년 신사와 사모님(?)으로 발전하는 것을 보면서 대견스럽고 자랑스럽고 사랑스럽기만 하다.

○

수재水災를 피해 가는 길

재해관리를 하기 위한 대처 방안으로 어떤 것이 있는가.

첫째, 재난관리를 위한 총체적 관리 시스템이 동원되어야 한다. 몇 년 전에 미국 로스앤젤레스 시에서 큰 지진이 발생했다. 도로가 균열되고, 다리가 파괴되었으며 도시가 그 기능을 할 수 없을 정도가 되었다. 그때 캘리포니아 주지사, LA시장, 시민단체, 건설업자가 모여 복구하는데 얼마나 시간이 소요되는가를 알아보니 32주였다고 한다. 주정부와 LA시에서 32주를 기준으로 정해놓고 빨리 재해지역을 복구하는 회사에 하루 1달러씩 보상금을 주겠다고 했더니 16주 만에 완공되었다는 일화가 있다. 그들은 이를 가치공학이라고 부른다. 장마철의 재해관리를 위해 행정안

전부를 비롯하여 시도 관계 당국의 긴밀한 총체적 시스템이 가동되어야 할 것이다.

둘째, 주민의 책임의식이 고양되어야 한다. 재해문제는 한두 사람의 재산과 생명을 앗아가는 것이 아니라 엄청난 재앙을 가져온다. 따라서 평소에 관심을 가지고 제방, 하천, 댐, 도로의 예상되는 문제점을 파악하고 사전에 주민 스스로 예비모임, 예상 청구, 도상훈련 등을 실시해야 한다. 재난이란 상상할 수 없는 일들이 갑자기 일어났을 때 생기는 일도 있지만 예상 가능한 일도 있음을 대처해야 할 것이다.

셋째, 지방자치단체장에게 재난관리 재량권과 함께 지자체 공무원에게 재난관리 실명제를 도입하도록 해야 한다. 네덜란드에서 둑이 무너질 때 어느 소년이 팔뚝으로 구멍을 막아서 재난을 피할 수 있었고 그 소년의 이름이 교과서에도 실릴 수 있었다는 사실을 기억해야 할 것이다.

마지막으로 관련 기관이나 해당 공무원이 혼합 관조 모형에 의해 망원렌즈에 의한 관찰과 정밀 렌즈에 의한 관찰 방법을 동원하여 장기적 안목에 따른 과학적 접근이 이루어져야 한다고 본다.

재해문제를 다루는 업무에 대해 무리한 비유인지 모르지만 왼쪽 다리를 잘라야 하는 환자에게 오른쪽 다리를 잘라

놓고 어쩔 수 없는 일이었다고 오리발 내미는 철면피 같은 공무원이 다시는 없었으면 좋겠다. 행정이란 물이 흐르듯이 자연스럽게 해야 하고, 재해 방재도 물이 막히지 않게 자연스럽게 하는 것이 최선이라고 생각한다.

대한민국 보수는 죽었는가

사회학의 이론 중에 구조기능주의와 갈등이론이라는 것이 있다. 구조기능주의는 사회를 동물유기체에 비유한다. 즉, 사회를 호흡기관, 소화기관, 순환기관, 배설기관, 생식기관 등의 역할을 하는 어떤 기능이 있다고 본다. 그리하여 사회는 현상을 유지하면서 발전한다는 것이다. 사회현상 중 지진, 태풍, 심지어 살인까지도 사회발전의 요소가 될 수 있다고 본다. 이러한 긍정적, 극단적 사회관社會觀은 미국의 중산층과 보수주의를 지탱해 온 골격이었다.

갈등이론은 이와 반대 입장인데 왜 사회 발전의 요소 중에 전쟁, 자연재해, 살인까지 있어야 하는가? 말도 안 된다. 사회는 모순은 제거하고 인간 불평등을 시정하며, 구습을 타파하자는 소위 진보적 이론이다. 이는 마르크스와 그의 제자들이 주장하고 있고 유럽의 노동운동, 학생운동의 이념적 기초가 된다.

"우리나라 보수는 죽었는가!"라고 질문하면, 현재의 상황은 "죽었다"라고 답할 수밖에 없다.

우리나라 보수는 그동안 대한민국의 네이션 빌딩Nation Building부터 국민소득 3만 불까지의 발전의 원동력이었다. 보수 세력의 뿌리는 조선 시대의 당파 싸움에서 권신權臣들의 집합체인 노론老論, 일제하의 친일파, 해방 후 적산 가옥을 차지한 계층, 미국유학 지식인, 군부시절 보수 세력과 야합한 중상공인 지식계층이라고 볼 수 있다.

사실 보수 세력은 비판 받아야 할 부분도 있지만 그래도 묵묵히 대한민국을 지탱해온 세력이었다. 흔히들 보수 계층을 권력자에 비굴할 정도의 자세를 가졌고, 의리보다 이해현상에 촉각을 세우며, 공도가 없으면서도 숟가락 들고 덤벼드는 세력이라고 비판해왔다.

보수가 발전하려면 국가를 올바르게 이끌 대안을 제시해야 한다. 어떠한 경우에도 분열하지 않는 결집력과 현실 대응 능력을 갖춰야 한다. 그리고 대중 조직인 청년세력, 여성층에 대한 사람에 대한 합리적·감성적 접근을 해야 한다. 말로만 보수가 아니라 빈곤한 사람에 대한 진실 어린 노블레스 오블리제와 설득력 있는 호소가 앞서야 한다.

서구의 보수당이 갖고 있는 당원체계, 교육체계, 조직체계를 본받을 생각도 없이 뜬구름처럼 떠다니면서 맥없이 현실 푸념만 해서는 안 된다.

대한민국의 현 집권층은 촛불세력, 정권교체의 공로자인 노조세력, 세월호 세력이 뭉쳐서 원전폐기, 문재인 정부의 대북정책 지지, 예산으로 퍼주는 복지정책, 최저임금제 기본 소득 등을 해 나가고 있는데 보수 계층은 논리적 대응책도 없이 "이러다 나라가 망한다"라고만 외치고 있다.

진보세력이 넘어질 때를 기다려 실책을 하면 "그것 봐라" 하는 소극적·수동적 자세가 되어서는 안 된다. 보수세력은 이제 적극적으로 국민의 눈물을 닦아주고, 심장을 울리게 하는 행동이 있어야 한다. 그래야 보수가 되살아난다. 나라가 잘 되어야지 '나'만 잘되게 기도해서는 안 된다.

이제 보수가 되살아나서 구조기능주의와 갈등이론이 교차하는 가운데 국가가 발전하고 국민의 생활이 풍요로워지며, 국민 모두가 행복하게 사는 사회를 만들어야 한다.

○

대선 후보자를 말하다

2022년 3월은 우리나라 대통령을 뽑는다. 현재 정치지도자의 유형은 어떠해야 하는가? 미국 국민이 생각하는 대통령의 조건은 첫째는 공정성이고, 둘째는 남의 말을 경청하는 사람으로 단순화시키고 있다.

제2차 세계대전 때 연합군 사령관 몽고메리는 수많은 장교를 분류했는데 똑똑한 사람과 멍청한 사람, 부지런한 사람과 게으른 사람을 구분했다. 이를 다시 정리해서 똑똑하고 부지런한 사람(똑 · 부)은 참모형이고, 똑똑하면서 게으른 사람(똑 · 게)은 두목형이며, 멍청하면서 부지런한 사람(멍 · 부)은 일만 저지르는 형이고, 멍청하면서 게으른 사람(멍 · 게)은 중도 탈락형이라고 했다. 우리나라 대통령 후보를 이 틀에 적용하는 것은 무리가 있지만 잘 생각해 볼 일이다.

그러면 대통령은 어떤 사람이 되어야 할까.

첫째, 한국호韓國號라는 큰 배의 선장으로서 전 국민에게 창조적·발전적 비전을 제시하는 사람이어야 한다. 속이 보이는 정책을 제시하면서 인기 영합을 꾀하는 꼼수의 정치지도자는 안 된다.

둘째, 대통령은 뚜렷한 정치 철학을 가지고 있어야 한다. 예를 들면, 미국 케네디의 '뉴 프론티어 정신New Frontier', 인도네시아 수하르토 대통령의 '교도 민주주의guide democracy', 이집트 나세르 대통령의 '범아랍민족주의', 인도 네루 수상의 '제3세계 이념', 프랑스 드골 대통령의 '프랑스의 영광' 등을 들 수 있다. 다시 말하면 국가 발전의 밑그림을 그려야 한다는 것이다.

셋째, 지도자는 국민에게 권리와 함께 의무도 강조하는 사람이어야 한다. 우리는 자기 권리만 주장하는 사람만 있고, 묵묵히 일을 실천에 옮기는 사람은 대접받지 못하는 사회에 살고 있다. 의무를 성실히 수행하는 사람을 위한 기조 정책을 수립해야 한다.

넷째, 미래 지향적인 가치관을 가지고 있는 사람이어야 한다. 과거 중심이 아니라 현재를 기반으로 한 미래의 청사진을 세우고 시계열적 차원에서 차근차근 정책을 집행할 수 있는 사람이어야 한다.

다섯째, 신체와 정신이 건강한 사람이어야 한다.

결론적으로 차기 대통령은 오케스트라의 지휘자처럼 갖가지 다른 악기의 소리를 잘 조화시켜서 훌륭한 교향악을 연출할 수 있는 사람이어야 한다. 이제 우리는 경제 안정과 복지 실현, 통일 구축을 성취해야 할 중대한 책무를 가지고 있다. 이제는 우리나라에 이상세계를 실현할 수 있는 미륵보살 같은 분이 언젠가는 나타날 것으로 기대해 본다.

너희가 실업자의 고뇌를 아느냐

"만약 내가 몸이 아프다면 누구 책임일까. 국가와 사회의 책임일까? 아니면 환자 개인의 책임일까?"

"나는 직장을 원하는데 직장이 없다. 그건 누구의 책임인가. 국가와 사회의 책임인가, 아니면 개인의 책임인가?"

위 질문에 대하여 유럽인들은 모두 국가와 사회의 책임이라고 답한다. 한국인은 몸이 아픈 것의 책임은 개인이지만 직장이 없는 것은 국가와 사회의 책임이라고 생각할 것이다. 유럽의 복지모델은 엘리자베스 1세의 '구빈법' 이후 소득, 질병의 보장은 국가, 사회의 책무를 강조했지만 우리나라는 해방 이후 국가재정이 어려웠기 때문인지 복지체계를 미국식인 '선 개인책임 후 국가책임' 체제로 만들어 놓았다고 볼 수 있다.

최근 우리나라 비경제활동인구가 사상 최대라는 보도가 있었다. 만 15세 이상 일할 능력은 있으나 일할 의사가 없거나, 능력이 없는 경제활동포기 인구가 비경제활동인구인데, 지난 2021년 8월 기준 1675만 8천 명(통계청)이라는 것이다.

최근 경기침체가 심화되면서 비경제활동인구가 하루가 다르게 증가하고 있다는 게 정부당국의 판단이다. 우리나라 공식 실업률 3.2%로 서구에 비해 낮은 편이다. 그러나 비경제활동인구 중 사실상 실업자에 해당하는 취업준비자, 구직활동 중단자, 구직단념자는 모두 248만 명이고 여기에 통계상의 실업자 92만 명, 아르바이트, 임시휴직자까지 포함시키면 실제 실업자는 400만 명이다. 그러니까 실제 실업률은 3.2%가 아니라 15%에 이를 것으로 추산된다. 비경제활동인구 1675여만 명은 실업자 이외에 일주일에 1~2시간도 노동을 하지 않는 사람이 그만큼 된다는 것이다.

실업자 문제는 사실 어제오늘의 문제는 아니다. 그러나 최근 실업자 문제가 심상치 않다는데 우리는 큰 우려를 한다. 실업자 문제를 해결하는 방안은 백가쟁명百家爭鳴으로 많겠지만 정부 차원의 보다 적극적인 일자리 만들기 사업이 있어야 한다. 그러기 위해서는 좀 더 합리적인 경제성장, 굴뚝 산업, 서비스 산업에 활력을 불어 넣어야 한다. 또 일자리 나누기 사업, 실직자에 대한 직업훈련, 맞춤 교육도 중요하다. 청년실업자의 경우 대기업, 공사, 공무원 등에만 관심을 가질 것이 아니라 중소기업에 눈높이를 맞추어야 한다. 또 해외에 눈을 돌리는 방안도 검토되어야 하고 자신만의 특화된 기술과 지식을 갖추어야 할 것이다.

실직자, 실업자의 고뇌는 당해보지 않은 사람은 모른다. 허허벌판에 혼자 남겨져 있는 심정을 누가 알겠는가. 캄캄한 밤중에 등불도 없이 황야를 헤매는 마음을 정책결정자들은 짐작할 수 있는가.

정부와 사회는 실업자를 위한 획기적 대응책을 내놔야 한다. 정부와 사회에게 실업자를 대신하여 질문한다. "너희가 실업자의 고뇌를 아느냐."

남을 저주해야 되는 사회

사회적 사실Social facts이라는 말이 있다. 사회학의 비조인 프랑스의 Durkheim뒤르껭이라는 사람이 지칭한 말이다. 이는 현재 사회에 존재하고 있는 사실로서 많은 사람들이 인지하고 있는 것들이다. 한국 사회의 사회적 사실을 예를 들면, 부부합계 출산율 0.84명(2020년), 노인인구 853만 명으로 전 인구의 16.5%, 연간 교통사고 사망 3,000명에 자살률 OECD 1위, 마약류복용인구의 증가, 청년실업의 증가, 이혼율 증가 등 수없이 많다.

또 한 면을 보자. 우리나라는 산업화, 민주화를 성취한 세계 몇 안 되는 나라이다. 그야말로 한강의 기적을 만들었다. 국민소득 70달러 수준에서 3만 달러 수준까지 단기간에 만든 나라이고, 원조를 받던 나라가 원조를 주는 국가로 도약했다. 1964년 수출 1억 불 달성했다고 국가적 차원에서 얼마나 기뻐했는가. 2021년에는 6000억 달러를 넘는 수출을 하였다. 그러면 우리는 6000배 더 배부르고, 6000배 더 행복한가. 한국은 200개 국가 중 수출 7위를 기록한 창의적이고 부지런하고 무엇이든 해내는 우수한 민족이다.

그럼에도 불구하고 우리는 행복하다고 생각하지 않는다. 영국 BBC에서 한국을 평가하길 "풍요롭지만 불행한 나라"라고 말하고 있다.

왜 그럴까? 우리는 기본이 갖춰져 있지 않은 사회에 살고 있다. 이 사회를 나무에 비유하면 뿌리는 도덕, 법률이고, 나무줄기는 사회조직이며 잎사귀는 경제를 말한다. 그리고 꽃과 열매는 정신세계를 지칭한다 볼 수 있다.

우리 사회는 나무줄기와 잎사귀는 갖추어져 있는데 뿌리와 열매가 부실하다. 그 중 하나가 질투문화, 시기문화이다. 남 잘되는 것 보면 배 아픈 풍조가 난무하고, 남을 공격하면서 희열을 느끼는 민족으로 변모했다.

스타가 되어 사회의 선망의 대상이 되면 질그릇 항아리의 게처럼 밖으로 나가려는 놈을 끌어내린다. 그러다 보니 그 사람이 받아야 할 체벌보다 훨씬 더 큰 사회적 지탄을 받는다.

따라서 우리 사회는 의인이나 영웅을 만들지 않는다. 난세에 영웅이 난다는데 현 시대는 난세임에도 불구하고 영웅이 탄생하지 못한다. 이러한 마녀사냥의 시대가 얼마나 지속될 것인가. 다시 말하면 울분을 가진 대다수가 불만 에너지를 표출하는 방법으로 오로지 소수 엘리트를 끌어내리는 것을 언제까지 진행할 것인가.

'사금파리' 가지고 상대방을 무자비하게 가해하고 선혈이 낭자한 모습을 보면서 심리적 쾌감을 느끼는 사회가 지속되는 사회는 희망이 없다.

따라서 지혜롭고 용기 있는 사람은 움츠리고, 높이 올라가길 꺼린다. 목소리 큰 사람이 떼거리로 몰려다니면서 밀림 속의 야수처럼 사회를 전복하려 한다. 우리가 흔히 지칭하는 좌파세력, 일부 시민단체, 전교조들에 대한 평가를 의적 홍길동이나 로빈후드처럼 생각하고, 당동벌이黨同伐異가 횡행하는 사회가 정상적인 사회인 것처럼 떠든다.

그러면 이러한 민심을 어찌 수습하고 전열을 정비해야 하는가.

첫째, 높은 사람, 특혜 받은 사람들은 받은 것만큼 사회에 환원해야 한다. 다시 말하면 노블레스 오블리제를 실천해야 한다. 그리스 시대에도 지도층은 전쟁이 나면 황금보화를 내놓든지 참전하든지 했다. 영국도 사회지도층 자제들이 솔선해서 참전을 했다. 지배계층은 더 겸손하게 사회를 위해 봉사해야 한다.

둘째, 관용의 시대를 조성해야 한다. 사회가 흘러가는 과정에서는 별별 일이 벌어지기 마련인데 그런 사회에 대한 사회적·인간적 차원의 관용이 없다. 톨레랑스Tolerance가 없다. 누구든지 진실의 순간moment of truth이 있다. 그것을 역지사지로 이해하려는 자세가 필요하다. 자기는 더러우면서 남이 더러우면 무조건 삿대질하는 사회는 안 된다.

셋째, 사회에 대한 교육을 활성화시켜야 한다. 사회교육은 민주시민교육, 복지교육, 세금납부, 국민정신 수준 향상을 정하는 좌표설정이 내재되어야 한다. 그렇게 함으로써 가정교육, 사회교육, 정치교육이 어우러져 갈등구조를 해소하고 민주화를 이룩하는 행복한 사회를 만들 수 있다.

○

공직윤리와 쌀 직불금 수령 사례

공무원이 자신의 이익과 국가, 사회의 이익이 상충되는 경우가 있다면 어느 것을 선택할까? 정답은 개인의 이익을 추구하는 것으로 나와있다. 그러니까 공무원이 국가에 충성한다고 하지만 개인 이익 앞에는 이런저런 핑계로 공익을 뒤 순위로 밀어낸다는 것이다.

또 행정학에서 '파킨슨 법칙'이라는 것이 있다. 이것은 공무원이 직무의 양量과는 아무 상관없이 자기 부하 숫자를 늘리려고 한다는 것이다. 다시 말하면, 조직을 자꾸 확대시키고자 하는 잠재의식이 있다는 것이다.

영국에서의 일이다. 영국이 식민지 국가 53개국을 지배하고 있을 때 담당 공무원이 262명이었다. 그런데 그 후

식민지가 22개 국가로 줄어들었는데도 이를 관리하는 직원은 무려 1,800여 명으로 늘어났다는 것이다. 그야말로 파킨슨 법칙이 딱 맞아떨어지는 사례다.

공무원은 누구인가. 우리나라 공무원법에 공무원은 국가와 국민에 대해 무한책임을 지도록 명시하고 있다. 예를 들면, 어떤 사람이 물에 빠져 허우적거리고 있는데 일반 사람이 그냥 지나가면 도덕적으로 문제가 생길 수 있지만 법적으로는 큰 문제가 되지 않는다. 그러나 공무원이 그냥 지나가면 그것은 법적으로 문제가 될 수 있다. 그처럼 공무원은 국민에 그 책임을 지도록 규정하고 있는 것이다.

우리나라 공무원은 그동안 국가의 형태 구축, 사회 질서, 경제 발전의 견인차 역할을 해왔다. 아무것도 없었던 황무지에 국가의 틀을 세웠고, 100:1 이상의 경쟁을 뚫고 임용된 공무원들의 추진력은 우리나라를 세계 12대 강국으로 만들었다. 그러니까 그동안 이 나라의 최우수 인력이 기술관료technocrat로 일하면서 대한민국의 오늘을 만들었다는 것은 의심할 여지가 없다.

그런데 엘리트 계층인 공무원들이 부지불식간에 수행한 일 중에서 아무런 죄책감 없이 행해진 일들도 많았다. 예를 들면, 주민등록 위장전입, 아파트 전매, 가짜 농지증명 등이다. 이러한 행정의 관행은 법적 문제는 있으나 그냥 넘어가는 사례가 많았다. 그런 것들을 오늘날의 도덕적·법적 기준에 맞추다 보니 문제가 된 경우를 청문회 등에서 많이 보아왔다. 시대가 바뀌면서 도덕적 불감증이 도덕적 감정으로 바뀐 것이라고나 할까.

쌀 직불금 수령문제는 몇 개의 구조 체계가 뒤엉켜 있는 듯하다. 예를 들면, 쌀농사를 직접 지으면서 쌀 직불금을 못 받는 농민, 부재지주이면서 쌀 직불금을 타먹는 공무원, 감사원이 누구의 지시(?)에 의해 이 문제를 덮어두었는가의 여부, 국정조사를 하기로 한 여당, 야당 등이 뒤범벅이 되면서 시중의 화젯거리로 등장하고 있다.

문제는 간단하지 않다. 쌀 직불금을 받은 부재지주 공무원이 농민인 경우, 유산으로 상속받은 경우, 진짜 부재지주이면서 쌀 직불금을 받은 공무원의 경우 등 다양할 수 있다. 문제의 해결 방법은 쌀 직불금을 받은 공직자는 반환해야 하고, 정도가 심한 고위공무원은 문책해야 한다. 더 중요한 것은 쌀 직불금 몇 푼보다 양도소득세 감면을 받으려는 전략이 숨어 있다고도 볼 수 있다.

쌀 직불금 수령문제는 엉뚱하게 그동안 잠잠했던 소작농과 부재지주의 분쟁가능성, 논농사 포기로 인한 쌀 부족 현상 문제, 지방 농지값의 폭락가능성 등이 일어날지도 모른다.

공무원들이여, 공공의 이익보다 사익私益에 무게 중심을

두지 말고 목숨 바쳐 이 나라를 위해 일해 왔던 선배, 동료 공무원을 염두에 두고 일을 하면 어떻겠는가.

정치인들이여, 같은 사안(쌀 직불금 수령)을 놓고 너는 잘못했고, 나만 잘했다는 치졸한 술수로 국민의 이목을 끌려는 낮은 계략을 멈추라. 우리 국민은 급변하는 국제정세와 코로나19라는 외부환경으로 인해 어려운 나날을 보내고 있다. 그리고 어떤 사태가 올지 밤잠을 설치면서 걱정하고 있다.

이번 사태를 보면서 공무원과 정치인들은 불가佛家의 팔정도八正道만큼은 못해도 그 근처까지만이라도 갔으면 좋겠다.

○

공무원 사회의 인사바람

공무원의 임용에서 퇴직까지의 과정을 인생에 비유하고자 한다. 공무원의 임용계획 수립은 출산계획이고, 임명은 출생이며, 교육, 훈련은 학업 과정이고, 승진은 인생에서의 상승적 곡선이며, 퇴임은 사망에 이르는 것이다. 이는 공무원에만 국한되는 것이 아니라 일반 회사나 다른 조직도 마찬가지다. 우리나라 중앙인사위원회에서는 각종 고시를 비롯한 공무원임용고시 시험에서 학력을 기재하지 않도록 하고 있다. 잘 한 일이다. 그런데 가만히 따져보면 그 효과는 대단히 크지 않다. 다만 학벌 위주 사회 풍토를 적극적으로 시정해 보겠다는 상징적 의미로 해석해 볼 수 있다. 사실 공무원 임용시험은 객관식 시험 위주의 출제를 하고 컴퓨터로 채점한다. 객관식 시험 응시 과정, 채점 과정에서의 개인 신상이 드러나지 않는다.

고시의 경우 2차 시험인 주관식 시험에서도 이름을 가리고 채점하기 때문에 누가 응시했는지 알 수가 없다. 다만 고시 3차 면접 과정에서만 개인 신상이 드러나는데 면접고시는 한 사람이 결정하기보다 개별 면접, 집단 면접 등의 여러 면접 과정이 있고, 질문도 수험생의 인격, 근무 자세, 가치관, 도덕성의 기준 등을 중심으로 한다. 따라서 공무원 응시원서의 학력 기재란 철폐는 잘한 일이긴 하지만 그 효과가 대단하다고 볼 수 없다.

최근에 공무원 사회가 큰 변화의 소용돌이 속에 있다. 과거의 평가 방식이 상당한 진화 과정을 겪고 있다고 생각한다.

예를 든다면, 성과주의, 인사제도의 도입으로 승진・보수에 개인의 실적과 성과를 반영시키고 있다. 근무성적평가도 과거 상관의 일방적인 평가에서 탈퇴하여 다면 평가제라 하여 동료, 부하 등의 평가제도를 보완적으로 활용하고 있다. 또 고시임용이라는 경직된 제도를 보완하기 위해 개방형 직위제, 직위공모제 도입 등으로 내부승진만으로 이루어지던 관행을 흔들고 있다.

정부의 인사제도 개혁은 정부조직 내의 행정문화를 변화시킨다. 정부의 행정문화는 민간기관에도 영향을 미칠 것이다. 또 중요한 것은 굳어진 학력평가 인식을 시정시킬 수 있는 가능성도 있다.

한 가지 우려스러운 것은 '정부의 학력 철폐 조치, 메리트 시스템에 의한 인사관리 등을 해도 역시 결과는 이런 일련의 행정 조치를 취하지 않았던 때와 같은 결과가 나온다면 어떻게 할 것인가'이다.

공무원 임용시험에서의 학력 기재란을 철폐한 것은 우리 사회의 뿌리 깊은 학력 맹신 신조를 시정하고자 하는 고육지책으로 인식하면서 앞으로 공직사회의 능률성, 민주성을 증진시키기 위한 몇 가지 정책이 제시되어야 한다.

첫째, 전정부적 인적 자원·활용의 극대화다. 부처 간의 경계를 넘어 인적 자원을 활용하고 고위공무원의 이동성을 현실적으로 확보하고 개방화시켜야 한다.

둘째, 직무 특성이나 전문성을 기초로 한 인력관리를 해야 한다. 국민은 아마추어에 의한 행정이 아니라 프로에 의한 행정을 바라고 있다. 대학 시절 우수했던 사람이 공무원에 들어가 20년 이상 근무한 후의 모습을 보면 어쩌면 그렇게 사고가 경직되고 가치관이 낡아 있는지 모르겠다는 어느 친구의 푸념을 귀담아 주었으면 한다.

행정공무원 제도가 잘되기 위해서는 구성원인 공무원도 새로운 가치관과 의식 개혁도 중요하지만 그것을 유도하는 국가의 정책이나 제도가 선행되어야 한다고 생각한다. 그것은 현재 사회가 행정국가이기 때문에 더욱더 이러한 인식이 필요하다.

○

21세기의 바다에서 살아남으려면

미래를 연구하는 여러 학자들은 21세기에 나타날 징후를 설명하고 있는데 이를 종합해 보면 다음과 같다.

첫째는 인구 및 생태환경의 변화가 예상된다. 이는 평균수명의 연장, 인구의 노령화 현상, 저개발국가의 인구 증가 현상이 나타나고 자연 자원을 감소시켜 생태환경은 손상될 것이다.

둘째는 기술혁신과 정보화 시대로서 컴퓨터와 각종 정보매체를 수단으로 한 정보와 지식을 사회적 자원으로 변화시킬 것이다. 이 정보화 현상은 컴퓨터 네트워크와 전자고속도로의 발전, 마이크로프로세서 기술, 디지털화와 데

이터 압축 기술, 통신기술의 통합, 뉴 미디어 체제의 확장을 촉매로 하여 정치, 경제, 공장 교육, 문화, 가정의 각 영역에서 엄청난 변화를 유발할 것으로 예측된다.

셋째는 사회화와 지방화의 공존 현상이 나타날 것이다. 세계화란 지방 상호 간의 사회적 관계가 세계적으로 확대, 심화되어 각 지방들이 업무를 주고받는 현상이라고 하는데 (앤서니 기든스) 이 세계화의 부수적 현상은 심각한 무역 마찰, 강대국에 뿌리를 둔 다국적 기업의 독립적 횡포, 강한 민주주의 등이다. 또 세계화는 오히려 지역주의를 강하게 유발시키고 지방화를 촉진시킬 가능성도 있다. 앞으로 지방도시가 정보기술 발전에 힘입어 글로컬리제이션glocalization화 하는 시대가 열릴 것이다.

넷째는 가치관과 의식구조의 변화로서 인간성 존중의 가치, 복지나 여가에 비중을 둔 가치체계, 확장적 사고, 다원적 비정형적 태도가 보편화되는 현상이 나타날 것이다.

이러한 21세기의 예측에 대응하기 위해 미국을 비롯한 선진 국가들은 범국가적 차원의 대책을 수립하고 있는데, 우리는 현재 어느 위치에 서 있는가?

21세기의 바다는 코앞에 다가왔고, 파도는 밀려오는데 우리는 과연 무엇을 어떻게 해야 하는가. 이러한 문제에 대한 정책은 정치인, 학자, 관료, 과학자 등이 머리를 짜내야 한다. 그러나 현실은 어떤가. 온 신경을 곤두세우는 무능하고 부패한 정치인, 이권을 놓지 않으려고 규제를 하고 있는 관료, 아직도 시대착오적인 이념 논쟁을 벌이고 있는 당국과 일부 학생들, 이 모두가 우리를 슬프게 하는 존재들이다. 그들은 그렇다 치고 21세기의 바다에서 살아남으려면 어떻게 해야 하는가. 우리 모두 심각하게 고뇌해야 할 때다.

이어도를 아십니까

중국을 큰 뱀에 비교하곤 한다. 큰 뱀은 개구리나 작은 물고기도 먹지만 토끼, 쥐 등도 먹어치운다. 중국은 영토 확장을 위해 내몽골도 먹었고, 티베트도 점령했다.

오늘날 중국은 전설적인 삼황오제三皇五帝로부터 송조宋朝, 원조元朝, 명조明朝, 청조淸朝, 중화인민공화국을 거쳐 오면서 많은 전쟁과 부침을 거쳐 현재의 국토를 유지하고 있다.

그 동안 중국은 직접적, 간접적으로 한반도에 영향을 미쳤고, 한때는 우리나라를 정치적, 군사적으로 지배하기도 했다. 그러니까 우리나라는 중국이라는 나라의 영향력 아래서 2천 년을 보냈다고 해도 과언이 아니다.

그런데 중국의 영향력이나 통제가 거의 없었던 시절이

있었다. 그것은 청일전쟁清日戰爭(1894.6~1895.4) 이후로 중국은 한국에 대하여는 아무런 영향력을 행사할 수 없었다. 그러니까 100여 년을 우리는 중국의 간섭을 받지 않았다. 이 기간 동안 일본에게 주도권을 빼앗기고 외세에 나라의 정체성마저 잃어버린 100년의 중국의 수모가 우리의 국가적 자존심이 존재하는 시기와 일치한다. 다만 북한에 대하여는 1950년 북한 김일성을 지원하여 한국전쟁에 함께하였고, 오늘날에도 북한과의 정치적, 군사적 관계를 유지하고 있다.

중국의 경제력이 이제 세계 초강국으로 등장했다. 경제력은 군사력을 동반하는 것이고 그 힘을 바탕으로 하여 신장 위구르 자치주를 비롯한 27개 소수민족의 역사와 영토 주권을 왜곡하는 사업, 즉 서북공정을 진행 중이며, 이와 같은 차원에서 고구려사 및 한국의 고대사를 왜곡하여 한반도를 자기중심적 사고로 만드는 작업, 즉 동북공정을 하고 있다.

최근 중국은 다른 나라와 영토분쟁을 하고 있는데 중국 남해의 남사군도 서사군도지역, 중국동해의 다오위다오鳥魚台, 일본 명 센카쿠열도를 비롯한 바다를 중심으로 한 지역과 중국 서장남부와 서남부의 장남지역, 중국 흑룡강성 우수리강의 홍개호 호수수면 면적분쟁, 신강과 내몽골 지역의 영토 미확정지역 등 육지지역 등이다.

중국은 대국굴기大國崛起 정책으로 스스로 강대국을 지향하고 있다. 그러나 국가 간 영토분쟁이라는 것이 쉽게 해결되는 것도 아니고 잘못하면 자국의 민족주의를 촉발시켜서 국가 간의 미묘한 관계까지 진전될 수 있다는 것을 알아야 할 것이다.

최근 이어도 문제가 화제가 되고 있다.

정부는 "이어도는 영토로부터 12해리까지 인정되는 영해와 달리 EEZ 내에서는 연안국 선박의 자유로운 항해가 허용되기 때문에 중국항공모함이나 관공선이 지나가는 것은 문제가 되지 않지만 석유시추, 해양조사, 사격훈련 등은 규제를 받는다"라고 말하고 있다. 아마도 중국과 이어도 관련 협상을 해야 되겠지만 우리나라가 이미 이어도에 해양과학기지를 설치하였고, 이어도는 해면 4~5m 아래에 위치해 있어 영토로 보기는 어렵지만 중국과 수역이 겹치는 구간을 조정하면 우리에게 유리한 판단이 올 것으로 보인다.

중국 정부도 "이어도가 위치한 곳은 중국과 한국의 EEZ 중첩지역"이라며 "이어도 귀속문제는 쌍방이 담판으로 해결해야 한다"고 주장하고 있다.

'깨진 유리창' 이론이 있다. 이것은 미국 하버드대 교수였던 제임스 윌슨James Wilson의 이론으로 깨진 유리창을 방치할 경우 행인들이 관리를 포기한 건물인 줄 알고 나머지 유리창마저 깨뜨리고 더 큰 파괴로 이어진다는 것이다.

한국의 독도를 일본이 자기네 영토라고 주장하니까 이제는 이어도도 중국이 넘나보고 있는 것은 우리나라의 국가 안보정책이나 외교정책에서 뭔가 '깨어진 부분'이 외국인에게 보이는 것이 아닌가 모르겠다.

'저승길이 오락가락 이어도 사나 이어도 사나' 해녀들의 노랫말처럼 이어도는 제주도 해녀들의 이상향 같은 섬이다.

우리는 엉뚱한 외교적 실수로 이어도를 뺏겨선 안 될 것이다.

백제의 역사 속에서 본 이상국가, 죽음, 미소

1. 백제인의 역사적 흐름

1) 정치, 경제

백제는 기원전 18년, 온조溫祚에 의해 현재의 서울을 중심으로 건국한 나라로서 위로는 황해도로부터 경기, 충청, 전라도 일대를 차지하면서 전성기를 누리다가 서기 660년에 나당羅唐 연합군에 의해 멸망하였다. 이후 3년간 부흥운동을 전개하였지만 실패하고 말았다.

백제는 678년간 존속한 국가로서 ① 한성도읍기(기원전 18~기원후 475년) ② 웅진도읍기(서기 475~538년) ③ 사비도읍기(서기 538~660년)로 구분할 수 있다.

백제는 세 차례 수도를 천도하면서 개성 있는 문화를 형성하였다. 한성시대에는 고구려적인 성격을 강하게 띠었고 웅진, 사비로 천도하면서는 중국의 남조南朝 문화를 받아들여 세련되고 우아한 문화를 만들어냈다. 또 지정학적인 이점을 이용해 중국의 문물을 받아들여 이를 백제화百濟化 하고 이를 다시 왜倭나 가야에 전수해 고대 동아시아 공유문화권을 형성하는 데 중심적인 역할을 하였다.

백제의 성장에는 청동기문화 이래 발달한 한강유역의 청동기 및 초기 철기문화 기반과 이 토대 위에 이루어진 농업생산력의 증대 및 내륙지방, 서해안과 잘 통할 수 있는 한강의 지정학적인 조건이 작용하였다.

백제는 내부적으로 지역을 중심으로 한 토호 세력을 각종 보직에 임명하여 내치를 강화하였고 외부의 압력에 대항하는 중국의 군현과 말갈 세력인 예濊 세력에 대한 방어를 했다.

한성시대의 백제는 지방의 생산물을 파악하고 통제력을 강화하기 위해 영역을 행정구역으로 나누고 지방관을 두었다. 또 박사博士 고흥高興으로 하여금 서기書記를 편찬하게 하였으며 왕실의 권위를 신성화시키고 정통성을 확립하였다.

백제와 왜倭와의 관계를 ≪삼국사기≫에는 우호적이고 상호 원조하는 형태로 기술하고 있다. 이는 일본열도로 이주한 백제계 사람들이 왜 정권의 핵심 자리에 있었던 것과

연관이 있다.

이러한 관계 속에서 백제는 왜에 학술, 기술 등 선진문물을 제공하였고 그 대신 왜는 백제에 군사적 지원을 하였다. 백제가 왜에 박사 왕인王仁을 파견하여 천자문과 논어를 보내준 것은 전자의 사례이며, 왜군이 백제를 도와 고구려, 신라군과 싸운 사례는 후자의 사례가 된다.

침류왕 때 동진으로부터 온 인도 승려 마라난타를 받아들이면서 불교를 공인하였고 이로 인해 백제는 영토 확장과 강화된 왕권을 지지하는 보편적인 세계관을 형성하였다.

2) 문화, 사상

초기 백제시대에는 낙랑군을 통해 유학이 전래되었고 비류왕 때에 이르러 유학을 국가통치 이념으로 받아들였다. 또 근초고왕 때는 박사제도를 설치하여 유학을 보급, 교육하였다.

부모의 상을 당했을 때 삼년상을 치른 것이라든지 충, 신, 의, 효 등을 이름에 사용한 사례가 있었다.

백제시대의 불교는 사비시대에 크게 성행하였다. 사비도성 안에 정림사를 창건하였고 또 무왕은 익산에 거대한 미륵사를 창건하여 미륵의 용화세계를 이루려고 하였다.

백제 성왕은 왜에 불교를 전파하였고 많은 승려와 기술자, 예술가들을 보내 일본불교 융성에 크게 기여하였다. 일본 법륭사 5층 석탑, 사천왕사 창립을 하게 하였고 관륵은 일본의 초대 승정이 되어 불교고단을 정비하였다.

백제는 또 도가사상을 받아들여 사비도읍기에 성행하였다. 익산 왕궁면 왕궁리에서 발굴된 원지는 우리나라 고유의 산신숭배와 더불어 신성사상, 도교사상이 있었음을 보여주고 있다.

백제는 토속신앙으로 소도蘇塗 신앙, 점복, 조상숭배, 제천신앙, 산천신앙사상이 있었고 오행사상에 의한 토속신앙이 강한 나라였다.

소도는 별읍의 형태로서 귀신에게 제사를 지내고 이곳에 숨어들어 온 자는 사법권이 미치지 못하는 특별한 신성지역이었다. 제사를 지낼 때는 수십 명이 춤추고 노래하며 술을 마셨다. 이러한 제의는 국가체제가 정비되면서 유교적 제의가 되었고 종국에는 사직단을 세워 국가안위, 풍요를 기원하는 예식이 되었다.

백제의 정치, 경제와 문화사상, 관습 등을 살펴봤는데 백제는 우리나라 고대 3국 중 가장 온건하고, 문화를 사랑하고 예의, 절차를 중요시한 그야말로 신선국 같은 나라로 생각되어진다. 백제의 점유지역이 서해안과 내륙을 관통하는 지역이라서 물산이 풍부하고 평화를 사랑한 우리 조상의 표본이다.

국력이 곧 무력인 시절이라서 무력국가인 고구려와 신라와 끊임없이 국토분쟁과 외침에 시달리면서도 독자적인 문화를 발흥시킨 아름다운 국가였다.

2. 이상국가理想國家로서의 백제

지금으로부터 500년 전 영국의 토마스 모어Thomas More는 이상세계를 추구하면서 이를 Utopia유토피아라고 명명하였다. 그는 이런 세계는 재산의 분배 속에서 평등과 자유, 풍족함이 있는 나라라고 주장했는데 이런 사회, 나라는 세상 어디에도 없을 것이라고 말하고 있다.

그리스 시절 소크라테스는 사회정의를 이상국가에 대입시켜 논쟁을 벌였는데 플라톤, 아리스토텔레스 등은 사람의 머리부분(철학자), 가슴부분(군인), 횡경막 이하 부분(서민)으로 구분하여 철학자의 정치와 군인의 국토 방위, 일반서민의 생산, 소비를 이상적인 국가모델로 상정했다.

지난 100여 년 동안 인류는 '하늘 아래 새로운 것이 없다'라는 성경말씀을 '아래 아래 새로운 것은 있다'로 바꾸어 놓고 말았다. 새로운 공학과 전자산업이 도약적으로 발전하면서 일상생활의 큰 변화가 일고 있다.

일반인은 물론 노인의 일상생활에서 일어나는 여러 신체적, 정신적, 기능적 적응문제를 테크놀리지를 활용하여 해결함으로써 인간의 최적생활을 추구하는 연구의 결과가 실용화되고 있는 것이다.

나는 백제인이 살던 기원전 18년부터 7세기까지의 시간여행을 해본다. 그들은 오래 살지도 못해 대개 20~30세에 사망했을 것이고 길게 살아야 50세 전후였을 것이다. 백제인들은 잘 먹지도 못했고, 병마에 시달렸을 것이며 더더구나 외세의 침입 대비나 전쟁연습과 실전 속에서 고통스럽게 살았을 것이라고 생각하면서도 "아니야. 백제의 마지막 왕 의자왕은 3000궁녀를 거느리면서 황음에 육신을 망가트린 왕일 것이야"라고 상념에 젖어보기도 한다.

백제인들은 독실한 불교인이었다. 그들은 몸과 마음이 아플 때면 약사여래불을 찾았고, 자비심이 부족해서 자신의 삶에 문제가 생겼을 때는 관세음보살을 찾았고, 지혜가 부족할 때는 문수보살을 찾았다. 또 입으로만 말할 뿐 실천이 부족할 때는 보현보살을 찾아 자신의 내면을 성찰하였다. 사랑하는 사람이 떠났을 때는 아미타불에 극락왕생을 빌기도 하였다.

그들은 종교의 영이 불교에만 있는 것이 아니었으므로 모든 토속신앙에 기대었고 거의 유사한 희구의 자세로 인간의 복덕을 추구하면서 생을 살았을 것이다. 백제인들은 삶을 살면서도 죽음에 대한 준비를 각성하고 이 세상을 떠날 준비를 했던 것으로 상상해본다.

진시황제가 6개 국가를 복속시키고 몇 가지 혁신적 정책을 내놓았다. 도량형을 통일시키고, 화폐를 일원화하였으며, 문자를 획일적으로 통용하도록 하였다. 그가 진나라를 길게 통치하지도 못했지만 그가 가진 희망은 영생永生으로 죽기 않기를 바랐을 것이다.

500명의 선남선녀를 골라 남쪽으로 보내서 불로초를 구해오라고 하명을 하였다. 나는 감히 불로초가 있다고 가정한 곳이 백제 땅이 아니었는가 생각해본다. 아닌 게 아니라 백제에는 중국에서 넘어온 유민流民을 비롯한 사람들이 많은 것으로 역사서에 나와 있다.

3. 죽음의 문화에 대하여

진시황제이건 장삼이사張三李四이건 죽음에 대한 공포는 누구나 다 있다. 따라서 죽음이란 인간 최고의 스승이다. 죽음에 대한 의미를 각성하고 이 세상을 떠날 준비를 하는 것이 안긴의 철학이다.

미국의 스티브 잡스Steve Jobs가 암 진단을 받고 미국 스탠퍼드대학 졸업식에서 "언젠가 죽는다는 사실을 기억하라.

그럼 당신들은 정말로 잃을 게 없다"는 말을 함으로써 감동을 주었다.

기독교에서는 죽음에 대하여 '하나님의 사랑과 이웃사랑을 실천하고 믿음, 소망, 사랑 중 사랑을 선택하는 것'이라고 가르치고 있다.

불교에서는 신해행증信解行證으로 가난하고 고난당하는 사람들에게 사랑과 자비를 베푸는 것과 죽음의 문턱에서 과거 내가 실행했던 베풂, 나눔, 섬김에 대한 기억은 위로가 될 수 있다는 것이다.

죽음은 인간만의 대화 주제이다. 다른 생물, 동물은 죽음을 소멸이라고 말할 수 있고 오직 인간만이 죽음을 죽는다. 인간이 만든 것 가운데 가장 규칙적이고 엄정한 것이 무엇인가. 공산품이 아니다. 인공위성도 아니다. 그것은 바로 의식, 종교적 의식이다. 죽음이라는 것은 의식에 의해 문화가 되었다(김열규, 모멘토 모리, ≪죽음을 기억하라≫, 궁리, 2001).

죽음을 기억하라Momento mori는 것은 살아있는 동안은 죽음을 몰아내고 있지만 죽어서는 남의 뇌리 안에 자리 잡지 못한다. 그래서 근대 이전의 인간들이 죽음을 극복이 아닌 수용의 자세로 맞이했다면, 근대 이후의 인간들은 과학을 통해 죽음이라는 자연을 정복하는데 현세 중심의 삶을 영위하고 있다. 그래서 김열규는 '죽음이 죽었다'라고 말하고 있다(김기봉, 고령화에 대한 역사적 성찰, 문화비평).

죽음에 대한 논의가 길어졌는데 죽음을 의례적, 형식적 차원에서 몇 가지 사례를 들어본다.

인도는 상여문화가 없다. 죽은 사람을 사리로 말아 화장터로 간다. 거기에서 누구나 평등하게 화장火葬을 한다.

티베트에서는 죽은 자를 자루에 넣어 소등에 태워 사찰 부근의 천장天葬 터로 간다. 시신을 작두로 잘라 독수리 먹이로 준다.

몽골의 경우는 죽은 자를 말에 싣고 달리다가 시체가 떨어진 곳에 봉분 없이 평장을 한다. 말하자면 자라나는 풀에게 보시하는 것이다.

중국 운남성 소수민족의 경우 바위 절벽에 시신을 안치한다. 세월이 지나면서 새들과 짐승에게 먹이가 되도록 한다.

네팔은 화장문화를 가지고 있으면서도 강 주변에 살고 있는 사람들은 시신을 강에 수장하여 물고기에게 육체보시를 한다.

인도의 타르사막에 사는 사람들은 화장할 나무도 없고 강물도 없으므로 사막의 공동묘지에 죽은 자를 평소 입던 옷을 입힌 채 그대로 두고 떠난다.

시베리아 에스키모인들은 노인을 썰매에 태워 한 달 정도 먹을 식량을 주고 멀리 가서 버리고 온다. 노인은 한 달 정도 살다가 얼음 위에서 죽고 물고기가 곰의 식량이 된다.

위의 사례와 다른 장자莊子의 경우를 보자. 장자는 임종이 가까워지자 제자들을 불렀다. "무슨 일을 그리 부지런히 하는가?" 제자들은 "위대한 스승의 장례를 치르기 위해 옥관과 석관을 준비하고 있습니다. 그래야 제자 도리를 다하는 것이고 스승에 대한 예의를 갖추는 것"이라 했다.

장자는 말했다. "나는 하늘과 땅을 나의 관棺으로 삼을 것이며, 해와 달을 무덤의 석등石燈으로 삼고, 하늘의 무수한 별들로 상여를 장식할 것이니 만물은 있는 그대로 제물을 삼으라"고 했다.

제자들은 스승님 말씀이 "하늘과 땅의 기운으로 몸을 맡겨두라"라는 말씀이신데 독수리, 솔개, 까마귀가 스승님 몸에 생채기를 낼까 두렵다고 말씀드렸다. 장자는 "땅속 깊이 옥관과 석관에 묻어둔다면 개미, 구더기가 득실거린다. 하나를 알고 둘을 모르는 현상계 집착이로다"라고 말했다는 것이다.

유교에서는 인간이 태어나기 이전의 세계와 죽은 이후의 세계에 대해 말하지 않았다. 공자께서는 "아직 삶도 모르는데 어떻게 죽음을 알겠느냐"며 삶 이후의 세계를 언급하지 않았다.

늙고 죽는다는 것은 생명을 가진 모든 존재에게 부여된 자연현상이다. 그런데 문제가 되는 것은 그들이 실제로 죽는다는 것이 아니라 인간만이 죽음에 대한 지식을 가지고 있다는 것이다.

근대 이전의 인간들은 죽음을 수용하는 자세로 맞이하고 종교적 형식을 통해 죽은 자와 소통을 하였다면 현대인들은 과학을 통해 죽음이라는 자연현상을 해석한다.

죽음은 이별이다. 자신이 이 세상을 떠난다는 의식이 있을 때 살아있는 사람들과 작별인사를 할 수 있다. 인간에게 가장 확실한 것은 죽는다는 것이고 가장 불확실한 것은 언제 죽는가이다. 그러나 인간은 이러한 기본적 가치를 잃어버리고 자신은 죽지 않을 것처럼 행동한다. 그리고 스스로 부귀영화를 꿈꾸기도 한다.

인간이 태어나고 성장하고 늙어 병들어 죽는다(4苦)는 것은 피할 수 없는 천리天理이고 대자연의 섭리요 불변의 가치이다. 이 중에서 죽는다는 것은 태어나는 것의 상대적 개념이고, 늙음은 젊음의 대칭 개념이며, 신병의 고통은 건강의 쇠약으로 형성되는 증후다.

사회학의 구조 기능주의적 관점에서 보면 만약 인간이 늙지 않고 죽지도 않는다면 사회는 재생산이 되지도 않고 정체와 혼란이 야기되기 때문에 생로병사生老病死의 흐름은 사회를 진화시킨다는 결과론적 관점을 가지고 있다.

4. 백제인의 미소

충남 서산시 운산면에 있는 마애삼존불상은 우리를 행복하게 한다. 중앙의 석가모니본존상, 오른쪽의 보살입상, 왼쪽의 반가사유상이 아름답게 미소를 짓고 있다. 이 아름다운 자태는 과연 누가 만들었을까. 석양 노을에 비추어진 삼존불상 앞에서 황홀한 생각을 하지 않을 사람이 있을까. 가슴의 심연에서 울려 퍼지는 교향곡을 듣는 것 같기도 하고 멀리 바다 끝에서 이제 막 솟아오르는 태양의 아우라를 보는 것 같기도 하다.

마애불상은 전국적으로 엄청난 숫자겠지만 서산 마애불상이야말로 백제인의 마음이요, 백제인의 표정이다. 마애불상 앞에 서면 희로애락의 마음 한구석에서 파도가 친다. 남을 미워하는 마음, 슬픈 마음, 즐거운 마음, 기쁜 마음이 자비스러운 부처님 앞에 주저앉고 싶다. 이것이 백제인의 슬기요, 백제인의 자태일 것이다.

백제는 3국 시대의 한 축을 이루었던 고대국가다. 한반도의 찬란한 문화예술을 승화시켜서 오늘날 우리들 앞에 서서 많은 교훈을 내리고 있는 모습에서 우리는 저절로 고개를 숙인다.

지나가는 바람결에 나뭇잎이 흔들리고, 멀리 조각구름이 지나가면서 마애삼불 앞에 합장을 하는 듯하다.

마애삼불 앞에 서면 행복하다. 이 나라의 썩어 빠진 정치, 좌우이념 싸움, 궁핍한 경제, 갈등 속에 어우러진 지역, 계층, 노사, 빈부 등의 문제가 잔잔한 파도 속에 묻히기 때문이다.

이제 우리는 잔해처럼 남겨진 백제의 흔적을 찾아 나서자.

백제 멸망 이후 흩어진 백성의 마음을 보듬자. 부모 잃은 자식처럼 군왕을 잃은 유민流民의 마음을 우리의 마음으로 가슴에 묻어보자.

인류의 역사가 부침하는 국가존망이 있었지만 백제인의 따뜻하고 인자하고 용맹한 정신을 우리의 품속에 품어보자.

다가오는 대한민국의 미래는 백제인의 숨결과 아름다운 인정과 슬기로운 지혜 속에서 다시 꽃피우리라는 희망을 갖는다.

문제는 청년실업이야, 이 바보야

우리는 빌 클린턴의 목소리를 패러디해서 "문제는 청년 실업이야 이 바보야"라고 해야 할 것이다. 사회문제 가운데 가장 심각한 것은 청년실업이다. 우리나라 비경제 활동 인구는 여전히 많다. 만 15세 이상 일할 능력은 있으나 일할 의사가 없거나, 능력이 없는 경제활동 포기 인구가 비경제활동인구인데, 2021년 11월 기준 1665만 명(통계청)이라는 것이다.

최근 경기침체가 심화되면서 비경제활동인구가 하루가 다르게 증가하고 있다는 게 정부당국의 판단이다. 우리나라 공식 실업률은 2.6%로 서구에 비해 낮은 편이다. 그러나 비경제활동인구 중 사실상 실업자에 해당하는 취업준비자, 구직활동 중단자, 구직 단념자와, 여기에 통계상의 실업자, 아르바이트, 임시휴직자까지 포함시키면 실제 실업자는 491만 명이다. 그러니까 실제 실업률은 15%에 이를 것으로 추산된다. OECD 국가 중에 우리나라가 대학진학률이 86%로 가장 높다. 그래서 그 동안 '대학은 나와야 더 좋은 자리, 더 많은 임금을 받을 수 있다'는 사회적 통념이 있었다. 그래서 너도 나도 대학진학을 하게 되었고 특히 소 자녀시대小 子女時代에는 자녀들의 수가 적으므로 대학교육을 시키는 것이 트렌드처럼 되어버렸다. 그러나 이 같은 상황 속에서 문제는 대학 진학 후 졸업생이 거리로 쏟아져 나오지만 취업에 관한 특단의 대책이 없다. 대학생들도 소위 3대 취업 스펙을 쌓느라 고생하고 있고 이미 배출된 졸업자들도 취업전선을 넘어야 하는 고용 방정식을 풀지 못하고 있다.

캄캄한 밤중에 등불도 없이 황야를 헤매는 이들의 마음을 헤아려야 한다. 혹자는 '대학이 취업을 시키는 곳이냐, 또 직업 훈련소냐'라고 주장할지 모르지만 대학이라고 하는데 인재를 만들어 사회에 진출할 수 있도록 더욱 적극적으로 추진해야 한다. 그러기 위해서는 신입생 때부터 취업 진로상담, 진로에 대한 전략을 수립하고 기업체에서 요구하는 인재를 맞춤형으로 교육해야 한다. 커리큘럼도 대폭 손보아서 사회에서 필요로 하는 내용 중심으로 뜯어고쳐야 할 것이다. 또 사회의 공공기관, 기업체, 유력한 인사들과의 네트워크를 만들어야 할 것이다.

내 생애의 나침반

1. 프롤로그

"옛날에 한 아이가 있어 내일은 오늘과 다를 것이라 생각하며 살았답니다"라는 어느 시인의 시가 생각난다. 이 시는 자신의 미래에 대한 희망과 성장을 전제로 한 내용이다. 그렇다. 누구든지 보다 나은 내일을 꿈꾸며 고통스러운 오늘을 견딘다. 그 과정에서 변하지 않는 철칙鐵則이 있는데 그것은 자신의 종교다. 나에게는 불교가 내 생애의 나침반 역할을 해왔다. 나는 재가승在家僧이라고 할 정도로 불교를 사랑한다. 또 생애를 통해 불은佛恩을 입은 경우도 많았다. 캄캄한 밤중에 산길을 가는 것처럼 힘들 때에 멀리서 등대역할을 해준 것은 불교였고, 울고 싶은 때에 매달릴 수 있었던 것도 불교였다.

처일진 위육합處一塵 圍六合이라는 금강경의 한 구절이 생각난다. 자신의 처지가 먼지 하나에 불과하지만 불법佛法은 전후좌우상하 등 우주를 감쌀 수 있을 정도로 크다는 뜻일 것이다. 이 말은 나 자신이 부처님의 말씀에 비추어보면 아무것도 아니라는 존재적 가치로서의 연속이었다.

2. 폭풍노도의 계절

1950년대와 1960년대에 걸친 나의 청소년기 생활은 우울했다. 넉넉지 못한 살림, 학교 공부에 대한 회의, 불만족스러운 사회현상, 세상에 대한 분노의 마음을 주체할 수 없을 정도로 혼란스러웠다. 대학 시절 공주 갑사, 구례 천은사 등지에서 공부한답시고 기거하였다. 독한 마음으로 공부를 하는 것도 아니고, 전공공부도 조금 하면서 각종 교양서적, 소설 등을 닥치는 대로 읽었다.

그때 나온 책 중에서 동국대학교 역경원 간행의 한글대장경을 빠짐없이 읽었다. 도대체 불교가 무엇이길래 수천 년 동안 엄청난 인구가 여기에 매달려 있는가. 불교의 본질을 속시원히 뒤집어 보자는 것이 내 계획이었다. 그러나 읽어도 읽어도 알 수 없는 말의 바다가 계속되었다.

그때 내가 얻은 8만 4천 경의 요체는 첫째, 인연에 의해 모든 관계를 해석한다는 점이었다. 말하자면 연기론緣起論이었다. 둘째는 일체유심조一切唯心造이다. 모든 것은 마음에 의해 만들어진다는 것이다. 셋째는 오온개공五蘊皆空 사상이다. 세상의 만사가 공空하다. 제행무상諸行無常이라고 해석했다.

3. 사회복지와 불교의 접목

나는 동국대에서 1984년도에 박사학위를 받았다. 박사학위 논문은 우리나라 노인복지정책의 평가였다. 미국 길버트와 스펙트Gilbert와 Specht의 'Dimensions of social welfare'의 평가 분석 틀에 의해 한국 노인복지정책을 분석했다. 그 당시만 해도 우리나라에 복지나 노인문제는 전혀 논의조차 되지 않았던 시절이었다.

그렇게 하다가 90년대 들어서면서부터 우리나라 노인인구가 증가하기 시작하니까 노인복지를 한 나를 정부, 방송국, 학계 측에서 불러내기 시작하였다. 그렇게 30년 가까이 불려 다니다 보니 이제 그 분야의 전문가처럼 비춰지게 되었다. 노인복지 관련 서적을 읽고, 논문을 쓰고, 노인복지 관련 프로젝트도 하고, 노인복지 과목을 개설하며 대학, 대학원에서 강의도 하였다. 그리고 한국노년학회The Korean Gerontological Society라는 학회의 회장도 2년간 했다.

그런데 가만히 생각해 보면 노인복지는 사회복지의 영역

안에 드는 사회복지서비스이다. 그런데 사회복지는 불교와 그 맥을 같이 한다. 불교의 핵심적 요체는 상구보리 하화중생上求菩提 下化衆生이다.

진리를 추구하는 부분과 중생을 제도하는 행동은 두 개의 기둥이지만 어떤 면에서 보면 같은 맥에서 해석해야 한다. 그것은 사회복지의 궁극적 목표가 인간의 행복을 추구하는 것이고, 인간의 행복은 주관적 객관적 요소를 모두 필요 충족시켜야 하기 때문이다.

1984년 한성대 교수로 부임한 이래 줄곧 불교 학생회 지도교수를 맡았었다. 기독교적 배경을 갖고 있는 대학에서 동아리실에 법당을 만들고 부처님을 모셨다. 불교동아리에 꾸준히 관심을 갖고 학생들과 방학 때 수련회를 가졌다. 매주 또는 격주로 스님을 모셔다 법문을 듣는 기회를 가졌다. 그리고 웃기는 이야기가 있다. 불교학생회 학생들이 내 과목을 수강하는 경우 학점을 배려(?)해 줬다. 내가 한성대 불교학생회에 자부심을 갖는 것은 졸업생들이 동문회를 만들어 모임을 갖고 가끔 지도교수였던 나를 초대하고 있다. 나는 매우 기쁜 마음으로 제자를 만나고 있다.

사실 사회복지, 노인복지를 강의하면서 생로병사의 흐름은 성주괴공成住壞空의 과정이고 이는 노인복지 흐름의 핵심이라고 생각한다.

한성대에서 교수로 재직하는 동안 나는 많은 보직교수로 봉사하는 기회를 가졌다. 학보사주간 학과장, 행정대학원장, 사회교육원장, 사회과학대학장, 교무처장, 교수협의회 회장, 총장대행 등 많은 행정경험을 하였다. 한성대에서 총장대행을 마친 후 평교수로 돌아간 것을 매우 다행스럽게 여기면서 연구활동을 하려는 참이었는데 사회교육원장을 맡게 되었다.

나는 사회교육원 프로그램 중에 불교종무행정과를 만들었다. 수도권의 1700-1800여 개 사찰에 편지를 하고 불교신문, 현대불교신문 등에 광고를 내면서 학생모집을 했는데 70~80명의 스님과 종무원이 지원했다. 이 중 40명을 합격시켜서 그분들에게 불교종무 행정에 관한 과목을 개설했다. 예를 들면, 인사행정, 재무행정, 문화재행정, 생활법률, 사회복지와 불교, 상담의 이론과 실제, 인간관계론 등을 특강형식으로 하였으며 학교 측의 배려로 컴퓨터실 하나를 배정받아 하루 종일 스님들에게 개방하고 조교 한 사람을 두어 컴맹탈출 교육을 하였다. 불교종무행정과정을 우리나라 최초로 개설하였다 하여 동국대학교에서도 하지 못한 일을 했다는 칭송을 받기도 했지만 나는 내가 할 일을 한 것이라고 믿고 있다. 그 후 10년 정도 진행되다가 다른 교수가 사회교육원장이 되고, 학교 측에서도 관심이 없어지니까 지금은 불교종무행정과정이 없어졌다.

퇴직 후에도 나는 불자로서 사회복지, 노인복지를 연구하였다 하여 불교종립사회복지기관에서 운영위원장 또는 운영위원, 자문위원으로 일하기도 한다. 현재는 대한노인회 중앙회 한국노인복지정책연구소장직을 수행하고 있으며, 한국 사회복지협의회 부회장, 사단법인 휴앤해피 이사장, 상주황씨 대사헌공파 종친회장직을 맡으며 사회봉사를 하고 있다. 또 1998년 3월 파고다공원에서 '무갹출 노령연금을 지급하라'는 데모를 주도하였고, 이런저런 공로를 인정받아 2005년 정부로부터 옥조근정훈장을 수훈하기도 했다.

4. 교수불자연합회시절

나는 한국교수불자연합회 창립멤버였다. 고준환 회장이 초대회장을 했다. 고 회장님은 끝없는 상상력과 활화산 같은 추진력을 갖춘 분인데 그분과 개인적인 대화도 자주 하는 편이었다. 사실 교수불자연합회는 창립되었지만 조직으로 보나 재정으로 보나 열성으로 보나 조직다운 조직이 아니었다. 불자교수 몇 사람이 충정을 가지고 시작을 했으나 교수들이 갖는 독특한 문화와 융합되지 못하고 있었다. 특히 회장의 리더십과 자원 확보가 커다란 능력의 잣대가 되었다.

나는 그동안 이사로 이름을 올려놓았다가 조희영 교수가 교불련 회장을 맡으면서 사무총장직을 맡았었다. 그 후 이준 회장까지 모셨으니까 사무총장직을 약 4년간 한 셈이었다. 사무총장직을 수행하면서 느낀 점을 직설적으로 표현하자면 '4부 대중과 신도의 역할', '깨달음의 사회화' 등이었다.

그리고 여름, 겨울, 수련 대회를 충북 괴산에 있는 다보수련원에서 몇 차례 하기도 하였다. 사무총장 심부름을 하면서 묵묵히 수행을 해준 교수님들에게 감사할 따름이었다. 그 뒤로 회장제의를 받았으나 고사固辭하고 부회장으로 있으면서 이름만 걸친 일이 있는데 조금 미안하고 죄지은 심정이다. 지금은 교수직에서 은퇴하여 교불련 간부직을 맡을 수도 없지만 교불련이 더욱 발전하기를 기도할 따름이다.

5. 에필로그 – 불교수행의 희열

부처가 되는 길은 여러 가지가 있다. 그래서 선각자들은 대도무문大道無門이라 하지 않는가. 경전經典을 읽고 수행 교범으로 삼는가 하면, 불립문자不立文字인 참선수행으로도 부처가 될 수 있다. 또 염불로 삼매경에 이르러 부처가 될 수 있으며, 주문呪文인 옴마니반메훔, 나무아미타불, 관세음보살 등으로도 가능하다.

나는 단전丹田 호흡을 통해 축기蓄氣를 하고, 축기에 의해 운기運氣를 한다. 운기를 하다 보면 명상의 단계에 진입하게 되고 명상에서 얻는 희열은 무엇으로 표현할 수 없다. 젊은 때부터 시작된 이 수행법은 나만의 비법이 아니지만 나는 나만의 것으로 간직하고 있다.

나에게는 불교에 관한 큰 스승이 한 분 계시다. 나의 사촌형님인 황진경 스님이다. 종단 내외에서는 어떻게 평가하는지 모르지만 유교, 불교를 통달한 분이시며, 설법, 서도, 염불, 행정 분야에서 타의 추종을 불허하는 분이라고 믿는다. 가히 교계 100년에 한 분 나올까 말까 한 인물이다.

불교와 나는 떨어질 수 없는 불가분의 관계다. 아침에 일어나자마자 40~50분 정도 참선과 기도하는 것으로 내 일정을 시작한다. 걷기를 좋아하는 나는 한 걸음 한 걸음 걸을 때마다 '옴마니반메훔'을 염송하기도 한다. 전철에 앉아서 눈을 감고 기도하는 내 모습을 내가 관조해 보기도 한다. 나는 아마도 전생에 수도승이었는지도 모른다는 생각도 하지만 나는 내생來生에 다시 태어난다 해도 불자로서 살고 싶다.

타히티 여행기

타히티는 현재 프랑스령 폴리네시아French Polynesian로 공식 명칭되고 있는 남태평양의 제도諸島다. 총 인구는 18만 명 정도인데 여기에서 가장 큰 비중을 차지하는 종족은 폴리네시안 족으로 약 70%다. 나머지 종족은 8, 9개 종족으로 그 수가 매우 적은 수준이다. 타히티에는 프랑스인들도 있는데 이들의 대부분은 군인이다. 타히티는 130개의 섬(이중 유인도는 113개)으로 구성되어 있으며, 그 면적은 8000㎢로 유럽의 크기와 비슷하다.

1492년 콜럼버스가 신대륙을 발견하면서 당시의 강대국들이었던 영국, 프랑스, 스페인, 포르투갈, 네덜란드 등은 식민지 쟁탈전에 돌입했다. 영국은 미국, 캐나다, 호주, 뉴

질랜드, 인도, 홍콩 및 아프리카와 남태평양의 섬을 차지했다. 스페인은 남미를 중심으로 식민지를 확보했고, 동양의 필리핀을 먹었다. 포르투갈은 남미의 브라질과 아시아의 마카오를 선점했다. 네덜란드는 아프리카의 남아연방과 동양의 인도네시아를 점령했다. 이러한 당시의 5대 강국은 많은 식민지를 소유하면서 천연자원을 탈취하는가 하면, 인간을 노예로 팔고 사면서 자국의 국가 이익과 국부國富를 창출하기에 이르렀다.

그런데 1945년 제2차 세계대전이 끝나고 나서 아시아, 아프리카 지역의 식민지국가가 독립을 하게 된다. 말하자면 제국주의의 시대가 막을 내린 것이다. 예를 들면 우리나라도 일본의 식민지로부터 벗어나 새로운 신생국가로 탄생했던 것이다. 신생국가들은 독립국가로의 주권과 경제적 자주권, 국방을 스스로 하면서 국가로서의 체계를 잡아갔다.

그런데 여기에서의 의문은 왜 유독 타히티가 속한 폴리네시아 지역만 독립을 하지 못하고 아직도 프랑스의 식민지로 남아 있을까?

타히티의 공식적 언어는 프랑스어이고 원주민들의 언어를 같이 사용하고 있으나, 원주민들은 종족에 따라 그 말이 다르다. 그리고 관광지에서는 영어가 유통된다.

타히티는 일반적으로 지상의 낙원paradise으로 인식되고 있다. 타히티로 가는 여행 편은 우리나라에서 직항이 없기 때문에 일본까지 가서 11시간 비행기를 타야 한다. 그러니까 인천공항에서 도쿄 나리다成田 공항까지 2시간을 더하면 순수한 비행시간만 13시간인데 중간에 갈아타는transfer 시간까지 합치면 15, 16시간 정도가 된다. 인천공항에서 2006년 1월 14일 아침 9시 20분에 대한항공 편에 일본까지 갔다가 다시 타히티항공Air Tahiti Nui을 타고 타히티 섬의 수도인 파페테Papeete 공항에 내렸는데도 시간은 1월 14일 아침 5시 30분쯤 되어 있었다. 적도의 날짜 변경선date line을 지나면서 하루 이상을 벌었다고 볼 수 있다. 그런데 한국으로 갈 때는 하루를 더 소비했으므로 사실은 그게 그거다.

타히티 항공의 Nui는 폴리네시아 원주민의 언어로 big크다이라는 의미라고 한다. 비행기 종은 보잉 747-400으로 대개 400명 정도의 승객을 나를 수 있는 제트 여객기였다. 일본에서 출발하면서 승객의 대부분은 일본인 신혼여행 손님이었다.

파페테 공항은 국제선과 국내선이 같이 있었는데 우리나라의 속초공항보다도 더 작은 시설이었다. 새벽에 내려서 커피 한 잔 하고 우리는 다시 국내선으로 갈아타고 보라보라BoraBora라는 섬으로 갔다. 보라보라 비행장에 내려서 다시 보트를 타고 모투Motu라는 조그마한 섬에 도착했다. 보라보라 공항에 내렸을 때 예약한 우리(우리라고 해봐야 나와 집사람이 전부이지만)를 보트 기관사가 환영해 주었고 우리를 모투의 소피텔 호텔까지 태워 주었다.

호텔에 도착했을 때 원주민 남자는 큰 소라껍질로 뱃고동 소리를 내면서 자신들의 악기인 꼴레레로 환영 음악을 불러 주고, 원주민 여성은 물수건을 받쳐 주는 것이 아닌가. 그리고 티아레Tiare라는 향기 짙은 꽃목걸이를 달아주면서 우리를 환영했다. 나는 세상에 여행은 수도 없이 해봤지만 이렇게 국왕 같은 대우를 받아보기는 처음이었다.

프론트에 등록하고 우리는 숙소로 갔다. 숙소는 물 위의 방갈로Bangalow over water라고 해서 바닷물 위에 있는 집이었다. 모투 섬에는 비치 방갈로Beach Bangalow도 있었는데 우리가 예약한 것은 비치 방갈로였으나 물 위의 방갈로로 바꾸었다. 물 위의 방갈로로 바꾸려면 1박에 200달러를 추가로 내도록 되어 있었던 모양인데 사정을 하니까 같은 가격으로 해주었다. 모투 섬에는 20개 정도의 물 위의 방갈로와 6, 7개 정도의 비치 방갈로가 전부인 그야말로 숙박객이 몇 사람 되지 않을 정도로 한적한 섬이었다.

방갈로 내부는 잘 설계되었고 바다를 향한 지평선이 보

이기도 하고 가까운 산이 보이는 아주 아름다운 곳이었다. 방갈로 안에는 바닥에 대형 유리가 깔려 있어 바닷속 물고기들의 움직임을 볼 수 있었다. 바다의 물빛깔이 검푸른색, 초록색, 파란색, 옅은 파란색, 흰색, 그야말로 다양한 색깔로 파노라마처럼 전개되고 있었다. 하늘에는 가끔 갈매기가 날고, 바닷물에는 새끼 상어 떼와 이름 모를 물고기들이 마치 수족관처럼 다니는 것이 아닌가.

강렬한 남태평양의 햇빛이 있는가 하면 소나기 같은 빗줄기가 방갈로를 후드득후드득 때리고 그런 다음에 무지개가 걸쳐 있는 모습을 보면 '아 여기가 그야말로 지상낙원이라더니 과연 맞는 말이로구나' 하는 생각이 들었다.

우리나라에서 머리 아픈 일들이 있었는데 이 섬에 오고 나서 두뇌가 완만하게 풀어지면서 가슴의 걱정거리가 눈 녹듯이 변해버리는 것이 아닌가. 미운 사람도 없고, 해결해야 할 일도 다 잊어버리는 묘한 분위기가 연출되는 것이었다. 아하, 그러니까 '이곳 원주민들이 프랑스에 저항하여 독립을 하고 싶은 의지가 없는 것이구나'라고 생각했다.

모투 섬 바로 앞에 보라보라라는 섬이 있는데 무료 셔틀 보트가 손님을 태워 주는 것이었다. 우리는 이 배를 타고 보라보라 섬에 가서 식사도 하고, 원주민 민속 공연도 관람하고, 산에 오르기도 하면서 시간을 보냈다.

밤에 누워서 하늘을 보면 주먹만 한 별들을 볼 수 있는 것은 물론이고, 어렸을 때 보았던 은하수가 선명하게 보이는 것 또한 조그마한 기쁨이었다.

그런데 우리를 당황하게 만든 것은 물가가 너무 비싸다는 것이었다. 숙소인 호텔에서 아침식사는 주는데 레스토랑에서 점심, 저녁을 사먹을 경우 한 사람당 3만 원 선이고, 식수mineral water를 사 먹을 경우 1ℓ가 시중에서는 우리 돈으로 1,200원 선인데 호텔에서는 5,000~6,000원을 받는 것이다.

모투 섬에서 함께 묵는 손님들과 대화도 했는데 미국 미시간에서 왔다는 사람은 직업이 변호사라 했고, 프랑스인 남녀는 신혼여행객인 듯했는데 하루 저녁은 프랑스인 남녀와 같이 보트를 타고 보라보라로 가고 있었다. 그런데 프랑스 남자가 입은 옷이 아랍식의 옷이었다. "당신은 무슬림입니까?"라고 물었더니 무슬림은 아닌데 모로코에 갔다가 친구한테 선물 받아서 입고 나왔다고 했다. 내가 가까이 가서 옷 좀 보자니까 천을 만지다가 장난기가 발동하여 치마를 확 위로 올렸다. 기겁을 한 프랑스인 남녀가 눈을 크게 뜨고 당황하더니 장난인 줄 알고 우리와 함께 폭소를 터뜨린 적이 있다. 그 후 아침식사를 할 때 만나면 반갑게 인사하기도 했다. 미시간에서 온 사람은 우리 아들이 미시간 주립대학교를 나왔다니까 부인이 자기도 그곳을 나왔다면서 반가워하기도 했다.

원주민들이 쓰는 말에 "감사합니다"를 "마루루"라 하고 "대단히 감사합니다"를 "마루루와루", 또 "안녕하십니까"를 "요라나"라고 한다. 폴리네시아, 하와이 등 남태평양 지역의 말은 대개 받침이 없는 것이 특징이다.

모투 섬을 떠나 우리는 모레아Moorea 섬에 갔고 인터콘티넨탈InterContinental 호텔에 묵으면서 바닷가를 거닐기도 하고, 수영도 좀 하고, 사파리를 4시간 하면서 지역을 2일간 다녔다. 산속의 원시종교 사찰temple을 구경하기도 했고, 마을의 농장도 봤다.

2박 후 타히티 섬에 와서는 반나절 투어를 했는데 섬 일주를 하면서 유명한 곳을 소개하는 프로그램이었다. 고흐와 고갱의 기념관을 찾아 이 두 명의 화가가 그린 작품을 감상하기도 했다. 무공해 지역의 원색적인 컬러로 옷을 입은 여인과 아이들을 많이 그렸는가 하면, 자연의 모습을 그린 작품 등이 있었다. 이런 모습들은 폴리네시아 섬 지역의 공통적 풍경이라고 생각되었다. 하와이의 폴리네시아 민속촌에서 보았던 춤과 노래가 생각났다. 피지, 사모아, 애크랜드, 마우이 등의 섬의 색다른 몸짓과 춤사위, 노래 등이 그냥 나오는 것이 아니라 그들이 살고 있는 자연인 바다와 산과 들의 모습을 흉내 낸 원초적 몸짓이라고 할 수 있다.

하와이의 전설적 이야기 하나를 적어 본다. 하와이는 큰 섬이 8개가 있고 작은 섬이 32개가 있다. 큰 섬 중에는 각기 다른 왕이 조그마한 나라를 다스리고 있었다. 그 당시의 관습이었는지는 모르지만 왕의 후처를 다른 나라 왕에게 빌려 주는 습성이 있었다. 마우이 왕의 후처를 필로스 왕에게 6개월간 빌려 주었는데 6개월 후 자기 남편에게 온 후처는 이미 타국의 왕의 자식을 임신하고 있었다. 화가 난 마우이 왕은 점쟁이에게 상의했는데 점쟁이는 이 뱃속 아이가 아들이면 천하를 통일할 인물이 나올 것이고, 딸이면 별 볼일 없다고 말했다. 왕은 여자가 아들을 낳으면 모자를 다 죽이라고 극비리에 명령했다. 이를 눈치 챈 여인은 밤중에 몸을 빠져나와 아무도 모르는 지역에서 숨어 살았다. 그 후 그 여인은 아들을 분만했고 이름을 '카메하메하Kamehameha'라고 지었다. 이 아이는 용감하고 명석했다.

소년이 되었을 때 영국의 배가 부두에 진입했는데 몰래 배 안에 들어가 영국에 가서 고생하면서 공부했다. 드디어 청년이 되었을 때 영국의 배에 최신 무기를 싣고 와서 왕의 배다른 자녀들과 전쟁을 하게 되었다. 그 당시의 섬 군대의 무기는 활과 칼이었고 카메하메하의 무기는 총이었다. 드디어 카메하메하는 전쟁에서 승리했고 여세를 몰아 다른 섬을 치기 시작했다. 카메하메하의 실부實父는 병으로 세상을 떠나면서 자녀들에게 만약 카메하메하가 쳐들어오면 절대로 싸우지 말고 섬을 그냥 내어 주라고 유언을 했다. 나중에 8개의 섬을 다 지배한 카메하메하는 실질적인 군주가 되었다. 그때 이 새로운 왕의 삼촌 되는 사람이 왕의 출생 배경을 설명했었다. 그러면 진짜 아버지 나라를 치기 전에 말씀을 해주지 않았었느냐고 질문하니까 "너의 아버지는 네가 천하를 통일하기를 원했다"고 응답했다.

제1대 왕 카메하메하가 죽고 2대, 3대, 4대, 5대까지 왕정이 지속되었는데, 5대 왕에게는 아들이 없고 딸만 하나 두었다. 왕은 사윗감을 구하려고 다른 나라 귀족, 왕족을 만나게 했지만 공주는 영국인 선교사 비숍Bishop과 결혼을 고집하여 그와 결혼했다. 그 후 공주는 일찍 사망했고 하와이는 미국의 제50번째 주州가 되었다. 홀로 남은 비숍은 제1대부터의 왕가의 유물을 정리하여 사설私設 박물관을 만들었는데 그것이 비숍박물관Bishop's Museum이다. 지금은 비숍도 세상을 떠났고, 사단법인 형태의 개인 박물관으로 운영되고 있다.

이런 역사적 사실을 상념에 두면서 바닷가를 거닐어 본

다. '인간은 어떻게 사는가도 중요하지만 이보다 더 중요한 것은 어떻게 죽는가'라고 볼 수 있다. 나에게 알맞고 멋있는 죽음은 어떤 것일까, 죽은 후의 시신은 어떻게 처리되면 좋을까, 생각을 더 해봐야 되겠지만 장기 기증을 한 후 병원 실험용으로 기증하는 방법이 좋을 듯하다. 그리고 화장을 한 후 바다에 뿌려 주면 어떨까.

이 세상 사람들이 살고 싶은 이상향은 어디일까. 아름다운 타히티일까? 아니야, 아무리 아름답고 경관이 좋은 지역도 인간의 욕구를 다 충족시킬 수 있는 이상향이 될 수 없을 거야. 문제는 마음이고, 긍정적인 사고positive thinking일 거야, 자기가 하고 싶은 일을 하는 순간일 거야, 그리고 많은 사람에게 나누어 주는 삶일 거야, 그럼 이런 것들은 이상향에 어떻게 접목시킬 수 있을까.

궁예는 '미륵세계'라 칭했고, 조광조는 '도덕국가'라고 주장했으며, 정다산은 '이상사회'로 명명했고, 최제우는 '후천개벽적 이상사회'라고 했는가 하면, 조소앙은 국가, 민족, 개인의 '3균주의'를 부르짖었다. 중국인들은 5복(壽, 富, 康寧, 收好德, 考終命)을 갖춘 사회와 사람이라고 단언하기도 했고 임어당林語堂은 사는 집, 먹을 음식, 입을 옷, 건강, 배우자를 충족시킨 후에 행복을 논해야 한다고 주장하고 있다. 또 일찍이 맹자는 '인생 3락'에서 하늘을 우러러 부끄러움이 없는 것, 부모 친지 형제들이 강녕한 것, 영재를 얻어 교육시킴을 강조하기도 했다.

그러니까 아름다운 타히티 바닷가도 이상향이 아니며, 그저 경치 좋은 곳이지 그 이상도 그 이하도 아니다.

타히티의 파페테 공항을 새벽 4시에 출발하여 일본 나리다 공항에 도착했다. 비행기가 관제탑의 지시에 따라 착륙을 해야 하는데 빙빙 10분간을 돌다가 착륙을 했는데 나중에 알고 보니 공항에 폭설이 내리고 있었다. 이 폭설로 인해 대한항공 비행기가 인천으로 출발을 못하는 일이 벌어지고 말았다. 대한항공뿐만 아니라 다른 비행기도 사정은 같았다. 사람들은 항공사에 항의하고 다녔지만 대책이 없었다. 수천 명의 여행객이 공항의 바닥과 의자에서 하룻밤을 지새웠다. 틀림없는 노숙자 신세였다. 아니 어제까지 지상의 낙원 타히티에서 지내다가 지옥 같은 노숙자 신세로 전락했는가, 허허, 하나의 드라마로군.

24시간 동안 일본 공항에서 제대로 먹지도 못하고 잠도 못 자고 있다가 어렵게 인천공항에 도착했다. 화장실 거울을 통해 본 내 얼굴은 꼭 지명수배자 같았다. 그러나 이렇게 무사히 올 수 있게 된 것도 기쁨이고 행복이 아니겠는가.

여행은 인생과 같고 인생은 여행과 비슷하다. 살다가 예기치 않은 일을 만나는가 하면, 순풍에 돛 단 듯이 순항을 하기도 한다. 그러면서 시간은 흘러가고 시간이 지나가면서 인생은 저물어간다. 일출의 화려함도 멋있지만 석양의 아름다움도 있지 않은가.

준법정신 함양을 위한 종교계의 과제

-종교계의 반 헌법적, 반 계율적 종북 좌경화 정풍 방안-

1. 불교의 기본이념에 충실하라

불교의 핵심요체는 상구보리 하화중생下化衆生 上求菩提이다. 이는 위로는 보리 즉 진리를 구하고, 아래로는 중생을 제도하라는 의미이다. 이 두 개념은 둘이 아니고[不二] 결국 하나다. 그런데 승려들이 보리는 잘하고 있는지 모르겠지만 하화중생을 잘하고 있는가.

중생제도의 기본적 접근은 결국 복지를 구현하는 것인데 이마저 외면하고 있는 현실이 안타깝다. 따라서 4부대중이 추구해야 하는 불교의 기본이념에 충실하게 사는 것이 바로 불자佛子의 사명이고 불법佛法의 요체다.

2. 좌빨이 선각자

우리나라는 박정희, 전두환, 노태우 시대를 지나면서 소위 군사독재를 했다고 평가한다. 군인이 정치권력을 장악했던 적이 있었다. 군사독재가 진행되는 동안 불법, 탈법, 반정부활동을 한 일부 인사들이 고통을 받았을 것이다. 그러나 일반 국민들은 경제가 고속성장을 하고, 산업화가 이루어지면서 많은 경제적, 사회적, 문화적 삶의 질이 상승했다. 순응을 하면서 다만 정치적으로 잘못된 부분이 있었지만 일상생활을 해왔다.

이때 민주주의를 부르짖는 인사들이 군사정권에 대항할 수 있는 이념적 기초는 남미의 여러 이론들이었다. 예를 들면, 종속이론, 주변부이론, 국가독점자본주의, 네오마르크시즘, 해방신학 등을 학습하고, 남미의 정치현실을 한국정치, 한국 사회에 접목시켰다.

큰 틀에서는 비슷한 마르크시즘적 이론이었지만 현실적으로는 말도 안 되는 어거지 적용도 많았다. 그들은 이러한 이론을 한국풍토에 적용시키면서 민주화 세력을 만들고 정권에 저항하였다.

종속이론은 제국주의인 강대국에 후진국가가 종속되어 있다는 이론이다. 선진국은 공산품을 생산, 수출하고 후진국은 농산품을 수출하는데 가격의 격차가 심하여 결국 경제적으로 종속되고 그 결과 정치적으로 강대국에 종속되어 있다는 이론이다.

우리나라는 미국, 영국 등 선진국에 종속되어 그들이 하고자 하는 뜻대로 식민지 역할을 하고 있으므로 반미反美하는 것은 곧 종속을 벗어나고자 하는 행동이라고 생각했다. 이것은 남미의 현실을 그대로 한국 사회에 옮겨놓은 주장이다.

그러나 우리는 전자제품, 자동차, 철강 등을 수출하고 농산품을 수입한다. 종속이론의 겉모습은 닮아있으나 내용은 10가지 중 7가지 이상이 다르다. 그런데도 무조건 종속이라고 주장하면서 미국을 반대하고 미군을 철수해야 한다고 주장했다.

또 주변부이론, 국가독점자본주의, 해방신학 등도 이와 유사한 내용이었지만 풍토가 다른 한국 사회에 대입을 시켜서 한국의 정치지도자는 군사독재이고 군사독재를 지원해주는 배후세력은 미국이기 때문에 미국, 미군을 추출하는 것은 애국이라고 했다.

위의 이론적 근거를 가지고 있는 인사들은 그래도 순수한 민주화세력이고, 저항세력이었다.

그러나 좌파행동가에겐 김일성의 주체사상을 맹신하면서 대한민국의 정통성 자체를 부정하고 이 세력과의 선명

성논쟁이 더욱 가열되어 자체 논쟁을 벌이기도 하고 노선이 갈라지기도 한다. 그런 과정에서 민주화세력과 좌파세력의 혼재가 이루어지고 그 혼재 속에서 국민들은 이들의 논리에 매몰되어 좌익빨갱이와 민주화세력을 동일시하는 착시현상이 생겼다.

불교계, 천주교의 일부 성직자들이 정치적으로 편향된 이 세력에 가담하면서 정치적으로 편향된 시각으로 사회를 보고 사회를 개혁하고자 한 것이 그간의 과정이었다.

그러다 보니 좌빨이 불교계에서도 마치 선각자인 것처럼 행동을 하였다. 좌빨의 행동배경에는 기존의 세력이 가지고 있는 보수적이고 이기적이며 자기중심적인 형태가 일반 국민들에게 설득력 있게 다가가기도 했다.

천주교의 정의사회구현사제단, 불교계의 각종 조직들이 범람하면서 이러한 운동을 하는 자들이 사회비판의 선각자로 등장하여 그 뿌리를 저변확대 시키고 있는 현실이다.

3. 승려의 본역은 지계持戒다.

계율을 일탈하고 마치 도道를 득한 것처럼 행동하는 파계승을 보면서 불자들은 3보의 2보만 있다고 생각한다. 다시 말하면, 불佛, 법法은 존재하되 승僧은 그 의미가 퇴색되어가고 있다. 물론 청정비구인 수행승이나 사회를 위해 정말 좋은 일을 하고 하화중생을 하면서 동체대비를 실현하는 분들도 많다.

한 마리 물고기가 전체 물을 흐린다는 일어탁수一魚濁水 현상이 벌어지고 있다. 그 내용이 정치적으로 좌파에 가담하면서 체제를 전복시키고, 세상에 어지러운 행동을 자제하고 있는 사람과 사회적, 문화적 영역에 들어가 있는 인사들이 비판적 시각을 들이대면서 내용의 종착역은 체제전복인 것을 우리는 선각자라 생각하고 있지 않은가. 어느 시대, 어느 사회, 어느 나라이건 문제 없는 나라가 없다. 아무리 이상향 같은 사회라 할지라도 문제가 존재한다.

문제를 발견하면 뜻을 모아 개선하고 시정하면서 새로운 사회를 구축한다. 어쩌면 헤겔Hegel의 정반합正反合적 이해과정을 가지고 있는지도 모른다.

한국 사회가 산업화의 과정에서 생성된 빈부격차, 인권사각지대 발생, 사회의 부조리가 있었다. 그 과정에서 숲을 보는 차원이 아니라 나무만 보면서 그 부조리나 문제점 중심으로 해석하는 것은 있을 수 없는 착각이다. 물론 좌파적, 진보적 시각이 새로운 사회 구축에 큰 보탬이 되기도 하고, 그들의 공로를 무시할 수가 없다. 그러나 우리나라 사회는 정치계, 노동계, 언론계, 학계, 문화계 등에서 심지어 법조계까지 그들이 장악하고 있는 현실을 되짚어 볼 때 진보의 진정한 노선이 아니라 잘못된 길을 가고 있다. 잘못된 길을 가고 있는 사람들에게 올바른 정각正覺의 길을 가도록 인도해야 하는 것이 우리들의 책임이다.

그리고 혼돈된 시대를 제어하는 좌표설정이다.

대학 교수직을 떠나며

불가佛家에서의 성주괴공成住壞空이라는 말이 있습니다. 이는 생로병사의 순환과 유사하다고 볼 수 있습니다. 사람이 태어나서 성장하고 사회활동 하다가 병들어 죽는 것은 피할 수 없습니다. 이 거대한 과정에서 나를 대입시켜 봅니다. 어쩔 수 없이 나이는 들고, 세상의 이치를 깨달을 만하니까 늙었습니다.

내가 세상에 태어나서 오늘날까지 살아온 한국 사회는 '폭풍의 언덕'을 지나온 것처럼 힘들고 변화무쌍한 것이었습니다. 나는 어린 시절에 6.25전쟁도 보았고 4.19와 5.16 등 정치변혁도 체험했습니다. 그리고 배고픔의 시절도 겪었고 민주화의 도도한 흐름도 지켜봤습니다.

그 과정에서 두보杜甫의 시에 나오는 전익다사시여사轉益多師是汝師를 좌우명으로 삼으면서 파도를 넘어왔습니다. 좋은 사람을 만나면 그 사람을 표본으로 삼고, 나쁜 사람을 만나면 그런 사람이 되지 않아야겠다는 소년시절의 목가적牧歌的 좌우명 구축이었습니다.

그 과정에서 몇 분의 잊을 수 없는 멘토를 만난 것이 나에게는 행운이었다고 볼 수 있습니다. 어렵고 힘들 때 "선생님이라면 어떻게 하시겠습니까"라고 당돌한 질문을 했던 분들이 많았다는 것이 나에게는 행운이었다고 볼 수 있습니다.

나는 성격이 급하고 생각이 나면 바로 말을 해야 하는 습성을 타고났는데 세상을 살면서 얼마나 많은 실수를 했는지 모릅니다. 또 그것을 고쳐보겠다고 다짐을 했지만 아직도 멀었습니다. 나는 대지약우大智若愚가 부럽습니다. "큰 지혜를 가진 사람은 얼핏 어리석은 사람처럼 보인다"는 말에 나는 한없이 작은 사람이 되어 버리곤 했습니다.

대학교수로 정년퇴임을 한다고 하니 버나드쇼George Bernard Shaw의 묘비명이 생각납니다. "우물쭈물 하다가 이럴 줄 알았지"라는 말입니다.

나는 평생 '노인복지정책'에 매달려 왔다고 하지만 아직도 사부능선을 넘지 못한 것 같습니다. 이제 할 일은 많고 시간은 없고 힘도 부치는 것을 어찌하겠습니까.

나는 한성대학교에 교수로 부임하여 27년 6개월 동안 봉직을 했습니다. 나 한 사람이 퇴직을 했다고 해서 대학교가 변할 리 없습니다.

구우일모九牛一毛라고 아홉 마리 소의 털 하나가 빠진 것이 무슨 의미가 있겠습니까. 나는 우리 아버지가 작고하셨을 때 큰 충격을 받았습니다. 우리 아버지는 안 돌아가실 것이라는 막연한 생각도 했습니다. 그런데 아버지가 돌아가신 때에도 해는 또 다시 떴고 지하철도 어김없이 달리고 있었습니다. 내가 대학교수를 그만둔다 해도 역시 해는 뜰 것이고 지하철은 달릴 것입니다.

나는 퇴임기념으로 두 권의 책을 출판했습니다. 하나는 제자들 20여 명과 함께 쓴 《노인복지론(공동체)》이고 하나는 칼럼집으로 《문제는 노인복지야 이 바보야》입니다.

《문제는 노인복지야 이 바보야》는 미국 클린턴B. Clinton이 대통령선거에 출마했을 때 "문제는 경제야 이 바보야" 한 마디로 대통령에 당선되었습니다. 이 표현을 패러디해서 쓴 것입니다.

나는 대학의 3대 사명인 연구기능, 교육기능, 사회봉사기능을 충실히 해왔다고 자부합니다. 그래서 교수 생활도 만족했고 내 생활도 행복했습니다. 또 학교생활에서 내 강의를 열심히 들어준 학생들이 고맙고, 내 곁에서 논문을 쓰고 혹독한 심사를 통과한 박사, 석사 제자들에게도 뜨거운 감사를 표합니다.

나는 여행하기를 좋아했습니다. 국내 답사여행은 물론 해외 배낭여행도 많이 했습니다. 이 지구상에 많은 나라가 있지만 그래도 나라라고 지칭하는 곳을 배낭 하나 메고 가방을 끌면서 헤매고 다녔습니다. 왜 그랬을까. 그것은 인간이 추구하는 이상향을 찾으러 다니는 일종의 만행卍行이었는지도 모릅니다. 누가 사는지도 무엇이 있는지도 모를 미지의 세계를 터덜거리면서 걷는 여행은 사회복지에서 추구하는 이상사회理想社會라도 발견하고 싶은 내면의 욕구가 있지 않았는가 생각해봅니다. 힘든 배낭여행 과정에서도 나는 즐거웠고 행복했습니다.

천상병의 시 〈귀천〉에 "이승은 즐거운 소풍"이라고 하지 않았습니까. 이제 은퇴를 하여 제2의 소풍 준비를 해야 되겠습니다.

그동안 보금자리를 제공해준 한성대학교와 사랑하는 가족에게 감사를 드립니다. 남은 인생 더 많이 봉사하고 더 많이 감사하고, 더 많이 희사하면서 살라는 의미로 생각하겠습니다.

어머니와 나

어머니는 나에게 있어 산山이었다. 산은 높았고, 산은 말이 없었고, 산은 온갖 나무와 풀이 있는 푸근한 대지였다. 산에 가면 새소리, 물소리, 바람소리를 들을 수 있었고, 산에 오르면 온 천하가 다 내다보이는 듯했다. 산에는 향기가 있었다. 아름다운 꽃향기는 물론이고 풀 향기, 소나무 향기, 이끼 향기, 물 향기가 은은히 배어 있었다.

어린 시절 나는 그 산속에서 마음껏 뛰놀며 산의 고마움을 모른 채 지나갔다. 산속에서 신선한 공기를 마시면서도 그것이 신선하다는 생각을 못 했고, 아름다운 새소리를 들으면서도 그 아름다움의 뜻을 이해하지 못했다.

나의 어머니는 마치 산을 연상시키는 분이시다. 어머니

는 자식들이 잘못해도 여간해서 말을 안 하셨다. 거꾸로 자식이 큰 상을 받아와도 잘 했다는 말을 아끼셨다. 어머니는 자식이 그 품 안에서 울고 보채고 말없이 묵묵히 뒷바라지를 할 뿐 감정을 표현하지 않으셨다. 또 웬만한 걸 가지고서 화를 내지도 않으셨다. 나의 어머니는 산처럼 자식들에게 놀고 공부하는 터전을 마련해 주셨지만 당신 스스로의 의사표시는 자제해 오셨다고 볼 수 있다.

초등학교 6학년 때의 일이었다. 졸업식 때 내가 전교에서 1등 졸업을 했다. 기쁘기가 이루 말로 표현할 수 없을 정도였다. 상장과 졸업장 그리고 상품을 안고 집에 도착하자마자 어머니에게 자랑했다. 어머니가 무척 좋아하실 것으로 생각했다. 그러나 어머니는 "수고했다" 한 마디로 모든 것을 대신했다. "아이구, 내 새끼. 그래 전교에서 1등 하다니 이 얼마나 좋은가. 참 잘했다"라는 평범한 어머니의 목소리가 아니었다.

이러한 어머니의 정신적 기조는 내가 고등학교 때 사고를 치고 선생님들에게 엄청난 꾸중을 듣고 할 때에도 어머니는 아무 말씀도 안 하셨다. 내가 나이가 들어 결혼도 하고, 자녀출산, 대학원에서 박사학위 취득 등 변화가 있을 때에도 곁에서 조용히 지켜만 보실 뿐 특별히 수다스럽게 자랑한다거나, 남에게 말을 전달하지도 않았다.

그렇다고 어머니는 감정이 없는 분은 아니었다. 남보다 세밀한 정이 많았고, 눈물도 있었고, 자식을 끔찍이도 사랑하는 모성애도 있는 분이시다.

한마디로 말하면 나의 어머니는 산과도 같이 장중한가 하면 모든 것을 포용하셨고, 슬픔과 기쁨과 괴로움과 즐거움을 내적內的으로 승화시켜버리는 마음이 크신 분이시다. 그러나 정말 화가 나시면 집안이 시끄러운 것은 말할 것도 없고, 온 동네가 놀랄 정도였다.

나의 어머니는 호수 같은 분이시다. 호수는 넓었고, 호수는 잔잔했으며, 호수 속에는 갖가지 물고기와 수초가 있다. 호수는 늘 미소를 머금고 있으며, 뱃사공과 낚시꾼에게 일거리와 먹을거리를 제공한다.

호수의 넓이는 마음의 넓이이다. 나의 어머니는 넓은 호수였다. 마음 씀씀이가 크신 분이었다. 원래 부잣집 맏딸로 태어나 시집 올 때까지 큰 살림살이를 곁에서 보아오신 분이셨다. 예를 들면, 집에 거지가 와도 먹던 밥을 조금 주는 것이 아니라 쌀 1말을 그냥 주신다든가, 먼 집안 식구들이 모여서 식사를 할 때에 식사값을 다 지불하는 등 그야말로 통이 큰 분이셨다. 어머니는 호수 같은 마음을 가진 분이셨는데 그 분은 나름대로의 철학이 있었다. 논어에 나오는 말 "積善之家 必有餘慶(남에게 좋은 일을 하는 사람은 반드시 경사스러운 일이 있다)"는 말의 의미를 자식들에게 강조하셨다. 또 부자와 가난한 사람의 구분은 그 개인의 잘못이 아니라 운이 나빠서, 시대를 잘못 만나서 그런 것이라는 논리를 펴셨다.

어머니의 그 넓은 마음씨는 동네에서도 다 알고 있었다. 그래서 우리집 사랑방에는 늘 동네 어른들이 와서 바둑, 장기도 두고, 환담을 주고받는 요즘 말로 표현하면 '정보의 교환 장소'였다. 그렇다고 우리 집이 살림이 넉넉한 집은 아니었다. 나는 늘 용돈이 궁했고 사고 싶은 것도 많았지만 사지를 못했다. 동생들은 어머니에게 상당한 불만을 가지고 있었다. 그러나 어머니는 자녀들에게 엄하게 근검절약을 가르쳤고, 남에게는 늘 인자하고 넉넉한 사람이었다.

그래서 그런가, 어머니의 자식 가운데 박사가 네 명이다. 나(정치학 박사), 집사람(문학박사), 내 여동생(일본어 박사, 경남대 교수), 여동생의 남편(고고학 박사, 부산대 교수), 물론 며느리도 자식이고 사위도 자식이라는 차원에서 말이다.

어머니는 나에게 있어 하늘이었다. 원래 하늘이라는 말의 뜻은 여러 가지가 있다. 우주로서의 하늘, 땅의 반대 개념으로서의 하늘, 하느님과 같은 절대 신으로서의 하늘, 지극히 높은 위치로서의 하늘 등이 있다. 나는 어렸을 때 바닷가에 살았다. 갈매기가 하늘을 나는 것을 보면서 갈매기를 부러워했다. 저 갈매기는 가고 싶은 대로 갈 수 있는 능력이 있는 상징적 동물로 인식했다. 따라서 나는 갈매기가 되고 싶다고 생각도 했다. 갈매기는 사실 국경도 넘고, 인간이 사는 모습을 보면서 마음대로 날 수 있으니 얼마나 좋을까 생각했다. 그러나 갈매기가 하늘을 난다 해도 하늘 끝을 볼 수 없고, 하늘의 넓이와 높이를 가늠할 수가 없다.

나는 어머니를 하늘처럼 생각한다. 어머니를 끝없이 존경한다. 사실 나의 어머니는 젊은 시절부터 지금까지 사시면서 많은 고생을 하신 분이다. 대한민국의 최근세사를 스스로 몸으로 체험하면서 일제 강점기의 식민지 통치, 해방, 그리고 전쟁(6.25)을 겪으셨다. 보릿고개, 쌀 고개와 같은 요즘 사람들은 이해조차 못 하는 계절적 빈곤 속에서 묵묵히 하루하루를 살아오신 분이다. 자식을 위해 당신의 인생을 희생해오신 분이면서 인생의 사다리와 같은 역할을 해오셨다. 사다리는 남을 위해 존재하는 물건이다. 위로 올라갈 때 사다리를 밟고 간다. 사다리는 남의 상승욕구를 충족시켜 줄 뿐 스스로에게는 아무런 대가가 없다.

아! 나의 어머니, 오래오래 건강하게 사세요.
불효자는 엎드려 빕니다.
나의 산이시며, 호수이시며, 하늘이신 나의 어머니여!

황진수

한성대학교 명예교수(총장대행역임)
한국사회복지협의회 부회장(현)
대한노인회 한국노인복지정책연구소장(현)
사단법인 휴앤해피 이사장(현)
상주황씨 대사헌공파 종친회장(현)
한국노년학회 회장(전)
위덕대학교 석좌교수(전)
대통령직속 저출산 고령사회 분과위원(전)
서울시 시민감사위원장(전)
대한노인회 중앙회 선임이사(전)
동국대학교 학,석 정치학박사(복지정책전공)
옥조근정훈장 수훈(노인복지 기여)

행복한 노년의 삶은
무엇인가

초판인쇄 2022년 04월 22일
초판발행 2022년 04월 22일

지은이 황진수
펴낸이 채종준
펴낸곳 한국학술정보㈜
주 소 경기도 파주시 회동길 230(문발동)
전 화 031) 908-3181(대표)
팩 스 031) 908-3189
홈페이지 http://ebook.kstudy.com
E-mail 출판사업부 publish@kstudy.com
출판신고 2003년 9월25일 제406-2003-000012호

ISBN 979-11-6801-449-7 03300